CHRISTOPH ZULEHNER

ART OF FAKE

LESEN
SCHREIBEN
RECHNEN
FAKEN

Jürgen Steup
mit allen guten Wünschen
gewidmet.
01/2021

Für

DIE VIELVERSPRECHENDEN

CHRISTOPH ZULEHNER

ART OF FAKE

DIE SCHÖNSTEN FAKER-GESCHICHTEN

ORIOL

Bibliografische Information der Deutschen Nationalbibliothek

Die Deutsche Nationalbibliothek verzeichnet diese Publikation in der Nationalbibliografie; detaillierte bibliografische Daten sind im Internet über http://dnb.d-nb.de abrufbar.

ISBN: 978-3-9818048-8-1

Textarchitektur: Dorothee Köhler
Storytelling: Jörg Achim Zoll
Fehlerbeseitigung: Ines Balcik
Umschlaggestaltung & Satz: Gábor Vakulya
Gestaltungsidee: Komitee für gereiften Menschengeschmack
Illustrationen: MachDuPikto
Coverbild: © Vitaliy Melnik, 78200306 / Fotolia

Herstellung und Verlag:
ORIOL Verlag, eine Marke der Focus One Consult GmbH, Varel
E-Mail: info@oriol-verlag.de

www.christophzulehner.com
www.oriol-verlag.de

INHALTSVERZEICHNIS

PROLOG

Skandal! Bereits beim Erscheinen meines Buchs „Make the Fake. Warum Erfolg die Täuschung braucht" wurden Stimmen laut, die „skandalös", „unethisch" und „verlogen" schrien. Es sahen sich sogar selbsternannte Retter der Moral bemüßigt, in diesen Chor einzustimmen, obwohl sie das Buch nie in Händen gehalten, geschweige denn gelesen oder das Audio-Book gehört hatten. Erstaunlich!

Das Wort „Fake" hatte also bei den wenigsten einen ersten guten Eindruck hinterlassen. Dieser Effekt ist möglicherweise auch dem Umstand zuzuschreiben, dass zur selben Zeit ein amerikanischer Präsident begann, mit dem Begriff „Fake News" eine Twitter-Lawine loszutreten.

Was aber ist das ach so Skandalöse an einem Fake? Ist ein Fake wirklich so verwerflich? Oder sind es vielleicht nur Scheinheiligkeiten, die sich hinter dem Aufschrei verbergen? Und was sagt eigentlich die Wissenschaft zum Fake? Gibt es Belege, die meinen Ansatz und die Sichtweisen vieler Leserinnen und Leser untermauern?

Ja, es gibt sie, diese wissenschaftlichen Belege. Auf einige, die mir selbst noch unbekannt waren, haben mich Leserinnen und Leser in vielen positiven Reaktionen hingewiesen. Es waren Beiträge aus den Bereichen der Philosophie, der Psychologie und der Kognitionswissenschaften. Ein Leser beispielsweise sandte mir einen Gastbeitrag des amerikanischen Psychologen Adam Grant zu, der 2016 in der New York Times erschien: „Unless You're Oprah, ‚Be Yourself' Is Terrible Advice". Darin beschreibt Grant sehr eindrucksvoll jene Mechanismen, auf die auch ich mich beziehe. Grant weist darauf hin, dass es weder ratsam noch klug ist, immer authentisch zu sein, und unterscheidet „High Self-Monitors" von „Low Self-Monitors". Die „High Self-Monitors" beschreibt er als Menschen, die Situationen „scannen" und ganz besonders auf zwischenmenschliche Signale („Social Cues") achten, um dann rasch darauf reagieren zu können. Es ist die soziale Unbeholfenheit, die den „High Self-Monitors" ein Gräuel ist, so Grant.

Brian R. Little, Autor des Buchs „Me, Myself And Us", zitiert eine faszinierende Studie, in der beobachtet wurde, wie Menschen ihre Steaks würzen. Dabei stellte sich heraus, dass „High Self-Monitors" zuerst kosten und dann salzen, während „Low Self-Monitors" ihr Fleisch sofort nachwürzen, ohne es vorher zu probieren. Little resümiert mit dem Wortspiel, dass „Low Self-Monitors" offensichtlich ihre versalzene Persönlichkeit gut kennen.

Ein anderer Leser wies mich auf den deutschen Philosophen und Kant-Forscher Hans Vaihinger (1852–1933) hin. In seinem Hauptwerk „Die Philosophie des Als Ob" schreibt er gegen die zu seiner Zeit vorherrschende Meinung an, dass Wahrheit als Entsprechung zwischen Erkenntnis und Wirklichkeit zu verstehen sei. Die Ausgangsfrage seiner Philosophie ist, wie sich erfolgreiches Handeln und Problemlösen mit falschen Annahmen erreichen lässt. Sein Ergebnis: Nützliche Fiktionen erhalten ihre Legitimation durch ihren lebenspraktischen Zweck. Auf dem Umweg des „Als Ob" werden neue Modelle der Wirklichkeit gefunden. Das über 800 Seite starke Werk Vaihingers erschien 1928 in zehn Auflagen und wurde in zwölf Sprachen übersetzt. Als besonderer Witz soll hier noch erwähnt sein, dass unter anderem eine gekürzte Volksausgabe und eine Schulausgabe für Gymnasien aufgelegt wurden.

Nun, ich hege nicht die Erwartung, dass mein Buch „Make the Fake" in zwölf Sprachen übersetzt wird. Auch eine Volksausgabe erwarte ich nicht, verstehen sich doch Sachbücher generell als solche.

Meine Erwartungshaltung ist eine ganz simple: den Fake als das zu sehen, was er im Grunde genommen ist – eine Kulturtechnik und ein Versprechen. Ein Versprechen an den Markt und ein Versprechen an sich selbst.

Ist es nicht verblüffend, was Sprache auszulösen vermag? Sprechen wir vom „Fake", dann zeigen sich viele empört und wenden sich entrüstet ab. Sprechen wir aber davon, dass etwas „vielversprechend" ist, dann horchen dieselben Menschen auf und sind bisweilen gar verzückt, wenn es heißt: „Das ist ein vielversprechender junger Mensch" oder „Das ist ein vielversprechendes Produkt" oder „Es handelt sich hier um eine vielversprechende Methode".

Dabei sagt die Bezeichnung „vielversprechend“ nichts anderes, als dass es sich dabei um „viel Versprechen“ handelt. Die Zusicherung als schöpferische Kraft.

Wir wachsen nicht mit unseren Aufgaben. Wir wachsen vielmehr mit unseren Versprechen, weil wir gefordert sind, sie einzulösen. Wir wachsen somit auch mit unseren Fakes.

Alle Geschichten in diesem Buch erzählen von vielversprechenden Menschen. Auf ihre Art und Weise. Von Menschen, die Erfolg haben, auf ihre Art und Weise. Bestimmt würden manche von ihnen ihren Erfolg nicht einem Fake zuschreiben. Möglicherweise wäre die eine oder der andere auch nicht damit einverstanden, den jeweiligen Erfolg als „Fake“ zu bezeichnen. Trotzdem: In meinem positiven Verständnis des Wortes waren es „Fakes“. Ganz hervorragende noch dazu. Aber lesen Sie am besten selbst. Vorhang auf!

KAPITEL 1

Der Uhrmacher

1 | DER UHRMACHER

George Clooney trägt Omega. Ellen DeGeneres trägt Patek Philippe. Justin Timberlake trägt Rolex. Kevin Costner trägt Jacques Lemans. Das edle Chronometer ist Pflichtprogramm in der Welt der Hollywoodstars. Schließlich kultiviert das Film-, Musik- und Showbusiness an Amerikas Westküste eine Ästhetik, die gern mit dem leicht boulevardesken Begriff „Glamour" charakterisiert wird. Letztlich ist dieser berühmte Hollywood-Glamour ein schillerndes Mosaik aus den passenden Zutaten: Elegante Colliers gehören dazu, die zwischen rotem Teppich und kalifornischer Sonne so schön funkeln. Luxuslimousinen, XXL-SUVs und Sportwagen natürlich, vorzugsweise deutscher, englischer oder italienischer Provenienz. Dazu Swimming-Pools so blau wie auf den Gemälden von David Hockney und größer als so manches Nichtschwimmer-Becken europäischer Freibäder. Dann vielleicht noch Schuhschränke mit hunderten von Paaren, so wie sie die jugendlichen Spaß-Einbrecher in Sophia Coppolas Film „The Bling Ring" im Haus von Paris Hilton vorfinden. Doch einer der allerwichtigsten Mosaiksteine ist zweifellos der Zeitmesser – nur ein kleines Accessoire und doch ein ganz großes Statement: Glamour to go. Bling-Bling fürs Handgelenk.

Zu den angenehmen Seiten eines Arbeitslebens als Hollywoodstar zählt bekanntlich ein Salär, das europäische Konzernlenker wie Durchschnittsverdiener dastehen lässt. Insofern erscheint die Anschaffung einer sündhaft teuren Armbanduhr für Clooney & Co. keine allzu große Sache. Doch sie haben es noch besser, die Stars: In den Villen von Bel Air oder Malibu müssen viele schöne Dinge des Lebens gar nicht auf eigene Rechnung angeschafft werden – Promi-Marketing sei Dank. Während der gemeine Besserverdienende für eine Luxusuhr zwar vielleicht nicht eisern sparen, aber doch sein Tagesgeldkonto plündern muss, erhält sie der Hollywoodstar kostenlos direkt ab Werk. Der Produzent legt noch mindestens das Jahresgehalt seines CEO obendrauf, damit der prominente Konsument sich mit den Uhren der jeweiligen Marke wirkungsvoll öffentlich zeigt. Das Handgelenk als Werbeträger. Noch mehr Honorar winkt, sobald der Hollywoodstar dem Marketing der Uhrenmanufaktur regelmäßig für Fotos und Bewegtbilder zur Verfügung steht. Selbstverständlich sind nach der Unterschrift unter einen

Werbevertrag die Uhren anderer Hersteller öffentlich tabu. Sie dürfen höchstens noch im heimischen Safe gehortet werden.

Dermaßen vertraglich an einen bestimmten Hersteller gebunden, werden die Stars zu sogenannten Markenbotschaftern für die Uhren an ihren Handgelenken. Während Ellen DeGeneres nach eigener Aussage nur deshalb Patek Philippe trägt, weil sie als Uhrenfan eine Leidenschaft für die Produkte dieser Schweizer Manufaktur hegt, dürfte „George Clooney's choice" weit weniger vom privaten Geschmack getrieben sein. Der Filmstar und Frauenschwarm ist nämlich „Ambassador" – Botschafter – der Marke Omega und damit per Unterschrift an den Hersteller von Luxusuhren aus dem schweizerischen Biel gebunden. Ob Justin Timberlake seine favorisierte Rolex aus eigener Tasche bezahlt hat, ist nicht bekannt. Sein Musiker-Kollege Michael Bublé jedenfalls ist schon seit mehr als zehn Jahren offizieller „Testimonee" für Rolex und wird von der Schweizer Luxusmanufaktur sicher entsprechend generös mit ihren Produkten ausstaffiert. Den Begriff „Testimonee" (analog „Coachee" oder „Trainee") im Sinne von „Referenzgeber" scheint das Rolex-Marketing übrigens eigens für seine prominenten Uhrenträger erfunden zu haben. Ebenso wie beim „Testimonial" (= bezahltes Lob) ist die Wurzel das lateinische testari („Zeugnis geben", „bezeugen", „schwören"). Michael Bublé schwört also buchstäblich auf seine Uhr.

AM WÖRTHERSEE SPRICHT MAN NICHT FRANZÖSISCH

Zurück zu George Clooney, Ellen DeGeneres, Justin Timberlake, Kevin Costner und ihren Uhren von Omega, Patek Philippe, Rolex und Jacques Lemans. Den Kennern unter Ihnen wird bei diesem Namedropping schon im ersten Durchgang etwas aufgefallen sein: Einer der Stars passt hier nicht so recht zu den übrigen. Sie glauben, ich meine Ellen DeGeneres? Weil die einzige Frau in dieser Aufzählung „nur" ein Fernsehstar ist und außerdem zu Hollywoods wenigen bekennenden Nicht-Heteros zählt? Nun, das alles ist richtig, spielt aber beim Thema Uhren keine Rolle. Mit ihrer Patek Philippe bewegt sich die Talkshow-Moderatorin und mehrfache Emmy-Preisträgerin auf Augenhöhe mit den Herren Clooney und Timberlake, die ebenfalls einige der exklusivsten und teuersten Schweizer Zeitmesser tragen. Nein, die Uhrenkenner unter Ihnen sind ganz bestimmt über Kevin Costner und seine Jacques Lemans gestolpert. Jacques Lemans? Gibt es solch eine Uhr nicht schon für 100 Euro bei Amazon?

Tatsächlich sind Uhren der Marke Jacques Lemans im mittleren Preissegment angesiedelt. Zwar kommen aus diesem Haus auch einige mechanische Uhren, für die 1.000 oder 1.500 Euro hingelegt werden müssen. Aber eben nicht jene 10.000 oder 15.000 Euro, für die es bei Patek Philippe oder Rolex erst interessant wird. Wer eine Uhr in der Preisklasse jenseits von 100.000 Euro will, der muss bei den Schweizer Manufakturen nicht lange suchen. Eine Rolex mit den entsprechenden Klunkern kann mehr als das Hundertfache der teuersten Jacques Lemans kosten. Kenner wissen das. Doch wenn Sie einmal nur die Werbeanzeigen von George Clooney für Omega mit denen von Kevin Costner für Jacques Lemans vergleichen, dann werden Sie da nicht unbedingt einen großen Unterschied feststellen. Oscar-Preisträger Kevin Costner hält seine Jacques Lemans nicht einen Deut weniger selbstbewusst in die Kamera des Werbefotografen als Kollege Clooney seine Omega oder Schmusesänger Bublé seine Rolex. Sollte Costner seine Ticktack nicht ehrlicherweise etwas bescheidener präsentieren?

Nein, denn wir sind hier auf den Spuren eines der erfolgreichsten Fakes in der schillernden Welt des Luxuskonsums. Nehmen wir allein den Namen von Kevin Costners Armbanduhr: Jacques Lemans! Wer denkt da nicht an Lac Léman? So heißt der Genfer See bekanntlich auf Französisch. Und in der französischen Schweiz sitzen ... na? Richtig: einige der berühmtesten Manufakturen für Luxusuhren. Patek Philippe und Rolex stammen sogar direkt aus Genf. Genève au Lac Léman, wie der Einheimische sagt. Wenn also ausgerechnet eine österreichische Uhrenmarke Jacques Lemans heißt, muss eine Absicht dahinterstecken. Denn genau das ist Jacques Lemans: eine österreichische Marke, gegründet 1975 in der kleinen Kärntner Gemeinde Sankt Veit an der Glan. Dabei verbinden die meisten Nichtösterreicher mit Kärnten wahrscheinlich als Erstes den Wörthersee. Trotzdem nannte Firmengründer Alfred Riedl seine Uhrenmarke nicht etwa Jakob Wörtherseer, sondern eben Jacques Lemans. Er wird sich etwas dabei gedacht haben.

Und wahrscheinlich nicht, dass der biblische Jakob (französisch: Jacques) im 1. Buch Mose ein Betrüger ist und der Wortstamm dieses Namens im Hebräischen auch „betrügen" heißen kann.

KEVIN COSTNER UND DER HANDSCHLAG VON SCHLADMING

Alfred Riedl würde sich selbst wohl niemals als einen Faker bezeichnen. Nach meiner Definition ist er es inzwischen auch längst nicht mehr. Doch seine Karriere ist in meinen Augen ein Paradebeispiel für den Aufstieg eines Fakers. Riedl hat das Grundprinzip Fake it until you make it – erst Schein, dann Sein – bei seiner Marke Jacques Lemans angewendet wie kaum ein Zweiter in der Welt des Geltungskonsums. Der Kärntner und gelernte Elektrotechniker hatte in den 1970er-Jahren die Idee, mechanische Armbanduhren von hoher Qualität für eine breite Käuferschicht erschwinglich zu machen. Er setzte auf japanische Uhrwerke und ließ seine Uhren in Hongkong produzieren. Riedl, der einst als Vertriebler für die Marke Corona in die Uhrenbranche einstieg, arbeitete viele Jahre hart für seinen Erfolg. Heute ist sein Unternehmen Jacques Lemans in 125 Ländern der Erde am Markt und hat weltweit rund 9.500 Verkaufsstandorte. Nicht zu vergessen, dass Jacques Lemans den Hollywoodstar Kevin Costner als Markenbotschafter gewonnen hat – angesichts der Markenhistorie so etwas wie ein Ritterschlag.

Die Marketingabteilung des Riedlschen Uhrenimperiums verbreitet hierzu via Homepage die Geschichte einer folgenreichen Begegnung zwischen dem Unternehmer-Ehepaar und dem Hollywoodstar. Schauplatz ist der bekannte steirische Skiort Schladming. Bei der dortigen Ski-WM im Jahr 2012 sollen Alfred und Andrea Riedl dem Herrn Costner eher zufällig begegnet sein. Nach dem Konzert einer amerikanischen Band sei man ins Gespräch gekommen, sich auf Anhieb sympathisch gewesen und habe sich dann gleich für den nächsten Morgen zum Frühstück verabredet. Bei diesem déjeuner à trois mit den Eignern von Jacques Lemans in Chladmé – pardon: Schladming – habe sich „Kevin" (so der Werbetext jovial) dann als echter Uhrenliebhaber geoutet und sei anschließend sofort einverstanden gewesen, künftig als Markenbotschafter für die Uhren von Jacques Lemans aufzutreten. Tout de suite per Handschlag war es also besiegelt zwischen dem Riedl Alfred und dem Costner Kevin.

Egal, ob es sich nun tatsächlich so zugetragen hat oder in Wirklichkeit ein wenig anders: Wir erleben hier einen Faker nach dem höchst erfolgreichen Ende seines Fakes. Alfred Riedl ist 2012 ein gemachter Mann – Inhaber einer Weltfirma, Schöpfer einer globalen Marke. Völlig zu Recht bewegt er sich auf Augenhöhe mit internationalen Stars. Dass seine Uhrenmarke eine eher populäre und keine elitäre ist, sollte dabei nicht als Makel angesehen werden. Denn: „Beste Qualität und Verarbeitung zu einem erschwinglichen Preis" – das war und ist die Unternehmensmission von Jacques Lemans. Mission erfüllt. Und zwar auf der ganzen Linie: Der Fake hat sich längst erledigt.

Heute hat die Marke den sprachlichen Anklang an den Genfer See und die Assoziation mit den Schweizer Manufakturen gar nicht mehr nötig. Jacques Lemans hat ausreichend eigenes Markenkapital aufgebaut. Das lässt sich auch daran ersehen, dass im Marketing nun ganz offensiv von einer „österreichischen Uhrenmarke" die Rede ist. Und in den Markenstorys kommen Orte wie Schladming vor. Die Storyteller mussten die oben skizzierte Szene also nicht etwa nach Chamonix verlegen. Ich habe Alfred Riedl aufgrund dieser Costner-Story sogar zunächst für einen Steirer und nicht für einen Kärntner gehalten. In Kärnten übrigens wird auch weiterhin nicht Französisch gesprochen, doch die Adresse des Firmensitzes von Jacques Lemans lautet mittlerweile: Jacques-Lemans-Straße 1, 9300 St. Veit an der Glan.

AUF EINEN GRAND CRU IN DIE BOUTIQUE

Der Faker gibt ein Versprechen an sich selbst und den Markt. Anders als der Hochstapler will er das, was er zunächst vortäuscht, irgendwann tatsächlich sein. Die Sprache ist dabei stets ein wesentliches Hilfsmittel. Der junge Arzt, der zwar noch keine Erfahrung als Operateur besitzt, aber bereits das Arztdeutsch beherrscht, darf mit einem Vertrauensbonus kalkulieren. Ebenso der junge Anwalt, der so perfekt

Juristendeutsch parliert, als sei er zweisprachig aufgewachsen. Sprache verspricht. Das gilt besonders für die Welt des gehobenen Konsums. Der „Geltungskonsum" (englisch: „Conspicuous Consumption") lebt von demonstrativer Verschwendung – so zumindest nach der klassischen Definition von Thorstein Veblen in seiner „Theorie der feinen Leute" von 1899. Wer es sich leisten kann, der macht das Übermaß zu seinem Markenzeichen. Das Nutzlose, das Übertriebene und das Überkandidelte werden hergezeigt und ausgestellt, um sozialen Status zu markieren. Kein Mensch braucht 740 PS, um durch dichten Berufsverkehr zum Shoppen in Richtung Maximilianstraße, Bond Street oder Rodeo Drive zu rollen. Der Lamborghini Aventador hat sie trotzdem.

Wer in der Welt des Geltungskonsums eine Marke oder ein Produkt etablieren will, sollte die Sprache dieser Welt beherrschen. So gehen Kunden der Marke Nespresso nicht etwa in ein Kaffeegeschäft, sondern statten der „Nespresso Boutique" einen Besuch ab. Dort bietet der Nestlé-Konzern ihnen keine Kaffeesorten an, sondern „Grands Crus". Ganz so, als handele es sich um edelste Weine aus den besten Lagen. Wer länger als zehn Jahre Nespresso-Kunde ist, wird von den Schweizern (die dem gemeinen Volk die unsägliche Brühe „Nescafé" verkaufen) neuerdings zum „Ambassador" der Marke ernannt. Bei der Lufthansa und ihren Töchtern Austrian und Swiss werden Sie durch fleißiges Fliegen erst zum „Senator" und schließlich zum „Hon Circle Member" geadelt. Der BMW-Fahrer mit „Connected Drive" erreicht per Knopfdruck im Auto nicht etwa ein Callcenter, das ihm in allen Lebenslagen assistieren kann, sondern den „Concierge-Service". Ich will mit alledem sagen: Eine Kärntner Uhrenmarke Jacques Lemans zu nennen, ist auch nicht peinlicher oder depperter als das, was in der Welt des gehobenen Konsums alle machen. Und es war und ist auch nicht weniger erfolgreich.

Interessant ist in diesem Zusammenhang das Phänomen der Gewöhnung an eine ursprünglich auffällige Sprache. „Adresse", „Dekoration" oder „Expertise" zum Beispiel nimmt heute praktisch niemand mehr als Lehnwörter aus dem Französischen, geschweige denn als gehobene Ausdrucksweise wahr. Als für Deutschlands Arbeitslose die „Jobcenter" geschaffen wurden, galt das nicht wenigen als Ausdruck sprachlicher Idiotie. Heute wird das Wort „Jobcenter" in Deutschland mit großer Selbstverständlichkeit verwendet und kaum noch hinterfragt. Obwohl es im Jobcenter eigentlich kaum Jobs gibt, sondern meist Sozialhilfe. Die „Boutique“ wiederum ist, ebenfalls durch Gewöhnung, in der Wahrnehmung längst nicht mehr so exklusiv wie in den Anfangstagen dieser Entlehnung aus dem Französischen. Im Grunde war die „Boutique“ bereits gesunkenes Kulturgut, als Loriot seinen „Lottogewinner“ in dem gleichnamigen Sketch die Eröffnung einer Herrenboutique in Wuppertal (sehr deutsch und sehr falsch „Buttikke“ ausgesprochen) ankündigen ließ. Und kaum noch jemand weiß, dass die ur-amerikanische Automarke Cadillac eigentlich französisch ausgesprochen werden müsste. Also das „ll“ wie ein „j“. Schließlich ist sie benannt nach dem Franzosen Antoine Laumet de La Mothe, Sieur de Cadillac, der 1701 die Stadt Detroit (damals gesprochen wie de troit) gründete. Insofern braucht es einem nicht unbedingt als etwas Besonderes aufzufallen, dass eine Kärnter Uhrenmarke Jacques Lemans heißt. Die meisten Kunden in Villach, Dubai oder Shanghai dürften sich längst daran gewöhnt haben.

24 STUNDEN IM KREIS MIT STEVE MCQUEEN

Bleiben wir trotzdem noch ein wenig bei der Sprache des Fakes im Allgemeinen und den Assoziationen, die der Markenname Jacques Lemans hervorruft, im Besonderen. Meine erste Assoziation bei Jacques Lemans war sicherlich der Lac Léman. Doch gleich darauf dachte ich an die französische Stadt Le Mans. Diese hat durchaus etwas mit teuren Armbanduhren zu tun. Wahrscheinlich haben auch diejenigen unter Ihnen, die sich nicht für Motorsport interessieren, schon einmal von dem 24-Stunden-Rennen von Le Mans gehört. Es wird seit 1923 jährlich am zweiten Juniwochenende ausgetragen. Die „24 Stunden von Le Mans“, wie das Rennen auch kurz genannt wird, sollten den Automobilherstellern ursprünglich Gelegenheit geben, die Zuverlässigkeit ihrer Fahrzeuge unter Beweis zu stellen. Dieser Aspekt spielte nach dem Zweiten Weltkrieg kaum noch eine Rolle. Dafür wurde das Rennen immer mehr zur Legende – wegen der Strapazen für Mensch und Maschine und nicht zuletzt auch wegen vieler tragischer Zwischenfälle.

1970 waren die „24 Heures du Mans“ längst legendär. In diesem Jahr inszenierte der Regisseur Lee Katzin den amerikanischen Spielfilm „Le Mans“ mit Steve McQueen in der Hauptrolle. Hollywoodstar McQueen hatte selbst die Idee zu dem Film gehabt und fungierte auch als Co-Produzent. Der Film hat teilweise dokumentarischen Charakter – es werden echte Szenen des Rennens verwendet. Im Mittelpunkt steht das Duell zwischen dem US-amerikanischen Rennfahrer Michael Delaney, gespielt von Steve McQueen, und seinem deutschen Rivalen Erich Stahler, dargestellt von Siegfried Rauch. Das Handlungsgerüst ist eher dünn, denn es ging vor allem darum, das Publikum mit noch nie gesehenen Aufnahmen eines Autorennens zu fesseln. Es dauert ganze 38 Filmminuten, bis die Schauspieler überhaupt das erste Wort sprechen. Der eigentliche Hauptdarsteller ist also das Rennen. Und der vielleicht auffälligste Nebendarsteller ist eine Uhr. In dem Film trägt Steve McQueen nämlich stets eine TAG Heuer. Und das ist kein Zufall.

Die Luxusuhr von Steve McQueen in dem Film „Le Mans“ gilt als eines der frühesten Beispiele für Produktplatzierung bei Hollywoodstars. 20 Jahre später war Product Placement dann nichts Besonderes mehr. Die James-Bond-Filme der Neunziger wirken teilweise, als seien sie von einem Homeshopping-Kanal produziert worden. Doch 1970 war die auffällige Platzierung eines Luxusprodukts in einem Film revolutionär. McQueen trug eine Heuer „Monaco“ mit quadratischem Zifferblatt. Zusätzlich prangte das TAG-Heuer-Logo auf seinem Rennanzug. Das Rennen „gegen die Uhr“, der Härtetest für das Material, die faszinierenden Fahrzeuge von Porsche und Ferrari, mit denen die Rivalen gegeneinander antraten – alles das passte perfekt zum Image des Schweizer Uhrenherstellers und seiner luxuriösen Produkte. Diese Urszene schwingt heute noch mit, wenn Hollywoodstars sich mit Armbanduhren präsentieren. Egal, ob George Clooney mit einer Omega – oder Kevin Costner mit einer Lemans. Gesprochen klingt das übrigens genauso wie „Le Mans“.

FROM RAGS TO RICHES TO RUINS

Erst habe er die Welt mit einem französischen Namen für seine Uhrenfirma genarrt, schrieb die überregionale Tageszeitung „Die Presse" über Alfred Riedl, nun könne er es sich leisten, für 25 Mio. Euro eine Ruine zu renovieren. Die Ruine ist die Burg Taggenbrunn in Kärnten, unweit der Firmenzentrale von Jacques Lemans in Sankt Veit an der Glan. Alfred Riedl erwarb sie mitsamt umliegenden Weinbergen im Jahr 2011. Seitdem ist der bodenständige Unternehmer, der einst sein erstes Geld bei einem Energieversorger verdiente, zum Burgherrn avanciert. Im 14. und 15. Jahrhundert wurde einmal ganz Kärnten von Taggenbrunn aus regiert. Doch was heißt das schon im Vergleich zu Riedls internationalem Geschäftserfolg? Nach einer aktuellen Marktstudie ist Jacques Lemans die meistverkaufte Uhrenmarke in Österreich und Deutschland im Preissegment bis 200 Euro. Die Schweizer? Sollen sie doch weiter eine Swatch kaufen, wenn sie sich eine Patek Philippe oder eine Rolex nicht leisten können. Dem Burgherrn kann es wurscht sein. Er freut sich lieber darüber, dass sich die Zahl seiner Verkaufsstellen in Vietnam binnen kurzer Zeit von 30 auf 100 mehr als verdreifacht hat. 1,2 Millionen Uhren pro Jahr setzt Jacques Lemans heute weltweit ab.

Alfred Riedl ist mir rundum sympathisch. Nicht obwohl, sondern weil er sich als großer Faker gezeigt hat. In meinen Augen ist der Fake eine unerlässliche Kulturtechnik und ich bewundere all jene Menschen aufrichtig, die sie exzellent beherrschen. Der Fake ist eine positive Strategie der Selbstbehauptung und eine Eintrittskarte ins Establishment. Alfred Riedl hat diese Eintrittskarte gelöst. Dabei ist er durch und durch ehrlicher Kaufmann geblieben, so wie es sich für einen Faker im Business gehört. Mehr noch, in mehr als vier Jahrzehnten Unternehmertum habe er noch nie einen Kredit benötigt, betont Alfred Riedl. Das unterscheidet ihn von Blendern wie Donald Trump, der sich immer wieder durch fadenscheinige Insolvenzen seiner Schulden entledigte. Ein Faker betrügt nicht, sondern er gibt ein Versprechen, das er dann auch einlöst. Wären Alfred Riedls Uhren keine Qualitätsprodukte, dann hätte Jacques Lemans wohl kaum diesen lang anhaltenden internationalen Erfolg. Ein guter Faker weiß, was er sich und dem Markt schuldet. Er liefert.

Die kleine Schummelei mit dem französischen Namen ist in Alfred Riedls Imperium heute längst kein Thema mehr. Der Name Kevin Costner ist dafür ein umso größeres. In dem Film „Black or White" aus dem Jahr 2014 schaute Hauptdarsteller Costner immer wieder auffällig auf die Jacques Lemans an seinem Handgelenk. Sie ist Teil einer „Kevin-Costner-Kollektion", die der Hollywoodstar angeblich mitgestaltet hat. Doch es ist längst nicht bei einem Werbevertag zwischen Riedl und Costner geblieben. Anders als einst Steve McQueen oder heute George Clooney wurde Kevin Costner nämlich sogar zum Geschäftspartner seines Uhrenausstatters. Nach Angaben des Kärntner Herstellers hat sich Costner mit 15 Prozent an der US-Vertriebsfirma von Jacques Lemans beteiligt. Wenn die Marketingkampagne mit Kevin Costner für den einstigen Faker Alfred Riedl so etwas wie ein Ritterschlag war, dann kommt dieser geschäftliche Einstieg eines Hollywoodstars der Kaiserkrönung gleich.

KAPITEL 2

Der Ballsportler

2 | DER BALLSPORTLER

Sie ist Bestandteil so ziemlich jeden Sportfilms, den Hollywood je gedreht hat: die „Locker Room Scene". Mindestens eine dieser Szenen im Umkleideraum gehört einfach dazu, sobald es in einem amerikanischen Streifen um Sport geht. Ganz gleich, ob um Profisport oder Collegesport. Das Klischee ist dermaßen etabliert, dass es auf YouTube mittlerweile sogar Playlisten der 10 besten oder witzigsten „Locker Room Scenes" gibt. Den besonderen Reiz dieser Art von Szene versteht man als Europäer wahrscheinlich nur, wenn man sich Amerikas puritanische Doppelmoral vor Augen hält: Einerseits gilt kinematografische Nacktheit jenseits des Atlantiks als Teufelszeug. Deshalb achtet Hollywood strengstens darauf, dass die Kamera den entblößten männlichen Körper in einer „Locker Room Scene" niemals zur Gänze zeigt. Entweder endet also der Bildausschnitt in Höhe des Bauchnabels oder man sieht ein um die Hüften geschwungenes Handtuch. Andererseits gehören verbale Anzüglichkeiten und zweideutige Bemerkungen so fest zu einer Szene im Umkleideraum wie Pompons zu tanzenden Cheerleadern. Manchmal ist das lustig. Meistens ist es – zumindest für Nichtpuritaner aus der Alten Welt – nur platt und peinlich.

Eine der schönsten – und gleichzeitig folgenreichsten – „Locker Room Scenes" aller Zeiten schrieb allerdings nicht Hollywood, sondern das Leben. Diese reale Begebenheit ist frei von jeder Schlüpfrigkeit. Dafür zeigt sie einen geradezu meisterhaften Fake. Schauplatz ist ein Umkleideraum der Football-Mannschaft Minnesota Vikings in der zweiten Hälfte der Achtzigerjahre. Die Minnesota Vikings aus Minneapolis gehören seit 1961 ununterbrochen zur amerikanischen National Football League (NFL) und damit zur höchsten Spielklasse im American Football. Unzählige junge Männer zwischen New York und San Francisco träumen bis heute davon, in dieser oder einer anderen NFL-Mannschaft spielen zu dürfen. Doch nur wenige von ihnen haben die Chance auf eine Berufung in die Teams der ersten Liga. Junge Spieler aus den Mannschaften der Colleges werden nämlich von Scouts für die NFL-Teams ausgewählt und dann berufen.

Auch John, ein schwarzer Teenager aus dem ländlichen Texas, träumte bisher vergeblich von einer solchen Berufung, einem „Draft". Immerhin hat er es jetzt schon einmal ins Frühjahrs-Trainingslager der Minnesota Vikings und in den dortigen Umkleideraum geschafft. Die kurzen, meist nur dreitägigen Trainingslager im Frühjahr, in der NFL „Mini-Camps“ genannt, dienen hauptsächlich dazu, neu berufene Spieler in die jeweilige Mannschaft zu integrieren. Ab und zu sehen sich die Trainer bei dieser Gelegenheit auch junge Talente an, bei denen sie noch nicht sicher sind, ob es für einen „Draft“ reicht. So ist es auch bei John.

Der schüchterne, nicht besonders groß gewachsene, aber muskulöse Jugendliche steht also im Umkleideraum seines persönlichen Dream Teams, der Minnesota Vikings. Nichts erinnert an die „Locker Room Scenes“ aus den Hollywoodfilmen: keine Mannschaftskameraden mit Handtüchern um den Hüften, keine Schwaden von Wasserdampf aus den Duschen, keine schlüpfrigen Witze. John ist allein im Umkleideraum. Als er sich komplett ausgezogen hat, greift er in seine Sporttasche. Er holt eine fast drei Kilogramm schwere, verchromte Eisenkette und ein Vorhängeschloss hervor. Beides hat er am Tag zuvor bei einem örtlichen Eisenwarenhändler erstanden. John legt sich die schwere Kette um die Hüften und zieht sie so fest wie möglich zu. Dann fixiert er die Kette mit dem Vorhängeschloss. Anschließend zieht er seine Unterhose und seine Trikothose darüber. Ein banger Kontrollblick vor dem Spiegel: Sieht man etwas? Nein, man sieht nichts. John kann sich auf den Weg zur Waage machen.

GEWOGEN UND FÜR ZU LEICHT BEFUNDEN

John Randle – denn von niemand Geringerem berichte ich hier – war in den Neunzigerjahren einer der Superstars der National Football League. Als Jugendlicher musste er sich immer dasselbe anhören: „Für einen Football-Verteidiger bist du zu klein und zu leicht“, meinten die Trainer. „Vergiss es, Junge!“ Nur den guten Beziehungen seines älteren Bruders Ervin, der es bereits zum NFL-Profi gebracht hatte, verdankte es John, dass sich die Spitzenvereine überhaupt mit ihm beschäftigten. Doch das Urteil lautete zunächst immer gleich: zu leichtgewichtig für einen Verteidiger auf der angestrebten Position. Weil Johns großer Bruder aber unbeirrbar an das Talent des jüngeren Bruders glaubte, nutzte er stets aufs Neue seine Kontakte innerhalb der NFL. So kam John Randle schließlich in Kontakt mit Floyd Peters, der zwischen 1986 und 1990 Co-Trainer und „Defensiv-Koordinator“ der Minnesota Vikings war. Die Vikings standen damals in dem Ruf, die schwächste Defensive der NFL zu besitzen. Sie brauchten dringend neue Verteidiger. Peters, ein Football-Urgestein, blieb trotzdem wählerisch. Was nützten ihm auch irgendwelche Verteidiger? Er brauchte die besten, damit eine sichere Defensive die Basis für den erneuten Erfolg der Mannschaft sein konnte.

Als John Randle zum ersten Mal nach Minneapolis reiste und Floyd Peters vorgestellt wurde, wog er 245 amerikanische Pfund. Das sind immerhin 111 Kilogramm, ein stolzes Gewicht für einen Jugendlichen. Zumal, wenn er, wie in diesem Fall, kaum ein Gramm Fett mit sich herumschleppt und es die Muckis sind, welche die Waage nach unten drücken. Doch Floyd Peters hatte für den dunkelhäutigen Jugendlichen nur ein mitleidiges Lächeln übrig. 245 Pfund? Ein Witz! American Football ist schließlich nicht so eine Warmduscher-Sportart wie Fußball. Hier laufen Kleiderschränke von Männern frontal aufeinander zu und versuchen, den Gegner einfach umzurennen. Und das ist vollkommen regelkonform!

„Komm in einem Monat wieder“, sagte Peters. „Wenn du dann 250 Pfund wiegst, bekommst du eine Chance, dich zu bewähren.“

Vier Wochen später war der junge John Randle zurück in Minneapolis und den Tränen nahe. Trotz aller Anstrengungen, noch mehr Muskelmasse aufzubauen, wog er unverändert 245 Pfund. Da kam er am Tag vor dem entscheidenden Training an einem Eisenwarengeschäft vorbei und hatte die Idee mit der Kette.

Zurück zur „Locker Room Scene“: John hat den Bereich mit den Spinden verlassen und steht nun auf der Waage. Er atmet flach. Seine Nerven sind aufs Äußerste angespannt, kleine Schweißperlen treten ihm auf die Stirn. Der für das Wiegen zuständige Assistent des Trainerstabs kennt so etwas. Etliche junge Männer bekommen hier nur eine einzige Chance – und sind vorher fast immer so nervös, dass sie sich fast in die Hosen machen. Dass John ein Faker ist, der gerade panische Angst vor seiner Entlarvung hat, ahnt der Assistenztrainer nicht. Der amerikanische Puritanismus spielt John jetzt übrigens in die Karten: Denn man wiegt sich nicht etwa textilfrei, um das exakte Körpergewicht zu ermitteln. Nein, die Hosen bleiben an, damit niemand sündigen Gedanken verfällt. Unter der locker sitzenden Trikothose übersieht der Assistenztrainer die schwere Kette um Johns Hüften.

Nach dem Wiegen geht John zurück zu seinem Spind, nimmt die Kette wieder ab – gefühlt sicher um weit mehr als drei Kilo erleichtert – und zieht sein Trikot komplett an. Dann geht er hinaus auf den Rasen. Floyd Peters hat ihn sofort im Auge.

„Wie viel wiegt er?“, ruft Peters grantig in Richtung des Assistenztrainers, der John gerade gewogen hat.

Der Assistent lakonisch: „251.“

Floyd Peters geht zu dem jungen John Randle und schaut ihm in die Augen. Der Blick des Defensiv-Trainers ist immer noch voller Misstrauen.

„Okay“, grummelt Peters schließlich, alles andere als begeistert. „Du bekommst eine Chance, dich zu bewähren.“

Noch bevor John grinsen kann, fügt der Trainer hinzu: „Los, ab zum Warmlaufen!“

DIE KORREKTUR DES SCHICKSALS

Im Französischen gibt es die schöne Redewendung corriger la fortune. Sie lässt sich mit der deutschen Entsprechung „dem Glück auf die Sprünge helfen“ nur unzureichend übersetzen. Denn im Deutschen fehlt das Element der „Korrektur“ – und das ist in meinen Augen das entscheidende. Corriger la fortune taucht als Wendung zum ersten Mal in einer Satire des französischen Schriftstellers Nicolas Boileau aus dem

Jahr 1665 auf. Es geht darin um einen heruntergekommenen Adeligen, der heimlich die Porträts seiner Ahnen verhökert, damit man ihm den finanziellen Niedergang nicht anmerkt. Berühmt gemacht hat den Ausdruck dann Gotthold Ephraim Lessing in seinem Lustspiel „Minna von Barnhelm". Auch hier geht es um eine finanziell abgebrannte Existenz, die ihr scheinbar schon besiegeltes Schicksal mit Minnas Hilfe noch einmal zu „korrigieren" versucht. Für die kleine Täuschung, die John Randle in seiner Jugend begangen hat, um Defensivspieler in der National Football League werden zu können, finde ich den Ausdruck „das Schicksal korrigieren" sogar noch treffender als angesichts eines drohenden finanziellen Ruins. Solch eine kleine „Korrektur" bei den Voraussetzungen für eine Karriere vorzunehmen, die einem geradezu schicksalhaft vorbestimmt erscheint, ist auch das prototypische Verhalten eines Fakers.

Der jugendliche John Randle wusste, dass er das Zeug zu einem Spitzenverteidiger hatte. Mehr noch: dass er nur auf einer ganz bestimmten Position – „Defensive Tackle" genannt – sein größtes Leistungspotenzial abrufen konnte. Ein ungeschriebenes Gesetz des American Football wollte es aber, dass diese Position ausschließlich mit hünenhaften Muskelpaketen besetzt wurde. John Randle war zwar kräftig, aber eher klein und brachte entsprechend weniger Gewicht auf die Waage. Eine andere Position kam für den jungen Mann aus Texas jedoch nicht infrage. Wie alle meisterhaften Faker war er zutiefst von seinem Potenzial überzeugt. Er wusste auch genau, wo er es am besten einbringen konnte. So war der Jugendliche zu seinem Fake geradezu gezwungen. Der Fake eröffnete ihm einen Weg, eine aus seiner Perspektive unsinnige Regel zu umgehen, damit Wirklichkeit werden konnte, was seine Bestimmung schien. An dieser Stelle wird noch einmal deutlich, was den Faker vom Betrüger und vom Hochstapler unterscheidet: Auf den ersten Blick wirkt die Sache mit der Kette wie ein Betrug. Doch auf den zweiten Blick zeigt sich: Der Faker räumt lediglich ein Hindernis aus dem Weg, das ihn davon abhält, sein Können unter Beweis zu stellen. Im Gegensatz zum Betrüger und zum Hochstapler strebt der Faker etwas an, das ihm moralisch zusteht.

Wie alle Faker gab auch der jugendliche John Randle ein Versprechen an sich selbst und an den Markt ab. Nachdem er sich seine Chance erschummelt hatte, musste er liefern, und zwar schnell. Wörtlich sagte sein Trainer Floyd Peters zu ihm: „We'll give you a shot." Diese amerikanische Redewendung bedeutet nicht, dass man es geschafft hat. Sondern dass man eine – kleine – Chance bekommt, sich zu bewähren. Man hat „einen Schuss frei". Was tat Randle, um diese Chance zu nutzen und sein Versprechen möglichst bald einlösen zu können? Er suchte sich als Erstes einen Mentor. Vor Selbstsicherheit strotzend klopfte der Jugendliche an die Tür von John Teerlinck, einem weiteren Co-Trainer der Minnesota Vikings. Randle stellte sich vor den erfahrenen Coach und sagte: „Ich will ein richtig guter Spieler werden. Können Sie mir dabei helfen, ein richtig guter Spieler zu werden?" Beeindruckt von so viel Ambition und Selbstvertrauen bei einem eher klein gewachsenen Jugendlichen schlug John Teerlinck ein. Er wurde und blieb Randles Mentor. Randle lernte schnell. Schon nach kurzer Zeit zweifelte bei den Minnesota Vikings niemand mehr daran, dass dieses kleine Kraftpaket auf der Position des „Defensive Tackle" genau richtig war.

DER UNERFÜLLTE TRAUM VON DER MÜLLABFUHR

Der Traumberuf des jungen John war ursprünglich Müllmann. Das ist kein Scherz, sondern im Gegenteil bitterer Ernst. John Randles Eltern aus dem Flecken Mumford in Texas waren so arm, dass dem zweiten von drei Kindern ein Job bei der Müllabfuhr wie die Verheißung einer gesicherten Existenz vorkam. John war schon als Teenager körperlich kräftig und überdurchschnittlich belastbar. Somit fühlte er sich der harten Arbeit auf den im Sommer glutheißen texanischen Straßen gewachsen. Er glaubte auch, als Müllmann einen positiven Beitrag für die Gemeinschaft leisten zu können – das entsprach dem guten Charakter des Jungen. Außerdem hätte er jeden Tag schon am frühen Nachmittag frei gehabt und anschließend Sport machen können. Doch als John die Highschool vorzeitig verlassen und sich bei der Müllabfuhr bewerben wollte, sprach seine Mutter – der Vater war meist abwesend – ein Machtwort: „Du bleibst auf der Schule. Und du bleibst in der Football-Mannschaft." Nachdem John Randle 2010 in die „Hall of Fame" der National Football League aufgenommen worden war, dankte er in seiner Rede der Mutter für dieses Machtwort.

Der Staat Texas meinte es mit seinen dunkelhäutigen Mitbürgern noch nie besonders gut. Zwar wurde 1964, drei Jahre vor John Randles Geburt, die Rassentrennung im amerikanischen Süden offiziell abgeschafft. Doch von Chancengleichheit für die schwarze Bevölkerungsgruppe konnte deshalb noch lange keine Rede sein. Und das gilt wahrscheinlich bis heute. Mutter Randle wusste, dass es für ihre Jungen vor allem zwei Chancen gab: Bildung und Sport. Beides hängt in den USA eng miteinander zusammen. Talentierte junge Sportler erhalten Stipendien für den Besuch eines Colleges, wenn sich deren Eltern die – zumeist horrenden – Studiengebühren nicht leisten können. Die Sportmannschaften sind Aushängeschilder und Statussymbole der Hochschulen. Colleges sorgen auf diese Weise dafür, dass ihnen kein begabter junger Spieler entgeht. Die Mannschaften der Profiligen, sei es Football oder Baseball, rekrutieren ihren Nachwuchs dann wiederum aus den Teams der Colleges.

So bekam auch der junge John Randle, aufgewachsen in einer Holzhütte ohne WC und im Winter ohne Heizung, schließlich ein Stipendium der staatlichen Texas A&I University. Vorher hatte sein älterer Bruder Ervin bereits ein Stipendium der Baylor University in Waco erhalten. Für Ervin war es die Eintrittskarte in den Profisport gewesen, übrigens ganz ohne Fake. Ervin Randle spielte von 1985 bis 1992 als „Linebacker“ für die NFL-Mannschaften Tampa Bay Buccaneers und Kansas City Chiefs. Er bestritt 105 Spiele, erreichte aber nie die spätere Berühmtheit seines jüngeren Bruders. Dass es gerade American Football war, der den beiden dunkelhäutigen Brüdern einen Weg aus bitterster Armut ebnete, birgt insofern eine gewisse Ironie, als in dieser Sportart noch wenige Jahrzehnte zuvor ein unverhohlener Rassismus herrschte: Anfang der 1930er-Jahre hatten die mächtigen Eigentümer der Erstliga-Teams das berüchtigte „Gentlemen’s Agreement“ geschlossen. Damit wurde Schwarzen unter der Hand die Aufnahme in die Mannschaften verwehrt. So fand sich – ausgerechnet – zwischen 1933 und 1945 kein einziger Schwarzer in der höchsten Spielklasse des American Football. Zwar wurde das „Gentlemen’s Agreement“ nach dem Zweiten Weltkrieg gelockert und spielte nach Gründung der modernen NFL im Jahr 1970 keine Rolle mehr. Doch wer glaubt, der Rassismus sei über Nacht verschwunden, der kennt Amerika schlecht. Es ist also nur wenig Spekulation im Spiel, wenn man davon ausgeht, dass John

Randle in der NFL nicht gerade der rote Teppich ausgerollt wurde. Als Schwarzer aus ärmsten Verhältnissen, ehemaliger Student eines staatlichen Colleges, zudem für einen Football-Spieler eigentlich zu klein, traf er in der Kabine und auf dem Spielfeld auf hellhäutige Hünen aus reichen Elternhäusern, die von den privaten Elite-Unis kamen. Wenn Randle also vielleicht der Rolle eines Außenseiters kaum entkommen konnte, so fand er immerhin seinen eigenen Weg, damit umzugehen.

„DER VERRÜCKTESTE SPIELER IN DER GESCHICHTE DER NFL"

Bis heute haften dem Hall-of-Fame-Spieler John Randle zwei Etiketten an. In beiden Fällen handelt es sich um Superlative. Auf dem ersten Etikett steht: „Bestbezahlter Defensivspieler aller Zeiten." Auf dem zweiten: „Verrücktester Spieler in der Geschichte der NFL." Das erste Etikett will schon etwas heißen in der umsatzstärksten und zahlungskräftigsten Sportliga der Welt. Das zweite lohnt einen genaueren Blick: Wie konnte der gutmütige, stets freundliche, ursprünglich eher schüchterne Junge aus Texas auf dem Rasen zum „Verrückten" werden? Mannschaftskameraden, Gegner, Schiedsrichter, Zuschauer und Kommentatoren konnten bei seinen Auftritten immer wieder nur den Kopf schütteln. Wie kam das? Möglicherweise war John Randle wirklich durchgeknallt. Oder dieses Auftreten war nur ein Trick, ähnlich wie einst die Kette auf der Waage. Vielleicht hatte das irritierende Benehmen auf dem Spielfeld, für das John Randle so berühmt wurde, ja am Ende sogar etwas mit der Einlösung des Versprechens eines Fakers zu tun.

Unbestreitbar ist, dass es in der NFL vor Randle und auch nach ihm keinen anderen Spieler gab, der auf dem Rasen dermaßen die Sau rausgelassen hätte. In den Nahaufnahmen seiner Aktionen, die im amerikanischen Fernsehen gezeigt wurden, hört man fast öfter einen „Beep" als seine Stimme. Mit solchen „Beeps" löscht das Fernsehen im puritanischen Amerika bekanntlich „Four-Letter-Words" von der Tonspur. Randle schrie auf dem Rasen wohl öfter „Fuck you!" (in europäischen Büchern dürfen wir so etwas ja Gott sei Dank schreiben), als seine

Mannschaft Bälle eroberte. Auch vor Schiedsrichtern zeigte er wenig Respekt. Einmal drohte ein Schiedsrichter Randle: „Ich schreibe Sie gleich in mein Notizbuch." (Das ungefähre Pendant zur gelben Karte im Fußball.) Darauf Randle: „Und ich schreibe Sie auf meine Weihnachtsliste – wie finden Sie das?" Als so richtig „crazy" empfanden die Zuschauer und Mitspieler aber erst Randles nonverbale Äußerungen: Er imitierte epileptische Anfälle auf dem Rasen, gurgelte auf der Bank laut mit Wasser, verdrehte die Augen, grunzte, schnaubte, spuckte, lallte wie besessen und führte alle Varianten von irren Tänzen auf. Mitspieler, Gegner und Schiedsrichter schauten dabei meist nur fassungslos zu. Hinzu kam sein Spielstil, der von Experten einhellig als „wild" charakterisiert wird. Randle tobte auf dem Spielfeld wie ein aus dem Käfig gelassenes Raubtier.

„Er war nicht verrückt", ist sich Randles Mentor John Teerlinck sicher. „Der Wahnsinn hatte Methode." Randles gespielte Verrücktheit war eine Strategie der Selbstbehauptung. Durch einen Fake hatte er sich Zutritt zu einer Mannschaft verschafft, in der er zunächst nicht erwünscht war. Den Makel, für seine Position eigentlich zu klein zu sein, konnte er zwar nicht beseitigen, aber kompensieren. Randle entschied sich, maximal zu irritieren, um sich durchsetzen zu können. Er sagte dazu selbst: „Ich sah mich als den kleinen Hund in der Gruppe." Kleine Hunde müssen lauter bellen als große. Mit seinem losen Mundwerk schüchterte er seine Gegner ein und verschaffte sich Respekt in den eigenen Reihen. Nicht zuletzt mit dieser Strategie löste er sein Faker-Versprechen ein. Hinzu kam selbstverständlich eine überragende sportliche Leistung. Ausgerechnet der „kleine" Randle räumte Gegenspieler ab, die als unbezwingbare Berserker galten. Möglicherweise kam ihm dabei zugute, dass die Gegner den „kleinen Verrückten" regelmäßig unterschätzten. Berühmt wurde Randle aber nicht allein wegen seiner Verrücktheiten, sondern auch wegen seiner fantastischen Spieltechnik. Eine von ihm entwickelte schnelle Körperdrehung, als „The Spin" legendär geworden, vergleicht Randles Mentor Teerlinck mit einem Tornado.

Im Leistungssport wird einem nichts geschenkt, so heißt es. John Randle wurde bereits während seiner Kindheit und Jugend nichts geschenkt. Doch er war zutiefst von sich selbst und seinem Potenzial überzeugt.

Erst dieses Selbstbewusstsein ermöglicht dem Faker den Fake. Andernfalls wäre seine Schummelei ein Betrug, der schnell auffliegt und offenbart, dass da einer in einer höheren Liga nichts zu suchen hat. Wer sein Schicksal korrigieren will, der muss sich der korrigierten Version innerlich gewachsen fühlen. Bei John Randle war das ohne jeden Zweifel der Fall. Nach seinem Karriereende und der Aufnahme in die Hall of Fame des American Football lebt er heute mit seiner Familie in einem kleinen Ort mit 5.000 Einwohnern. In Medina, Minnesota, vor den Toren von Minneapolis, erinnert ihn jedoch nichts an das ärmliche Mumford, Texas, in dem er aufgewachsen ist. Das durchschnittliche Haushaltseinkommen beträgt hier 97.000 US-Dollar. Randles Eigenheim ist zwar nicht vergleichbar mit den Stuckpalästen der Hollywoodstars, doch mehr als komfortabel. Von Randles schwieriger Jugend und dem einstigen Zwang zum Fake ist nichts geblieben. Das heißt, fast nichts: Am rechten Handgelenk trägt Randle heute eine grobgliedrige Kette, die fast so aussieht wie jene, die er sich einst mit einem Vorhängeschloss um die Hüften legte, um mehr als 250 Pfund auf die Waage zu bringen.

KAPITEL 3

Die Modeschöpferin

3 | DIE MODESCHÖPFERIN

Paris in den Zwanzigerjahren des letzten Jahrhunderts. Zwischen den beiden Weltkriegen war die französische Metropole die unangefochtene Kulturhauptstadt der Welt. Bildende Kunst, Literatur und Theater, Musik und Tanz, Architektur, Mode und Design – das alles stand in höchster Blüte. Eine Explosion der Kreativität, gleichermaßen begierig konsumiert wie mäzenatisch gefördert von einer Bourgeoisie, die sich auf ausschweifenden Partys allabendlich selbst feierte. „Les Années Folles" nannte sich diese Zeit bald selbst, die verrückt-frivolen Jahre. Es herrschte ein Verlangen nach Freiheit und Lebendigkeit, ein Streben nach Kultiviertheit und intellektuellem Austausch und eine geradezu unverschämte Lust auf Luxus. „Le soleil de l'art alors brillait seulement sur Paris", schrieb Marc Chagall: Nirgendwo scheint die Sonne der Kunst heller als über Paris. Amerikanische Expatriierte bildeten hier eine eigene Szene, zu der die Literaten F. Scott Fitzgerald, Gertrude Stein, Henry Miller und Ernest Hemingway zählten. Der Soundtrack dazu: „Ein Amerikaner in Paris" von George Gershwin. Josephine Baker wurde für ihren Tanz frenetisch gefeiert. Modigliani und Chagall schufen einige ihrer berühmtesten Gemälde. Selbstverständlich residierten in Paris auch die bedeutendsten Kunsthändler der Welt.

Die Olympischen Spiele von 1924 brachten der Stadt die Aufmerksamkeit breiter Schichten. Kubismus, Dadaismus und Surrealismus waren dagegen Produkte einer flirrenden, skandalträchtigen Gegenkultur. Man Ray, Marcel Duchamp oder Salvador Dalí verstörten das Bürgertum nicht allein mit ihrer Kunst, sondern auch mit ihrem exzentrischen Lebensstil. Nicht zuletzt festigte Paris in diesem Jahrzehnt seinen Status als Modestadt Nummer eins. Gabrielle „Coco" Chanel dominierte die Laufstege zunächst unangefochten. Sie stand für schlichte Eleganz, kombiniert mit hoher Handwerkskunst. 1921 brachte sie das Parfüm Chanel N° 5 auf den Markt, ein ebenso revolutionärer wie luxuriöser Duft, die olfaktorische Signatur des anbrechenden Jahrzehnts und ein Produkt wie für die Ewigkeit.

Als die 32-jährige Elsa Schiaparelli 1922 nach Paris kam, um sich dort niederzulassen, war sie ein Niemand. Doch die geschiedene und nun alleinerziehende Mutter einer Tochter wollte hier und nirgends sonst

Furore machen. Sie sah sich als Künstlerpersönlichkeit, obwohl sie keine Kunsthochschule von innen gesehen hatte. Sie sollte sich anschicken, mit ihrer Mode keiner geringeren als Coco Chanel Konkurrenz zu machen, obwohl sie nie eine Schneiderlehre absolviert hatte. Elsa Schiaparelli entwickelte eine Vision, von der sie hundertprozentig überzeugt war: Sie wollte die Ästhetik der künstlerischen Avantgarde in die Welt der Mode überführen. Der alles beherrschende Stil des Hauses Chanel galt ihr als spießig und langweilig. Die Italienerin träumte von einer Mode, die so irritierend, so bunt, provokativ und gleichzeitig verspielt war wie die Kunstaktionen der Surrealisten. Die Provokation war gleichzeitig ihre vielleicht einzige Chance auf Sichtbarkeit. Trotz – oder gerade wegen – nur 1,50 Meter Körpergröße musste sie sich selbstbewusst als neue Größe der Modewelt präsentieren: Erst Schein, dann Sein. Doch woher kam diese Frau überhaupt?

GEFAKTE OHNMACHT VOR DEM ALTAR

Elsa Schiaparelli hatte ein Elternhaus, um das sie viele beneiden durften: Die Mutter entstammte altem neapolitanischen Adel, der Vater war ein angesehener und wohlhabender Professor für Orientalistik, der Onkel ein bekannter Astronom. Man lebte in einem römischen Palazzo. Der Bildungsbürgertochter mit Geld im Rücken hätten sich Türen geöffnet, die für Arbeiterkinder noch auf Jahrzehnte fest verschlossen blieben. Doch sie hatte schon als Kind nichts als Verachtung für ihr konservativ-katholisches Elternhaus übrig. Wo sie nur konnte, brüskierte sie ihre Eltern. Mit acht Jahren, bei ihrer Erstkommunion, trat sie vor den Priester und stöhnte theatralisch: „Ich habe Unzucht getrieben!" Anschließend fakte sie eine Ohnmacht und sank graziös zu Boden. Sogar ihr Vorname war ihr zu spießig, weshalb sie sich lieber „Schiap" nannte. Den Eltern reichte es, als sie bei ihrer vorpubertären Tochter hocherotische Gedichte fanden, die sie auch noch selbst verfasst hatte. Elsa kam in ein strenges Schweizer Internat. Sie trat so lange in den Hungerstreik, bis sie zu ihren Eltern zurückgeschickt wurde. Dort sprang sie mit einem Regenschirm als Fallschirm aus dem Fenster, übrigens ein gängiges Motiv zeitgenössischer Karikaturen. Damit brachte sie sich beinahe um, denn ihre Fantasie herrschte keineswegs über die Materie.

Endlich volljährig zog Schiaparelli nach London und entging so der Ehe mit einem reichen Russen, den ihre Eltern für sie erwählt hatten. Sie arbeitete als Kindermädchen in vornehmen Haushalten und hielt sich damit über Wasser. Eines Abends besuchte sie den Vortrag eines Hochstaplers und Selbstdarstellers, der als Willem de Wendt auftrat, bei anderer Gelegenheit aber auch die Pseudonyme Willie Wendt oder Wilhelm de Kerlor verwendete, wenn er sich nicht gerade als den „weltberühmten Dr. W. de Kerlor" ankündigte. Die 23-Jährige war schockverliebt und verlobte sich bereits am nächsten Tag. Kurze Zeit später fand die Hochzeit statt. Schiaparelli unterstützte ihren Ehemann, der als Prophet und Wahrsager auftrat, bis die Behörden ihn wegen illegaler Geschäftspraktiken anklagten. Das Paar floh zunächst an die Côte d'Azur und im Frühjahr 1916 schließlich nach New York. Zwischenzeitlich hatte es Elsa Schiaparelli hinbekommen, dass ihre Eltern ihr regelmäßig finanziell unter die Arme griffen. Ob aus Liebe, aus Mitleid oder um Schlimmeres zu verhindern, ist nicht bekannt.

In New York eröffnete William de Kerlor – oder wie auch immer sein richtiger Name lautete – ein „Büro" für Parapsychologie und übersinnliche Beratung. Prompt wurde er vom FBI beobachtet. Unmittelbar nach der Geburt der gemeinsamen Tochter Maria Luisa ließ de Kerlor seine Frau sitzen und brannte mit einer Tänzerin durch. Die gedemütigte Schiaparelli freundete sich mit Gabrielle Picabia an, der Frau des Dadaisten und Surrealisten Francis Picabia. So fand sie nicht nur eine emotionale Stütze, sondern auch Zugang zu Kreisen der künstlerischen Avantgarde. Sie lernte Man Ray, Marcel Duchamps und Alfred Stieglitz kennen. Nach ihrer Scheidung und einer kurzen, unglücklichen Affäre übersiedelte sie schließlich 1922 nach Paris.

Mit dem Geld ihrer Mutter bezog Elsa Schiaparelli eine großzügige Wohnung in einem angesagten Viertel, inklusive Diener, Koch und Hausmädchen. Als geschiedene Gattin eines Hochstaplers wusste sie eben, wie man Menschen beeindruckt – auch wenn nichts dahinter ist. Noch nichts dahinter ist, muss in ihrem Fall ergänzt werden. Denn noch war sie auf der Suche nach etwas, womit sie berühmt werden konnte. Sie war offensichtlich überzeugt davon, bald fündig zu werden. Kurze Zeit half sie Man Ray bei der Herausgabe einer erfolglosen Kunstzeitschrift. Aber die bildende Kunst – nein, die war es einfach nicht. Als sie den Modeschöpfer Paul Poiret kennenlernte, passierte es dann: Ihre Leidenschaft für die Mode entflammte – und es war alles andere als ein Strohfeuer. Mit Mitte 30 wusste Schiaparelli nun endlich, was sie werden wollte: Modeschöpferin. Dieser Plan war ungefähr so erfolgversprechend, wie mit einem Regenschirm als Fallschirm der Schwerkraft trotzen zu wollen. Doch immerhin wurde Paul Poiret für die nächsten Jahre ihr Mentor.

DER SCHWARZE PULLOVER MIT DER WEISSEN SCHLEIFE

Irgendwann hatte Elsa Schiaparelli eine kleine Kollektion. Doch wen interessierte das? Frauen, die Kleider nähten oder Pullover strickten und ihre Freundinnen damit beglückten, gab es viele. Keine davon war berühmt. Modeschöpfer? Das war, wer Filmdiven und Fürstinnen mit seinen Roben ausstattete und seine aktuelle Kollektion in der Zeitschrift „Vogue" abgebildet sah. Elsa Schiaparellis Bekanntenkreis mag illustrer gewesen sein als der einer strickenden Oma. Schließlich bewegte sie sich in der Pariser Avantgarde. Doch für einen Durchbruch als Modeschöpferin brauchte es mehr als eine Gabrielle Picabia in einem von Sciaparelli gestrickten Schal. Die „Vogue" entschied, wer dazugehörte und wer nicht. Schiaparelli zeigte sich in ihren Kreationen regelmäßig am Rande von Modenschauen. Doch niemand tat ihr dort den Gefallen, sie zu entdecken. In ihrer großbürgerlichen Wohnung hätte sie nur zu gern die Damen der Gesellschaft empfangen. Doch keine erschien. Da schmiedete sie im November 1927 einen verwegenen Plan. Sie beabsichtigte, dort einen krachenden Auftritt hinzulegen, wo die Meinungsmacher der Modewelt samt einiger der besten Kundinnen der großen Modehäuser versammelt waren: beim legendären Diner des Chefredakteurs der „Vogue". Wie sie an die Einladung gekommen ist oder ob sie überhaupt eine hatte, ist nicht überliefert.

Elsa Schiaparelli kam jedenfalls absichtlich zu spät. Die Herrschaften saßen bereits an der festlich gedeckten Tafel und speisten. Plötzlich flog die Tür auf. Mit entschuldigender Miene blickte ein Diener noch kurz in Richtung des Gastgebers. Da betrat Elsa Schiaparelli auch schon den

Raum. Nein, sie betrat eine Bühne. Doch nicht sie war die Hauptdarstellerin, sondern ihr Pullover. Es war ein schwarzer Pullover mit einer eingestrickten weißen Schleife. So einen Pullover hatte Paris noch nicht gesehen: Er war frech und doch elegant. Ein Blickfang und gleichzeitig ein Augenschmeichler. Vor allem aber ließ er einen Stil erkennen, der sich von der gepflegten Langeweile der Coco Chanel mehr als deutlich unterschied. Ich gebe zu: Bei den Details dieser Szene spekuliere ich ein wenig. Ich war natürlich nicht dabei und es gibt auch keine Bild- oder Tondokumente. Wenn wir uns allerdings vor Augen führen, dass allein dieser Auftritt für die Schiaparelli den Durchbruch zur zweiten maßgeblichen Größe der damaligen Modewelt bedeutete, dann kann es nur ein gigantischer Fake gewesen sein. Elsa Schiaparelli muss mit einem Selbstbewusstsein in die Dinnerparty geplatzt sein, als sei sie bereits ein Star der Schneiderkunst.

Anders sind die Folgen dieses Abends jedenfalls kaum erklärbar. Die anwesenden Damen waren nämlich derart enthusiasmiert, dass fast alle so schnell wie möglich einen dieser Pullover haben wollten. In den nächsten Tagen telefonierten sie aufgeregt mit ihren Freundinnen und Bekannten, um von dem Pullover zu berichten. Es war die amerikanische Schriftstellerin und Drehbuchautorin Anita Loos, die schließlich Hollywoods Filmdiven zu Schiaparelli schickte. Loos war der Szene expatriierter amerikanischer Schriftsteller eng verbunden und pendelte regelmäßig zwischen Los Angeles und Paris. Auf ihre Empfehlung ließen sich unter anderem Greta Garbo, Joan Crawford, Gloria Swanson und Mae West von Schiaparelli einkleiden. Selbstverständlich befeuerte auch die „Vogue" den Hype. Elsa Schiaparellis geschäftlicher Erfolg war sensationell. Nur drei Wochen nach ihrem Auftritt bei der Dinnerparty konnte sie ein eigenes Atelier eröffnen – in bester Lage und mit riesigen, opulent ausstaffierten Räumen. Um 1932 besaß das Haus Schiaparelli neben diesem Flaggschiff bereits zehn weitere Ateliers. Eine Dependance befand sich in London, jener Stadt also, aus der Schiaparelli einst mit ihrem Mann fliehen musste, um einer Verurteilung wegen illegaler Geschäfte zu entgehen.

EIN ROSA SCHOCK FÜRS LEBEN

Die Kunst der Pariser Avantgarde, insbesondere der Surrealismus, brachte Elsa Schiaparelli auf die verrücktesten Ideen für ihre Mode. Als besonders fruchtbar erwies sich dabei ihre Freundschaft zu Salvador Dalí. Im Jahr 1936 schuf Dalí für einen englischen Kunstsammler sein berühmtes „Hummertelefon". Es besteht aus einem funktionsfähigen Telefon mit Wählscheibe aus dem zeittypischen schwarzen Bakelit, wobei der Hörer die naturgetreue Form und Farbe eines Hummers besitzt. Schiaparelli war so begeistert von dem Objekt, dass sie gemeinsam mit Dalí das „Hummerkleid" entwarf. Es war ein im Grunde klassisch-elegantes Kleid mit nur einem einzigen bewussten Stilbruch, nämlich einem riesigen Hummer als Dekor auf der Vorderseite. Dalís Vorschlag, bei der Präsentation des Kleids echte Mayonnaise darauf zu verteilen, lehnte Schiaparelli allerdings ab. Das Kleid war auch so schon provokativ genug, schließlich befinden wir uns Jahrzehnte vor dem Siegeszug schrill-bunter T-Shirts und anderer bedruckter Klamotten mit allen möglichen und unmöglichen Motiven. Wer trug ein solches surrealistisches Kleid? Beispielsweise Wallis Simpson kurz vor ihrer Hochzeit mit dem Duke of Windsor, zu dem Zeitpunkt britischer Thronfolger. (Er verzichtete später lieber auf die Königskrone.) Ein Foto der angehenden Duchess of Windsor in diesem Kleid, veröffentlicht in der amerikanischen „Vogue", löste in England einen ordentlichen Skandal aus.

Elsa Schiaparelli konnten Skandale nur recht sein. Der Motor ihres Geschäftserfolgs waren Methoden, die erst Jahrzehnte später – genauer gesagt ab den Sechziger- und Siebzigerjahren des letzten Jahrhunderts – zu festen Bestandteilen der Modeszene werden sollten: bewusste Inszenierung von Stilbrüchen, demonstrative Abkehr von Traditionen (oder im Gegenteil ironisches Spiel damit) und nicht zuletzt erbitterter Kampf um Aufmerksamkeit. Letzteres inklusive Provokation und Skandal als Teil des Kalküls. Zu Schiaparellis Signatur wurden jedoch weder Dalís Hummermotive noch die nicht minder irritierenden „Skelettkleider" und „Skelettpullover", die ihre Trägerinnen wie wandelnde Röntgenbilder aussehen ließen. Es wurden auch nicht die aberwitzigen „Spiralbrillen", die Man Ray für Schiaparellis Modenschauen schuf. Nein, emblematisch für das Haus Schiaparelli wurde eine einzige Farbe: „Shocking Pink". Dieses kreischende Rosa, hart an der Grenze zum Rot, beschrieb Schiaparelli selbst einmal als „so lebensspendend, als ob alles Licht und alle Vögel und alle Fische der Welt sich darin vereinigt hätten."

Der kritische Betrachter könnte es auch so ausdrücken: Diese Farbe tut weh. Doch so wollte es Elsa Schiaparelli. Genau das war ihr Erfolgsrezept: Exzess und Provokation bis zur Schmerzgrenze. „Sie ohrfeigte Paris, sie peitschte, sie folterte es – und Paris liebte sie dafür", schrieb Yves Saint Laurent 1986 in seinem Vorwort zu einer Biografie über Schiaparelli. Die naheliegende Frage, wo bei Schiaparelli die Leidenschaft für die Kunst aufhörte und wo das Kalkül begann – oder umgekehrt – muss wohl unbeantwortet bleiben. Ohne jeden Zweifel war sie eine geniale Geschäftsfrau. Es beginnt bereits bei der Marktlücke, die sie für sich erkannte: Die „Années Folles" mit ihrer subversiven Gegenkultur des Dadaismus und Surrealismus fanden in der Mode zunächst überhaupt keinen Widerhall, was rückblickend durchaus erstaunlich ist. Stattdessen galt das minimalistische „kleine Schwarze" der Coco Chanel als Inbegriff des modischen Stils dieser Zeit. Wenn es Schiaparelli nicht gewesen wäre, die der Mode den surrealen Zeitgeist jener Jahre eingehaucht hätte, dann wäre wahrscheinlich jemand anderes gekommen.

Doch eine Marktlücke zu sehen und zu besetzen ist nur das eine. Das andere ist konsequente Markenbildung. Hier agierte Schiaparelli wie aus dem Lehrbuch des „Branding", lange vor der Erfindung dieses Begriffs. In der Markenführung war sie ihrer Zeit weit voraus. So erkannte sie glasklar die Bedeutung einer Farbe als Markensignatur. „Shocking Pink" war alles andere als ein Zufall – Schiaparelli war gezielt auf der Suche nach einer solchen „Signature Colour" gewesen und hatte vorher unter anderem mit einem intensiven Blauton experimentiert. Noch moderner war die Art, wie sie die Markenidentität des Hauses Schiaparelli auf ein breites Portefeuille von Produkten übertrug. Bestes Beispiel ist ein Parfum mit dem Namen „Shocking", welches das Haus Schiaparelli 1937 auf den Markt brachte. Der Karton war – selbstverständlich – in „Shocking Pink" gehalten. Der Flakon hatte die Form eines weiblichen Torsos. Eine Sensation! Als Jean-Paul Gaultier in den 1990er-Jahren diese Art von Flakon für seine Parfüms kopierte, konnte er sich dies nur erlauben, weil Schiaparelli da schon vollständig in Vergessenheit geraten war.

ERFOLGREICHER FAKE HEISST NICHT ERFOLG AUF DAUER

Die hochbetagte Elsa Schiaparelli soll jeden Abend in ihrem Pariser Appartement voll geschminkt und im Tigerpyjama vor dem Fernseher gesessen haben. Doch bei ihrem Ableben im November 1973 kannte schon fast niemand mehr den Namen der einst so berühmten Italienerin. Im Gegensatz zu Chanel, dem Markennamen ihrer früheren Erzrivalin. Ganz zu schweigen von den Modeschöpfern, die seit dem Zweiten Weltkrieg mit ihrer „Haute Couture" (wie die tonangebende Schneiderkunst nun hieß) Furore gemacht hatten: Christian Dior, Yves Saint Laurent und Pierre Cardin vor allem – interessanterweise ausschließlich Männer, so wie auch Stars der nächsten Generation: Armani, Versace, Lagerfeld. Dabei hatten einst zwei Frauen die Welt der Mode für die oberen Zehntausend allein beherrscht: eben Coco Chanel und Elsa Schiaparelli. Sicher, der Zweite Weltkrieg und die deutsche Besatzung weiter Teile Frankreichs, einschließlich Paris, beendeten die „Années Folles" endgültig. Doch der Krieg, nicht ohne Grund „der große Gleichmacher" genannt, warf immerhin alle gleich weit zurück. Und wurde abgelöst von einer Nachkriegszeit, in der dann alle wieder mehr oder weniger bei null anfangen mussten.

Kurz nachdem Paris am 14. Juni 1940 gefallen und von der Wehrmacht besetzt worden war, reiste Schiaparelli nach New York und verbrachte dort – abgesehen von ein paar Monaten an der Seine im Jahr 1941 – die Zeit bis Kriegsende. Als sie zurückkehrte, hatte Christian Dior bereits seinen „New Look" auf den Laufsteg gebracht, der sich von allem abgrenzte, was die Mode der Vorkriegszeit ausgemacht hatte. Im Jahr 1954 feierte Coco Chanel die Wiedereröffnung ihres Modehauses. Chanel sollte es gelingen, das Etikett des Gestrigen abzustreifen und ihre Mode als klassisch und zeitlos zu präsentieren. Elsa Schiaparelli fand keine stimmige Marktpositionierung mehr. Im Dezember desselben Jahres musste sie die Tore ihres Hauses endgültig schließen. Zu seinen besten Zeiten hatte es allein in Paris mehr als 4.000 Mitarbeiter beschäftigt. Nun war Schluss.

Über die Ursachen für dieses Aus lässt sich nur spekulieren. Zwei Gedanken drängen sich mir jedoch geradezu auf. Der erste: Ein gelungener Fake ist noch lange keine Garantie für dauerhaften Erfolg. Und der zweite: Wer seine Persönlichkeit zur Marke macht, der muss irgendwann lernen, über seinen Schatten zu springen. Elsa Schiaparelli hatte sich mit geschickter Selbstinszenierung und kalkulierter Provokation selbst in den Olymp der Mode katapultiert. Dabei hatte sie durchaus etwas zu bieten. Über ihre Bedeutung in der Geschichte der Mode gibt es keine zwei Meinungen. Mittlerweile haben einige der berühmtesten Museen der Welt ihrem Schaffen umfangreiche Retrospektiven gewidmet.

Doch Schiaparelli hat selbst einmal gesagt: „Sobald ein Kleid geboren ist, ist es auch schon Teil der Vergangenheit." Mode ist per Definition ephemeral – sie entsteht für den Augenblick und ist im nächsten Moment vergangen. Das heißt für Modeschöpfer: Es muss immer weitergehen, der Fluss der Ideen darf nie abreißen. Und bei allen von genialen Individuen gegründeten Marken in sämtlichen Branchen entsteht Konstanz eigentlich nur, wenn man irgendwann ein Team bildet. Um den Erfolg zu sichern, muss man bereit sein, ihn zu teilen; man muss delegieren, Dinge abgeben, viele andere einbinden. Gut möglich, dass einer Exzentrikerin und Egozentrikerin wie Elsa Schiaparelli dieser Schritt nie gelungen ist.

So machte es sich schließlich eine viel jüngere Generation zur Aufgabe, die Marke Schiaparelli am Leben zu erhalten. Im Jahr 2006 erwarb der italienische Unternehmer Diego Della Valle die Rechte. Sechs Jahre später begann Della Valle, der bereits die Marken Tod's, Hogan und Fay aufgebaut hatte, mit dem Relaunch. 2015 wurde Bertrand Guyon zum Design Director ernannt, ein Mann Anfang 50 mit Halbglatze, gepflegtem Vollbart und zurückhaltendem Auftreten. Er arbeitet im selben Haus, in dem sich einst das Modehaus Schiaparelli befand. Und zwar in einem Studio, in dem „Shocking Pink" und ähnlich indiskrete Farben um die Wette leuchten wie auf einem Rummelplatz. Seine Modenschauen inszeniert er gern in den prunkvollen Gängen der Opéra Garnier, die dafür in grellrosa Licht getaucht werden. Ob all dieses Rosarot wirklich reicht, um die Legende aufleben zu lassen, bleibt abzuwarten. Schockiert von der Signaturfarbe der Schiaparelli dürfte heute jedenfalls niemand mehr sein.

KAPITEL 4

Der Autoverkäufer

4 | DER AUTOVERKÄUFER

Wie viele Existenzgründer scheute auch ich zu Beginn meiner Selbstständigkeit das Risiko. Schließlich verfolgt Gründer eine Horrorstatistik in den ohnehin schlechten Schlaf, nach der zwei Drittel der Neugründungen nach drei Jahren wieder vom Markt verschwunden sein sollen. Ich lebte also bescheiden und hielt meine Kosten so gering wie möglich. Ein eigenes Büro sparte ich mir und arbeitete lieber von zu Hause aus. Mein erster Geschäftswagen war ein Kia: nicht schön, nicht repräsentativ, nicht einmal komfortabel auf langen Strecken, dafür aber günstig sowohl in der Anschaffung als auch im Unterhalt. Außerdem seitens des Herstellers mit ebenso umfassenden wie beruhigenden Garantieversprechen gesegnet. Deutsche Hersteller hatten solche Garantien nicht nötig, da ihnen die geneigte Kundschaft die Autos ohnehin aus den Händen riss. Die Fahrer eines Audi, BMW, Mercedes oder Volkswagen nahmen – und nehmen bis heute – sogar halbjährige Lieferfristen stoisch und ohne zu murren in Kauf.

Beim Koreaner kaufte man dagegen direkt vom Hof des Händlers. Dorthin hatten einen neben den erwähnten Garantien meist noch satte Rabatte oder nahezu zinsfreie Finanzierungsangebote gelockt. In der Ausstattung unterschieden sich die Modelle auf dem Hof ohnehin kaum. Die Lackfarben waren alle ähnlich fad. Kurzum: Wer mit Autos emotional eher wenig anfangen konnte und günstig mobil sein wollte, ohne ein großes Risiko einzugehen, der war hier genau richtig. Bei mir war das jedoch anders. Ich bin eigentlich ein ziemlicher Autofan, der zudem deutsche Ingenieurskunst in höchstem Maße zu schätzen weiß. Der „Reiskocher" war eher eine Notlösung. Bei Kundenbesuchen wollte ich denn auch am liebsten nicht beim Ein- oder Aussteigen gesehen werden. Krankenhäuser als meine primären Beratungskunden waren insofern günstig, als ich mein Auto dort unauffällig auf den meist gut gefüllten Patienten- und Besucherparkplätzen abstellen konnte.

Mit meiner Selbstständigkeit war ich von Anbeginn erfolgreich. Doch dauerte es eine Weile, bis ich das selbst wirklich glauben konnte. Und es verstrich dann nochmals einige Zeit, bis ich Vertrauen in den dauerhaften Erfolg hatte und entsprechende Entscheidungen traf. Endlich war es dann aber so weit: Ich sah mich als erfolgreichen Selbstständigen und wollte das auch nach außen darstellen. Sie mögen mich nun als konventionell und angepasst schelten oder mir altmodisches Prestigedenken vorwerfen, doch zum Unternehmertum gehörte für mich unbedingt ein deutsches Qualitätsfahrzeug als Geschäftswagen. Also plante ich einen Besuch in einem Autohaus für Volkswagen und Audi in meiner Heimatstadt. Für Selbstständige sind solche Termine außer der Reihe meist schwierig im Kalender unterzubringen. Während einer Woche in den Sommerferien benötigten meine Projekte dann ausnahmsweise einmal etwas weniger Aufmerksamkeit. Also betrat ich eines Tages um die Mittagszeit – nicht frei von Stolz und mit einer gewissen Vorfreude, jedoch ohne vorab vereinbarten Termin – besagtes Autohaus.

Ein Auto ist für die meisten Konsumenten der teuerste Gebrauchsgegenstand, den sie anschaffen. Bedient zu werden, ist dennoch kaum irgendwo im Handel so sehr Glücksache wie bei einem Autohändler. Schauen Sie sich nur einmal die Kundenbewertungen auf Google zu beliebigen Autohändlern in Ihrer Umgebung an. Da wimmelt es nur so von Ein-Sterne-Rezensionen mit Kommentaren wie: „Wir wollten einen Neuwagen bestellen, aber niemand hat uns beachtet. Deshalb sind wir wieder gegangen." Wenn Sie eine Parfümerie betreten, werden Sie vom Verkaufspersonal geradezu bestürmt. Wenn Sie dagegen in ein Autohaus kommen, können Sie nie sicher sein, ob jemand Notiz von Ihnen nimmt. Dabei sind 100 Euro für ein Parfüm ja nichts gegen die 100.000 Euro für ein Auto, denen Sie sich heute schon in der oberen Mittelklasse zügig nähern, sofern Sie bei Motorisierung und Ausstattung aus dem Vollen schöpfen. So gesehen hatte ich mir das richtige Autohaus ausgesucht: Keine halbe Minute betrachtete ich interessiert eines der ausgestellten Fahrzeuge, da machte sich bereits ein junger Mann auf den Weg zu mir.

HÖFLICH, SOUVERÄN, ENTSPANNT, FAKER

Nachdem der junge Mann mich ausgesprochen höflich begrüßt hatte, fragte er: „Kann ich etwas für Sie tun?" Ich kam direkt zum Punkt und erklärte ihm, dass ich mir einen neuen Geschäftswagen kaufen wollte und das Modell, vor dem wir gerade standen, schon einmal grundsätzlich infrage kam. Erst jetzt, als ich den jungen Mann aus der Nähe sah, fiel mir auf, wie jung er wirklich war. Sehr jung. Vom Gesicht her wirkte er wie ein Schulbub. Doch wie er auftrat und mich nach meinen Wünschen fragte, schien er hier tatsächlich einer der Verkäufer zu sein. Er trug lediglich nicht den für Autoverkäufer typischen dunklen Anzug mit Krawatte, sondern Smart Casual: dunkle Jeans, akkurates Hemd, Pullover mit V-Ausschnitt. Auf einem silbernen Namensschild mit VW- und Audi-Logo, das er angesteckt hatte, stand in schwarzen Lettern: „Herr Stangl". Kein Zweifel, der Herr Stangl war dazu da, mir alles über die Autos dieses Händlers und mögliche Konditionen zu erklären. Er würde meine Fragen beantworten und mich im Idealfall zur Unterschrift unter einen Kaufvertrag bewegen.

Vor meinem Besuch im Autohaus hatte ich mir bereits eigene Gedanken gemacht: Das neue Auto sollte alltagstauglich sein, ein komfortabler Reisewagen und auch vom Design her ansprechend. Daneben gab es die speziellen steuerlichen Regelungen für Firmenwagen zu bedenken. Ich hatte gehört, dass sich bestimmte Fahrzeuge für Selbstständige rechneten, während andere leicht zur Kostenfalle werden konnten. Herr Stangl gab mir das Gefühl, meine Bedürfnisse auf Anhieb zu verstehen. Ich fühlte mich abgeholt. Zwar merkte ich schnell, dass seine Leidenschaft mehr der Technik galt als den Preisen und den Prozenten. Doch erstens sah ich ihm das nach. Und zweitens hatte ich bei den Fahrzeugen, die in die engere Wahl kamen, noch durchaus Fragen zu technischen Details: Ab welcher Motorleistung war man kein Verkehrshindernis mehr? Welcher Verbrauch war in der Praxis realistisch? Was für eine Rad- und Reifenkombination bot den besten Kompromiss aus Handling und Komfort? Diese und weitere Fragen beantwortete Herr Stangl souverän. Er zog alle Register, sprudelte nur so vor Fachwissen und hatte immer eine eigene Meinung.

Die ganze Szene im Verkaufsraum erinnerte mich an eine typische Situation in der Schule. Vielleicht erinnern Sie sich auch daran? Ich meine jene Schüler, die ausnahmsweise einmal richtig gut vorbereitet zu einer Stunde kamen und dann unbedingt drankommen wollten. So wirkte auch Herr Stangl auf mich: richtig gut vorbereitet und glücklich, dass er heute drankam und so viel erzählen durfte. Dabei trat der junge Mann zu keinem Zeitpunkt besserwisserisch oder gar arrogant auf. Sehr entspannt, lässig und nahbar kam er mir vor. Später, viel später erst gestand mir Herr Stangl, er sei bei diesem Gespräch so nervös gewesen, dass er sich fast in die Hose gemacht hätte. Doch noch erkannte ich ihn nicht als Faker. Vielmehr wollte ich langsam den Sack zumachen und ein Auto bestellen. Zunächst setzte sich Herr Stangl mit mir an einen Tisch mit Computer. Dort spielte er verschiedene Konfigurationen durch.

Am Ende waren nur noch die finanziellen Konditionen und die steuerlichen Fragen offen. Zum ersten Mal wirkte Herr Stangl jetzt ein klein wenig unsicher. Es war nur eine minimale Veränderung seiner Ausstrahlung, aber doch spürbar. Fast im selben Moment ging die Eingangstür auf und eine kleine Gruppe von Männern in dunklen Anzügen kam herein. Offensichtlich kamen da Mitarbeiter aus der Mittagspause zurück.

Fast ein wenig erleichtert sagte Herr Stangl: „Da kommen unsere Verkäufer. Ein Kollege übernimmt gleich bei Ihnen. Mit ihm besprechen Sie dann auch die kaufmännischen Konditionen."

Mir passte das ganz und gar nicht. Selbstverständlich wollte ich den Ansprechpartner, der mich so überzeugt hatte, jetzt auch behalten.

Also sagte ich: „Herr Stangl, das können wir doch miteinander besprechen."

„Das darf ich leider nicht", entgegnete er. „Ich bin noch in der Ausbildung."

Selten war ich so überrascht. Beinahe hatte ich schon beschlossen, bei diesem kompetenten Verkäufer zukünftig alle meine Autos zu kaufen. Und dann entpuppte er sich als Lehrling. Herr Stangl hatte das Verkaufsgespräch nur geführt, weil die wirklichen Verkäufer zu Tisch waren. Was für ein cooler Faker!

BELLA FIGURA MIT SCHLOTTERNDEN KNIEN

Seit der Spätphase der Industriegesellschaft spielen Spezialisierung und Expertentum eine so zunehmend große Rolle, dass an der Kulturtechnik des Fakes kaum noch jemand vorbeikommt. Es gibt nur noch wenige Wirtschaftszweige, in denen Einsteiger Fuß fassen könnten, ohne zumindest ein wenig zu faken. Im Kundenkontakt ist der Fake ohnehin längst Pflicht. Der Kunde erwartet überall den Experten, den Profi, den kompetenten Berater. Je unübersichtlicher das Angebot, desto mehr zählt Beratung zur Kernleistung. Mehr noch: Die Kombination aus Dienstleistung und tangiblem Produkt wird zum Standardfall. Doch wer kann mit 18 oder 20 Jahren schon ein mit allen Wassern gewaschener Branchenguru sein? Zumal, wenn das Wissen in fast jeder Branche immer schneller veraltet und das in der Ausbildung Gelernte bereits nach wenigen Jahren wertlos ist? Der Markt verlangt heute von den Repräsentanten eines jeden Unternehmens, dass sie gegenüber dem Kunden Bella Figura machen – und sei es mit schlotternden Knien.

Vielleicht hatten Sie ja nach der Lektüre der ersten drei Faker-Geschichten in diesem Buch den Eindruck, dass der Fake das Erfolgsgeheimnis einer Clique der Supererfolgreichen ist: der Weltunternehmer, der Sportstars, der Paradiesvögel der High Society. Das ist der Fake ganz sicher auch. Doch längst ist er eine unerlässliche Kernkompetenz für alle, die in einer sich immer schneller wandelnden Arbeitswelt überhaupt einen Job haben und produktiv sein wollen. Für einen Johannes Stangl, seinerzeit Lehrling in einem Autohaus in Oberösterreich, gelten genau die gleichen Erfolgsprinzipien wie für einen Elon Musk, den Gründer von Tesla Motors, der wie aus dem Nichts mit Elektroautos reüssierte und damit eine ganze Branche das Fürchten lehrte.

In meinem früheren Buch „Make the Fake: Warum Erfolg die Täuschung braucht“ erkläre ich diese Zusammenhänge ausführlich. Darin erzähle ich auch die Geschichte, wie der 17-jährige Krankenpflegeschüler Christoph Zulehner einst zum Faker wurde: Während meiner ersten Nachtwache im Krankenhaus, bei der ich allein für 35 Patienten zuständig war, kollabierte prompt eine Patientin – und mir blieb nichts anderes übrig als der Fake. Ich tat so, als ob Reanimation für mich eine tägliche Routine sei. Ähnlich wie Butter aufs Brot streichen oder Kamillentee in Schnabeltassen gießen. Ich gebe zu, dass meine Sympathie für den Lehrling Johannes Stangl auch etwas mit dieser biografischen Parallele zu tun haben könnte. Allerdings gibt es einen Unterschied zwischen den jugendlichen Fakern Stangl und Zulehner: So etwas wie meine damalige Aktion bezeichne ich heute als einen „unbewussten Fake". Stangl war hingegen schon sehr viel näher am „bewussten Fake".

Ein unbewusster Faker hat Vertrauen in sich selbst; ein bewusster Faker gibt zusätzlich ein Versprechen an sich selbst ab. Als während meiner ersten Nachtwache eine sehr nette ältere Dame beschloss, ihre Herztätigkeit einzustellen, rutschte mir nicht nur das Herz in die Hose, sondern mir blieb auch kaum eine andere Wahl, als beherzt zu handeln. Ich traute mir das zu und tat etwas, das ich als Lehrling eigentlich noch nicht durfte. Das war bei Johannes Stangl genauso. Mit dem Unterschied, dass er leichter hätte kneifen können. Er hätte zum Beispiel das tun können, was in vielen Autohäusern ohnehin geschieht: den potenziellen Kunden, der da ohne Termin hereinschneit und um die ausgestellten Fahrzeuge schleicht, einfach ignorieren. Selbst wenn ich ihn angesprochen hätte, wäre es ihm ein Leichtes gewesen, den Fake zu vermeiden. Er hätte sagen können, dass die Verkäufer zu Tisch seien und ich mich bitte gedulden solle, bis sie zurück sind. Selbst wenn er mir eine Tasse Kaffee angeboten und mir ein paar Prospekte gereicht hätte, wäre er auf dem sicheren Boden dessen geblieben, was er als Auszubildender sollte und durfte. Aber Herr Stangl wollte es wissen. Sein Versprechen an sich selbst lautete: Ich zeige dem Kunden jetzt schon, was ich einmal können möchte. So gut es geht. Obwohl ich es noch nicht darf. Nicht um den Kunden zu täuschen, sondern weil ich es sonst vielleicht nie lerne.

„ICH LERNE NOCH" – WER EIGENTLICH NICHT?

Es hätte nur ein winziges Detail am Outfit von Johannes Stangl anders sein müssen und sein mutiger Fake wäre ihm unmöglich gewesen. Ahnen Sie, was ich meine? Bestimmt sind Sie als Kunde irgendwo schon einmal von einem jungen Menschen bedient worden, der einen Anstecker mit dieser Aufschrift trug: „Ich lerne noch." Was macht ein solcher Anstecker mit Ihnen als Kunde? Keine Frage: Er schraubt Ihre Erwartungen auf die Höhe der Auslegeware herunter. Sie glauben sofort zu wissen: Der kann noch nichts – und der wird deshalb auch nichts für mich tun können. Vielleicht geben Sie dem Lehrling dennoch eine kleine Chance, einfach weil Sie ein fairer, höflicher und geduldiger Mensch sind. Aber selbst dann wünschen Sie sich insgeheim, dass Ihr Ansprechpartner bald von einem erfahrenen Kollegen abgelöst wird.

Johannes Stangl konnte unerkannt faken, weil er ein Namensschild trug wie alle anderen Mitarbeiter. Darauf stand lediglich: „Herr Stangl". Er fakte insofern bewusst, als er sich zu Beginn des Verkaufsgesprächs noch nicht als Lehrling zu erkennen gab. Sicher, er sah sehr jung aus. Doch die Lebenserfahrung lehrt: Es gibt 16-Jährige, die aussehen wie 26 – und 26-Jährige, die aussehen wie 16. Ich jedenfalls zweifelte keine Sekunde an Herrn Stangl. Weder an seiner Fachkompetenz noch an seiner Berechtigung, mir ein Auto zu verkaufen. Am Ende kaufte ich nicht nur einen neuen Geschäftswagen, sondern wurde Stammkunde in diesem Autohaus. Das bin ich übrigens bis heute. Die Grundlage dafür hat Herr Stangl gelegt. Getreu dem Motto: Es gibt keine zweite Chance für einen ersten Eindruck. Ob ich einem Lehrling mit dem Anstecker „Ich lerne noch" einen Satz wie „Rechnen Sie in der Praxis mit etwa 7,5 Litern Verbrauch" geglaubt hätte, ist dagegen sehr fraglich. Selbst das zartest aufkeimende Flämmchen fachlicher Autorität erstickt dieser Anstecker doch sofort wieder.

Trotzdem habe ich den Eindruck, dass solche Buttons bei Arbeitgebern gerade immer beliebter werden. In meinen Augen ist das ein Unding. Und dies nicht allein wegen des Paradoxons, dass in Zeiten immer kürzerer Halbwertzeiten des Wissens so gut wie alle arbeitenden Menschen noch, wieder oder jetzt erst recht lernen. „Ich lerne noch" – wer eigentlich nicht? Schlimmer noch als dieser Denkfehler ist, dass der Kunde durch den Kennzeichnungsirrsinn um einen Gesprächspartner auf Augenhöhe betrogen werden soll. Der informierte, zumindest jedoch der vorinformierte Kunde ist im Internetzeitalter nicht mehr die Ausnahme, sondern die Regel. Auch ich wusste, bevor ich Herrn Stangl begegnete, schon einiges über die Modelle von VW und Audi. Der Konfigurator, den ein Autoverkäufer nutzt, unterscheidet sich ja nicht einmal von dem, der auch dem Kunden online zur Verfügung steht. Ich wäre maßlos enttäuscht gewesen, keinem echten Fachmann zu begegnen, der mein Vorwissen vertieft und ergänzt.

Wenn ich einen Anstecker mit der Aufschrift „Ich lerne noch“ sehe, dann denke ich mir: Na ja, da kenne ich mich dann wahrscheinlich besser aus als der. Manchmal stimmt das ja tatsächlich. Wer als Vielreisender ständig Autos mietet, der dürfte die einzelnen Schritte des Anmietvorgangs und die Optionen – wie Versicherungsschutz, Winterreifen und so weiter – besser kennen als ein Lehrling in der Autovermietung an seinem ersten Tag. Bei einem gekennzeichneten Auszubildenden denke ich nur: Hoffentlich hält der mich jetzt nicht zu lange auf! Und der Lehrling? Der kann, gekennzeichnet wie tropisches Obst, eigentlich gar nicht anders, als befangen zu sein: Ich lerne noch, ich kann noch nichts, alle sehen es – also ist es auch so. Eine klassische sich selbst erfüllende Prophezeiung. Im besten Fall wird der Lehrling hoffen, dass der Kunde besonders nett zu ihm ist. Im schlechtesten Fall wird er sich sagen: Ich habe das Recht, keine Ahnung zu haben – es sieht ja eh jeder, also soll sich auch keiner beschweren. Eine Chance, sich zu beweisen, bekommt er so oder so nicht.

KENNZEICHNEN SIE GEFAHRGUT, ABER NICHT IHRE AUSZUBILDENDEN

Unternehmen sollten es begrüßen, wenn ihre Mitarbeiter gegenüber dem Kunden zu Fakern werden, statt das zu vereiteln. Der Fake des Mitarbeiters liegt im ureigensten Interesse des Unternehmens. Ich kann deshalb Unternehmen nur raten: Präsentieren Sie die Mitglieder Ihres Team stets als gleichwertig. Kennzeichnen Sie meinetwegen Gefahrgut, aber machen Sie Ihre Auszubildenden nicht mit Stickern zu Außenseitern. Auch Visitenkarten mit den Aufschriften „Junior Consultant“ oder „Senior Consultant“ sind gefährlich. Warum nicht einfach „Consultant“? Oder, besser noch: „Berater“. Soll doch jeder die gleiche Chance haben, dem Kunden zu beweisen, was er kann. Unabhängig vom Lebensalter und der Dauer der Betriebszugehörigkeit. Beides ist in der heutigen Zeit ohnehin immer weniger ein Indiz für Wissen und Kompetenz. Es gibt junge Genies und junge Schnösel, alte Füchse und alte Säcke. Im Idealfall darf der

Kunde entscheiden, von wem er beraten werden möchte und bei wem er kauft.

Für das Autohaus hat sich der Fake seines Lehrlings Johannes Stangl jedenfalls gelohnt. Dass ich bis heute dort Kunde bin, das heißt seit nunmehr über 15 Jahren, erwähnte ich bereits. Außerdem kauft dort mittlerweile meine gesamte Familie ihre Autos. Der Faker hat immer ein langfristiges Ziel. Das galt auch für Herrn Stangl. Denn selbstverständlich bedeutete es eine gewisse Schmach für ihn, mir all die tollen Autos im Angebot seines Arbeitgebers zwar erklären, aber letztlich nicht verkaufen zu dürfen. Dergleichen lässt ein echter Faker ungern auf sich sitzen. So gab sich denn auch Herr Stangl, nachdem er mit seiner Ausbildung fertig war und mit den Kunden auch Verträge abschließen durfte, bei unserem nächsten Verkaufsgespräch ein paar Jahre später noch mehr Mühe. Als dann mein Buch „Make the Fake" auf den Markt kam, schenkte ich ihm ein Exemplar und fragte ihn, ob ich in meinem nächsten Buch über ihn schreiben dürfe. Er sagte zu und wir ließen dann bei einem Treffen dieses erste Verkaufsgespräch noch einmal Revue passieren.

Dass Herr Stangl nach seiner Ausbildung von seinem Betrieb übernommen wurde, überraschte mich kein bisschen. Schließlich sind die talentiertesten und engagiertesten Mitarbeiter meistens auch die mutigsten Faker. Kommt Ihnen das unlogisch vor? Ist der Fake nicht stets die Kompensation eines Defizits? In gewisser Weise schon. Doch ist der Faker immer jemand, der über sich hinauswachsen will. Das unterscheidet ihn nicht allein vom Hochstapler und vom Blender, sondern auch vom Durchwurschtler und vom Drückeberger. Der Faker hat stets hohe Ziele. Und er kann es kaum abwarten, am Ziel zu sein. Deshalb nimmt ein guter Fake eigentlich nur ein wenig von der Zukunft vorweg. Bei Johannes Stangl bin ich mir jedenfalls sicher, dass Autoverkäufer für ihn von Anfang an genau der richtige Job gewesen ist. Sonst würde er dieser Tätigkeit nicht bis heute mit Begeisterung nachgehen. Hier hat es einer geschafft, mit einem Fake dauerhaft auf die Erfolgsspur zu kommen. Sein Erfolg ist dabei auch der Erfolg seines Arbeitgebers. Und ich als Kunde freue mich seit mehr als 15 Jahren über ausgezeichnete Beratung und tollen Service. Die Kunst des Fakes ist mitnichten das Geheimnis einer Elite, sondern eine Technik, die es allen ermöglicht, sich in unserem Wirtschaftssystem zu behaupten.

KAPITEL 5

Der Komponist

5 | DER KOMPONIST

Ein katholisches Internat im Österreich der 1950er-Jahre. Die Patres waren streng, die Sitten ohnehin, und manchmal roch es sogar streng auf den dunkeln Fluren dieser Lehranstalt für Knaben aus gläubigem Hause. Friedemann Katt, einer der Schüler und ein begabter dazu, büffelte hier lateinische Deklinationen und Konjugationen, euklidische Geometrie, scholastische Theologie und manches mehr, das zu jener Zeit als unverzichtbare Vorbereitung auf ein katholisches Erwachsenenleben galt. Die Psychoanalyse von Sigmund Freud, die Gesellschaftskritik von Karl Marx und anderes neumodische Zeug wurde in diesem frommen Universum entweder ignoriert – oder in Predigten und Schmähreden abgekanzelt. Friedemanns Tagesablauf war streng geregelt: Aufstehen, Frühstück, Unterricht, Mittagessen, Lernen, Abendbrot und nochmals Lernen. Selbstverständlich stand öfter als einmal pro Woche der Besuch der Heiligen Messe auf dem Programm. Das Schöne daran war die Musik – Friedemann liebte Musik über alles! Mit Hingabe lauschte er den Klängen der Orgel, die während jeder Messe zu hören war (außer zwischen Gründonnerstag und der Osternacht). Besonders freute er sich auf die Hochämter zu Feiertagen, bei denen noch weitere Instrumente – etwa Trompete oder Streicher – erklangen. Bald sollte Friedemann selbst ein guter Organist sein und die Gemeinde beim Gesang begleiten.

Wie gerne hätte Friedemann die wenige Zeit, die ihm abends nach dem Lernen noch blieb, mit dem Anhören von Schallplatten verbracht. Oder mit Radiohören. Doch Plattenspieler und Radios waren im Internat streng verboten. Man hörte abends nur das Knarren der alten Dielen oder das Schnarchen eines Mitschülers, der bereits erschöpft eingeschlafen war. Friedemann hatte trotzdem Musik, denn er holte sie sich einfach in seinen Kopf! Wenn er sich wegträumte aus der engen Welt des Internats, dann hörte er wie von selbst Musik. Er brauchte nur die Augen zu schließen und sie war da. Was er dann hörte, war weder Mozart noch Schubert, ja es waren überhaupt keine Stücke bekannter Komponisten. Im Kopf des jungen Friedemann Katt entstand eine Musik, die mal wie Bach und mal wie Haydn klang und doch völlig neu und frisch war. Mit der Zeit merkte Friedemann, dass er ein inneres Radio besaß, bei dem er drei unterschiedliche Sender einstellen konnte:

Klassik, Volksmusik und Jazz. Die klassische Musik im weiteren Sinn, also inklusive des Barocks, der Romantik, der Strauss'schen Walzer et cetera, war im Musikland Österreich allgegenwärtig. Ebenso war es zur damaligen Zeit die traditionelle alpenländische Volksmusik. Der einst von den Nazis verfemte Jazz schließlich war damals noch eine subversive Musikrichtung der Jugend und kein so fester Bestandteil der Hochkultur wie heute.

Friedemann Katt konnte also eigentlich schon immer komponieren, und das in mindestens drei unterschiedlichen Musikstilen. Zunächst bloß nicht so, wie man sich das bei einem Komponisten vorstellt – am Klavier sitzend und das gerade Erfundene akribisch auf Notenpapier notierend. Er schloss vielmehr die Augen, schaltete sein inneres Radio ein und ließ sich von seinen spontanen Kompositionen selbst überraschen. Irgendwann in dieser Zeit reifte bei ihm die Erkenntnis, dass es sich beim Komponieren um mehr als einen Spleen handelte. So schrieb sich Friedemann nach der Matura an der Musikuniversität Wien im Fach Komposition ein. Die Universität für Musik und darstellende Kunst Wien, wie sie vollständig heißt, hatten einst schon Johannes Brahms und Gustav Mahler besucht. Zu den Absolventen der jüngeren Zeit zählen etwa Claudio Abbado, Nikolaus Harnoncourt oder Friedrich Gulda. Friedemanns Lehrer im Fach Komposition waren der Komponist Alfred Uhl, ein hervorragender Pädagoge und liebenswürdiger Mensch, sowie sein später berühmt gewordener Schüler Friedrich Cerha. En vogue war damals die zeitgenössische ernste Musik, heute meist Neue Musik genannt. Wenn ich es etwas plakativ formulieren darf: Das ist die Musik, bei der es mehr quietscht und kratzt als schmilzt oder swingt. Friedemann fand sich in dieser Musik und dem Kompositionsstil seiner Professoren nicht wieder. Das war nicht die Art von Musik, die er in seinem Kopf hörte, wenn er die Augen schloss.

NUR EIN TOTER KOMPONIST IST EIN GUTER KOMPONIST

Für den jungen Friedemann Katt galt stattdessen: Barock rockt! Zu seinen absoluten Favoriten zählten die Meisterwerke aus der Zeit vom Beginn des 17. bis zur Mitte des 18. Jahrhunderts – Vivaldis „Vier Jahreszeiten“, Bachs Oratorien, die Trompetenkonzerte von Torelli, Händels furiose oder herzzerreißende Arien. Als Orchestermusiker, Solist oder Dirigent hätte er sich einfach auf die Musik der Barockzeit spezialisieren können. Aber als Komponist? Die Barockmusik wurde allgemein geschätzt, keine Frage. Sie erfuhr durch die aufkommende „historisch informierte Aufführungspraxis“ in den späten Sechzigerjahren sogar ein gewisses Revival. Doch im barocken Stil komponiert wurde nun einmal seit 200 Jahren nicht mehr. Selbst die Spätromantik galt unter Komponisten als out. Allenfalls in Hollywood lebte sie in Form überzuckerter Filmmusik fort. Die angesagten Tonsetzer hießen jetzt John Cage oder Karlheinz Stockhausen. Ihre Werke waren so weit vom Barock entfernt wie Mary Quants farbige Nylonstrumpfhosen von gepuderten Perücken. Friedemann blieb also zwecks Broterwerbs erst einmal nur, seine geliebte Musik zu spielen und zu lehren. So wurde er Organist und Musiklehrer im berühmten Stift Heiligenkreuz im Wienerwald.

Organisten im kirchlichen Dienst werden zwar nicht fürs Komponieren bezahlt, haben aber immerhin reichlich Gelegenheit, am Spieltisch zu improvisieren. Insbesondere zum Ausklang eines Gottesdiensts, wenn die Zelebranten samt Messdienern schon abgerauscht sind und die Gläubigen noch andächtig – oder ermattet? – in den Bänken sitzen. Wenn Friedemann im klassischen Stil improvisierte, waren die Patres entzückt. Bei originellen Einfällen in flotten Tempi murrten sie. So oder so hatte die Improvisation für Friedemann den Vorteil, dass er dafür nicht üben musste. Einen gewissen Hang zum Müßiggang konnte er nicht leugnen. Dieser begünstigte es schließlich auch, dass er sich mit einem Langzeitstudenten und Lebenskünstler anfreundete, der im Kloster hin und wieder aushalf, zum Beispiel an der Pforte. Er war eigentlich Wirtschaftswissenschaftler, widmete jedoch viel Zeit der Musik. Aus reinem Interesse hatte er begonnen, Trompete zu spielen. An der Trompete war er irgendwann so gut geworden, dass er sich aus Jux an der Musikuniversität Wien beworben und dort sogar einen berühmten Professor überzeugt hatte. Dieser Freund gierte nach neuen Kompositionen für Trompete. Er wollte aber auf keinen Fall so ein kakophonisches Getröte spielen wie die Neue Musik. Nein, am liebsten etwas, das so klang wie Vivaldi oder Torelli – heiter, leicht, harmonisch und lebensbejahend.

Friedemann setzte sich hin und tat, was er schon lange hatte tun wollen: Er komponierte Stücke im Stil des Barocks. In Ermangelung eines größeren Ensembles schrieb er sämtliche Stücke für Trompete und Orgel. Uraufgeführt wurden sie alle in der romanischen Basilika von Heiligenkreuz durch die beiden klostereigenen Barockfans. Die Kirchenbesucher waren hellauf begeistert! Regelmäßig, wenn der letzte Ton einer der Kompositionen verklungen war, stürmten sie auf die Orgelempore und fragten, von wem diese Musik sei und wo man die Noten kaufen könne. Als Friedemann dann stolz erzählte, er habe die Stücke selbst geschrieben, schlug die Begeisterung des Publikums in Enttäuschung um. Die Kompositionen eines unbekannten jungen Organisten wollte niemand haben. Eines Abends saßen Friedemann und sein Künstlerfreund beim Wein zusammen und überlegten, was sie dagegen machen konnten. Die mangelnde Anerkennung schmerzte natürlich. Anscheinend war nur ein toter Komponist ein guter Komponist.

Da ersannen die beiden einen geradezu meisterhaften Fake: Sie erfanden einen angeblich in Vergessenheit geratenen Barockkomponisten und tauften ihn „Franz Xaver Frenzel". Dieser Frenzel habe vor rund 250 Jahren im Kloster Heiligenkreuz gewirkt und auch dort gelebt. Letzteres aber nicht zölibatär, dieses Detail war den beiden Fakern wichtig. Beim Stöbern in der Klosterbibliothek habe Friedemann Katt die Werke des Franz Xaver Frenzel nun durch Zufall wiederentdeckt. Ein geradezu sensationeller Fund! Friedemann gab seine Kompositionen fortan als die von Franz Xaver Frenzel aus. Jetzt hatten die Leute endlich ihren toten Komponisten!

DIE SEHR SPÄTE KARRIERE DES „TOTEN" KOMPONISTEN F. X. FRENZEL

Seine Erfinder bezeichneten Franz Xaver Frenzel selbstbewusst als „den größten der Kleinmeister des Barock". Dazu muss man wissen, dass „Kleinmeister" ein gängiger musikhistorischer Begriff ist. Gemeint sind jene Tonsetzer der Barockzeit, die keinen so großen Namen wie Bach, Händel, Vivaldi, Purcell oder Rameau tragen. Im Radio sind diese Kleinmeister oft zu hören, wenn Klassiksender die Nacht- und sehr frühen Morgenstunden füllen müssen. Dann scheint die sonst so kostbare Sendezeit ideal für Musik von Johann Friedrich Fasch oder Agostino Steffani. Ihre Stücke klingen gefällig, enthalten aber nicht jene Ohrwürmer, die das Publikum an der Barockmusik so liebt. Fasch oder Steffani sind allerdings immer noch Superstars im Vergleich zu den Tausenden von Barockkomponisten, die heute kein Mensch mehr spielt. In den popeligsten Klöstern und an den Höfen noch der zwergenhaftesten Despoten wurde damals komponiert. Die meisten Barockkomponisten sind längst vergessen, viele ihrer Partituren verschollen. Dabei tauchen durchaus ab und zu verschollene Werke wieder auf. Gerade diese unter Experten bekannte Tatsache machte den Fake der beiden Barockfans so glaubwürdig!

Als Friedemann Katt seine Stelle als Organist in Heiligenkreuz nach einigen Jahren aufgab, hatte der Spaß erst einmal ein Ende. Die Mönche und die Gottesdienstbesucher hatte er gehörig gefoppt – nun wollte er sich anderen Dingen zuwenden. Doch bald zeigte sich: Es gab einen Markt für Barockmusik! Oder vorsichtiger formuliert: für schöne, harmonische, zugängliche und gut spielbare Musik. Immer wieder wurde Friedemann von Musikerfreunden nach solchen Kompositionen gefragt. Da er schlechte Erfahrungen mit der Anerkennung seiner eigenen Kompositionskunst gemacht hatte, ließ er prompt Franz Xaver Frenzel wieder auferstehen. Friedemann komponierte Musik zu festlichen Anlässen, zum Beispiel ein „Allegro aus dem Hochzeitskonzert", ein „Geburtstagsquintett" oder gar eine „Sonata in Swing" und gab sie als Werke des barocken Meisters Frenzel aus. Das Publikum war begeistert – und störte sich auch nicht daran, dass in Frenzels barockem Œuvre zunehmend jazzige, swingende Elemente auftauchten. Dieser barocke Kleinmeister war anscheinend seiner Zeit sehr weit voraus gewesen!

Natürlich wurmte es Friedemann Katt in gewisser Weise, dass seine Kunstfigur Franz Xaver Frenzel – von ihm selbst gern auch F. X. Frenzel oder FXF abgekürzt – jene Anerkennung erfuhr, die dem wahren Tondichter vorenthalten blieb. Anderseits machte es ihm große Freude, endlich mit der Musik Erfolg zu haben, die er in seinem Kopf schon immer gehört hatte. Die Schönheit der Musik von Frenzel alias Katt begeisterte mit den Jahren immer mehr Hörer. So fand sich 1977 in

Friedemanns Freundeskreis auch zum ersten Mal ein Mäzen. Er finanzierte eine Schallplattenaufnahme der Neo-Neo-Barockmusik. Der Titel der Scheibe lautete: „Franz Xaver Frenzel – Ein Sonderfall der Musikgeschichte“. Auf der Rückseite der Plattenhülle stand: „Aufgefunden und editiert von Friedemann Katt“. Nicht ohne Stolz sandte Friedemann ein Exemplar der Schallplatte an den ORF. Dort fand der Leiter der Abteilung für E-Musik spontan Gefallen an der Musik. So wurde Franz Xaver Frenzel zum ersten Mal im Rundfunk gespielt.

Natürlich dauerte es nicht lange, bis die Fachwelt den Fake durchschaute. Doch mittlerweile hatten sich auch die Zeiten geändert: Die „Postmoderne“ mit ihrer Devise „Anything goes“ geisterte durch die Kulturszene und stellte die starren Dogmen der Nachkriegsmoderne infrage. Der Zeitgeist begrüßte nun den Stilmix ebenso wie die Ironisierung und das Spiel mit überkommenen Konventionen. Selbst mit Anklängen an die Barockmusik durfte nun – mit dem Segen der Feuilletons – experimentiert werden. Der englische Komponist Michael Nyman trieb das in den Achtzigerjahren mit seinen Filmmusiken für die Filme von Peter Greenaway auf die Spitze. Und Friedemann? Der hatte sich inzwischen so sehr an sein Alter Ego gewöhnt, dass er beschloss, das Pseudonym Franz Xaver Frenzel auf Dauer zu behalten. Bloß sollten und durften nun alle wissen, dass er eigentlich dahintersteckte. Frenzel und Katt teilten sich also fortan den Ruhm.

LEBEN FÜRS KOMPONIEREN – ABER VOM KOMPONIEREN?

Kann man vom Komponieren leben? Sagen wir es so: Komponisten und Geld, das war schon immer eine heikle Angelegenheit. Mozarts Geldsorgen sind legendär, wobei sich Historiker bei dem österreichischen Genie zu Recht fragen, ob die Einnahmenseite oder eher die Ausgabenseite sein Problem war. Franz Schubert ging es nicht viel besser. Als junger Mann war er praktisch ohne Einkommen, da er seine Lehrerstelle aufgegeben hatte, öffentliche Auftritte als Musiker nichts einbrachten und sich für seine Kompositionen noch niemand interessierte. In späteren Jahren brachte er durchaus einige seiner Werke auf den

Markt. Doch dem Stammgast in diversen Altwiener Gasthäusern mangelte es trotzdem so sehr an Barem, dass er den Wirten hin und wieder ein Lied in Zahlung gegeben haben soll. Auch Robert Schumann, der große Romantiker, soll zeitweise so klamm gewesen sein, dass allein die Konzerttourneen seiner Frau Clara das Überleben der zehnköpfigen Familie sicherten. Richard Wagner wiederum gilt als größter Schnorrer der Musikgeschichte. Seinem künstlerischen Sendungsbewusstsein entsprechend lebte er auf großem Fuß – und verschaffte sich dazu immer wieder die nötigen Spenden und Kredite.

Johannes Brahms existierte als einer der wenigen mit soliden bürgerlichen Verhältnissen und konnte mit der Musik seinen Lebensunterhalt bestreiten. Dass er in seinem hanseatischen Elternhaus zu protestantischer Sparsamkeit erzogen worden war, bevor er seinen Lebensmittelpunkt nach Wien verlegte, mag da durchaus von Vorteil gewesen sein. Finanziell weit übertrumpft hat ihn dann der Großbürger Richard Strauss. Auf Fotografien aus der Zeit um 1900 ist Strauss am Steuer der damals noch raren und teuren Automobile zu sehen. Das Geld kam jedoch nie allein von der Komposition, schließlich stammte seine Mutter aus der Bierbrauer-Dynastie Pschorr, einer der reichsten Familien Münchens. Auch Strauss' Zeitgenossen Gustav Mahler, der aus kleinen Verhältnissen stammte, ging es finanziell recht gut. Wobei er jedoch nie vom Komponieren lebte, sondern seinen Lebensunterhalt als Dirigent an der Wiener Hofoper verdiente. So richtig reich geworden mit der Komposition ist wohl als Erster Georg Friedrich Händel. Er begeisterte nicht nur ganz London mit seinen Barockopern, sondern galt auch als gewiefter Geschäftsmann. Das war George Gershwin nicht unbedingt, doch wurde seine Musik in den 1920er-Jahren so populär, dass er ein Leben im Luxus führen konnte und auch die bald folgende Wirtschaftskrise schadlos überstand.

Friedemann Katt ist seit 1989 freiberuflicher Komponist und kann davon heute sehr gut leben. Allerdings dauerte es eine ganze Weile, bis sein Franz Xaver Frenzel berühmt genug war, um zu einer Haupteinnahmequelle zu werden. In den ersten Jahren musste auch Friedemann Katt jene Kompromisse eingehen, von denen bereits so viele seiner berühmten Vorgänger ein Lied singen konnten. Er verdiente sein Geld unter anderem mit Arrangements für Schlager- und Popmusik. Darunter waren übrigens diverse Beiträge für den Eurovision Song Contest. Musik für das Kabarett sowie Filmmusik waren weitere Erwerbsquellen. Einmal verhalf er sogar einem beinahe vergessenen Schlagerstar der 1950er-Jahre zu einem erfolgreichen Comeback. Durch neue Kompositionen und Arrangements frischte er dessen musikalisches Erscheinungsbild gründlich auf. Bis heute verrät Friedemann nicht öffentlich, welcher Schmalzbarde es da einem „Barockkomponisten" zu verdanken hatte, dass er als Untoter erneut die Musikwelt durchwandern konnte.

ERFOLGREICH ALS „LETZTER LEBENDER BAROCKKOMPONIST"

Wenn Franz Xaver Frenzel ein „Sonderfall der Musikgeschichte" ist, dann ist Friedemann Katt in meinen Augen auch ein Sonderfall der Fakergeschichte. Einerseits löste er den Fake zu einem bestimmten Zeitpunkt auf. Ab da war klar, dass Frenzel Katt ist und Katt Frenzel. Andererseits – und das ist das Besondere – führte er den Fake weiter und machte eine neue Geschichte daraus: Er erklärte Franz Xaver Frenzel zu seinem eigenen Pseudonym und Alter Ego. Dieses ironische Spiel gipfelte in den letzten Jahren in Katts Behauptung, Frenzel sei der „letzte lebende Barockkomponist". Manchmal dirigiert Friedemann Katt heute vom Klavier aus die Aufführung einer seiner Kompositionen – und erzählt dem Publikum zwischendurch augenzwinkernd etwas über Franz Xaver Frenzel. Das ist mittlerweile Teil der Show. Alle wissen Bescheid und wollen es nicht anders. Zudem ermöglicht ihm diese Transparenz, noch mehr Zitate aus Jazz und Swing in seine klassischen Kompositionen einzuschmuggeln.

Die Bezeichnung „Barockkomponist" ist daher heute eher als Metapher zu verstehen. Friedemann Katts Musik ist vielschichtig, originell und facettenreich – und damit weit mehr als ein Revival von Klängen der Barockzeit. Allerdings schrieb ein Kritiker einmal, Katts Musik sei „wie ein barockes Deckengemälde". Das will heißen: himmlisch, wunderbar, bunt, aber auch heiter, positiv, voller Freude. Das Düstere und Schwere in der Musik, die atonalen Klänge und die musikalische

Provokation, überlässt Friedemann gerne anderen. Am liebsten wäre er vielleicht tatsächlich Hofkomponist an einem barocken Fürstenhof gewesen, wo er sich ganz der Kunst und der Schönheit hätte widmen können. Immerhin ist er heute als Komponist so bekannt, dass sich immer wieder Mäzene finden, die bei ihm Werke in Auftrag geben. So bestellte ein Kunstfreund aus dem bayrischen Landshut unlängst die Sinfonische Dichtung „De Rerum Natura – Über die Natur der Dinge" nach dem römischen Dichter Lukrez. Die Uraufführung war ein voller Erfolg; die Presse geizte nicht mit Lob. Seit Ende 2017 ist das Werk auf CD erhältlich.

Zum ersten Mal groß in die Medien kam Friedemann Katt im Jahr 2001, nachdem er ein Wiegenlied für die neugeborene Prinzessin Aiko, das erste Kind des japanischen Thronfolgerpaares, komponiert hatte. Clemens Hellsberg, der damalige Chef der Wiener Philharmoniker, war zu der Zeit längst ein Fan der Kompositionen von Frenzel und ein guter Freund von Katt. Als Österreichs Bundespräsident Thomas Klestil ihn fragte, ob nicht ein heimischer Komponist ein nettes Stück für die Eltern der Prinzessin zur Geburt ihres ersten Kindes komponieren könne, dachte er sofort an seinen Freund Katt. Ein Stück aus „Frenzels" Feder würde in dem auf Harmonie und Wohlklang bedachten Kaiserhaus bestimmt Gefallen finden. So stellte Hellsberg den Kontakt her. Friedemann hatte lediglich vier Wochen Zeit für Komposition und Einspielung. Doch stramme Deadlines fördern ja oft die Kreativität.

Es wurden schließlich 50 CDs gepresst und als Geschenk des österreichischen Staats per Diplomatenpost nach Japan geschafft. Die Noten gab es ebenfalls gratis dazu. Auch wenn aus dem verschwiegenen Kaiserhaus nichts nach außen dringt, ist sich Friedemann Katt sicher, dass die kaiserliche Familie seine Musik spielt. Hausmusik, so viel ist bekannt, gehört zu den erklärten Lieblingsbeschäftigungen der Hoheiten. In Frenzels und Katts Heimatland uraufgeführt wurde das musikalische Geschenk erst mit einem Respektabstand von 12 Jahren. In der Zwischenzeit hatte der schaffensfrohe Komponist das Werk fast schon wieder vergessen. Heute, mit mittlerweile über 70 Jahren, sitzt er immer noch fast täglich in seinem Komponierzimmer. Dort stehen ein Klavier, ein Synthesizer und ein Computer mit Kompositionssoftware friedlich nebeneinander. Für F. X. Frenzel alias Friedemann Katt sind Instrumente ohnehin zweitranging. Die Musik ist noch immer in seinem Kopf! Und wenn es ihm gelingt, seine innere Musik zum Ausdruck zu bringen, dann ist es letztlich auch egal, ob der Name Frenzel oder Katt auf einer CD steht.

KAPITEL 6

Der Perlenhändler

6 | DER PERLENHÄNDLER

Gestatten Sie mir zu Beginn eine Frage: Welchen Wert messen Sie Calciumcarbonat bei? Leider können Sie mir jetzt nicht direkt antworten. Aber vielleicht erlauben Sie mir zu raten. Dann würde ich tippen: Es kommt ganz darauf an. Einmal angenommen, Sie haben kleine Kinder und fahren mit ihnen zum ersten Mal ans Meer. Am Strand entdeckt eines Ihrer Kinder die Schale einer Meeresmolluske, vulgo: eine Muschel. Es ist eine besonders schöne, außen grau-weiß gestreifte und innen silbrig schimmernde Muschel. Ihr Sprössling hebt sie auf und bestaunt nicht nur deren Farbe und Form, sondern fühlt auch sogleich das einzigartig feine Material in der kleinen Hand. Mit leuchtenden Augen und vor Staunen geöffnetem Mund rennt der oder die Kleine zu Ihnen, um den Fund zu präsentieren. Im Wesentlichen handelt es sich bei so einer Molluskenhülle um Calciumcarbonat. Doch um so etwas zu lernen, haben Ihre Kinder ja noch viel Zeit.

Als liebevolle Eltern bewundern Sie die Muschel natürlich ausgiebig. Sie versichern, dass diese schöne Muschel selbstverständlich mit nach Hause darf. Sie wird im Kinderzimmer einen Ehrenplatz bekommen. Erst als Ihre Kinder wissen wollen, was diese Muschel wohl wert sei, kommen Sie etwas in Verlegenheit. Sie sind pädagogisch up to date und wollen Ihren Kindern keine Märchen erzählen. Deshalb suchen Sie nach einer einfühlsamen Erklärung für die Tatsache, dass dieses Stück Calciumcarbonat so gut wie nichts wert ist. Solche Muscheln gibt es an Europas Stränden zu Millionen. Die Holländer legen sogar Wege in öffentlichen Parks mit zerstoßenen Muscheln an. Während Sie noch nach einer Erklärung suchen, denken Sie vielleicht: Dass so etwas Schönes wie diese Muschel praktisch wertlos ist, kann ein kleines Kind noch nicht verstehen.

Am frühen Abend machen Sie mit der ganzen Familie einen Spaziergang durch den eleganten Badeort, in dem Sie sich einquartiert haben. Vor dem Schaufenster eines Juweliers bleiben Sie fasziniert stehen. In der Auslage findet sich ein Paar Ohrringe mit leuchtend weißen Perlen. Auf dem Preisschild steht neben einer netten Summe der Hinweis: „Echte Perlen, keine Zucht". Jetzt haben Sie die leuchtenden Kinderaugen – und Ihre Kinder können gar nicht verstehen, was mit Ihnen los ist. Was soll an einer weißlichen Minikugel, die man durch die Scheibe nicht mal anfassen kann, so begeisternd sein? Eine durchaus berechtigte Frage! Denn auch hier handelt es sich lediglich um ein Stück Calciumcarbonat. Genau wie bei der Muschel vom Strand. Für Perlen sind Menschen jedoch mitunter bereit, ein ganzes Monatsgehalt hinzublättern. Während Sie also angestrengt nach einer Erklärung suchen, denken Sie vielleicht: Dass so eine winzige Kugel dermaßen teuer ist, kann ein kleines Kind noch nicht verstehen.

PERLEN: DIE ERSTEN 7.500 JAHRE

Am Valentinstag 1969 bekam Hollywoodstar Elizabeth Taylor von ihrem damaligen Ehemann Richard Burton eine außergewöhnlich große und berühmte Perle geschenkt. Burton hatte sie beim Auktionshaus Sotheby's für 37.000 US-Dollar ersteigert. Nach heutiger Kaufkraft sind das mehr als 250.000 Dollar. Die Filmdiva brachte die weiß schimmernde Perle zu Cartier und ließ sie in ein Collier mit Rubinen und Diamanten einarbeiten. Über das Ergebnis soll sie so begeistert gewesen sein, dass sie in ihrer Villa einen Freudentanz aufführte. Das ist doch erstaunlich, wenn man bedenkt, dass es sich bei einer Perle letztlich um nichts als eine unerwünschte Ablagerung im Inneren von Meeresgetier handelt. Kalkablagerungen in unseren Badezimmern rücken wir mit Essigreiniger zu Leibe. Bei der Perle scheinen sich die Weltkulturen dagegen einig zu sein, dass es sich um eines der wertvollsten Geschenke der Natur an die Menschheit handelt.

Auf der Arabischen Halbinsel haben französische Archäologen jüngst eine Perle ausgegraben, die bereits um 5500 vor unserer Zeitrechnung als Schmuck gedient haben soll. Die erste schriftliche Erwähnung von Perlen datiert etwa zweieinhalbtausend Jahre später und stammt aus einem chinesischen Geschichtsbuch. Danach erhielt ein gewisser König Yu Perlen vom Fluss Huai als Tribut. Was der König mit den kleinen runden und eigentlich nutzlosen Kügelchen anstellte, wird in dem Text nicht erwähnt. Vielleicht war es ja selbsterklärend. In Ozeanien scheint die Perle jedenfalls seit Menschengedenken als Schmuck gedient zu haben. Im alten Indien und Persien war sie als Zierde nicht weniger begehrt. Reliefs und Porträts zeigen Könige und Königinnen, Prinzen und Prinzessinnen mit Perlen geschmückt wie Christbäume mit Lametta. Den ersten regelrechten Hype um die Perle gab es dann im alten Rom. Kaiser Caligula ließ seine Reitstiefel vollständig mit Perlen besetzen und seinem Lieblingspferd auch noch eine Perlenkette um den Hals hängen. Seine Gattin tauchte unterdessen bei Feierlichkeiten dermaßen mit Perlen behangen auf, dass sie sich kaum noch auf den Beinen halten konnte.

Im europäischen Mittelalter prunkte die Kirche mit sündhaft teuren Perlen an Kelchen und Monstranzen, während sie in ihren Predigten die Armut pries. Die Fürsten zur Zeit des Absolutismus stellten ihre Perlen dann mehr in eigener Sache zur Schau. Der Geldadel des aufkommenden Industriekapitalismus machte das dem echten Adel nach. Im 20. Jahrhundert gerieten Perlen schließlich in die Hände ganz normaler reicher Leute. Jetzt schlug die große Stunde der Händler und Juweliere. Perlen wurden zu einem Konsumgut für den gehobenen Massengeschmack. Dazu trug wesentlich bei, dass die Japaner in den 1920er-Jahren die Perlenzucht perfektioniert hatten. Neben der sehr seltenen, ohne menschliche Einwirkung entstandenen Perle gibt es seitdem die Zuchtperle.

Als Liz Taylor von Richard Burton ihren Wuchtklunker überreicht bekam, war die Perle in den USA bereits allgegenwärtig. So sehr, dass die weiße Perlenkette langsam, aber sicher in die Nähe der Spießigkeit rückte. Höchste Zeit für etwas Neues, dachte sich da der New Yorker Geschäftsmann Salvador James Assael. Er hatte auf Reisen in der Südsee tiefdunkle, anthrazitfarben schimmernde Perlen entdeckt, sogenannte schwarze Tahiti-Perlen. Die Einheimischen verwendeten sie schon seit Jahrhunderten als Schmuck. Fasziniert von der Schönheit dieser Perlen wollte er sie in den USA verkaufen. Assael reiste immer wieder in die Südsee und nahm sich Jahre Zeit, um eine Zucht schwarzer Perlen zu organisieren. Dann klapperte er mit Kostproben der schwarzen Perle die New Yorker Juweliergeschäfte ab – und stieß nirgendwo auf das geringste Interesse. Amerikanerinnen wollten nur weiße Perlen, hieß es. Assael wurde ausgelacht. Warum es wohl Perlweiß heiße und nicht Perlschwarz, bekam er zu hören. Was für ein Spinner!

BERUFLICHE VERÄNDERUNG DURCH ZUFALL

Damit wird es endgültig kompliziert. Es ist ja schon schwierig genug, Ihren Kindern zu erklären, warum Calciumcarbonat als wunderschöne Muschel wertlos sein soll, als kleine Kugel aus dem Inneren einer Meeresmolluske jedoch den Wert einer Doppelhaushälfte haben kann. Aber erklären Sie einmal einem Vierjährigen, warum das früher in Amerika nur für weiße Perlen galt und nicht für die so herrlich in allen Schattierungen von Grau bis Schwarz schimmernden Exemplare. Die amerikanischen Juweliere der Sechzigerjahre nannten die grauen und schwarzen Perlen allen Ernstes „junk pearls": Müll, Schrott, Ausschuss. Dass es bei diesem Urteil nicht blieb, lag an Salvador James Assael. Er gab nämlich nicht auf! Mit einem Fake verhalf er der schwarzen Perle zum Durchbruch auf dem amerikanischen Schmuckmarkt.

Am besten, ich erzähle Ihnen jetzt die ganze Geschichte dieses Perlenhändlers und Fakers. Sie enthält nämlich auch einige interessante Hinweise darauf, was Calciumcarbonat – und überhaupt jeden Stoff, jede Substanz, jedes Produkt und jeden Gegenstand – in den Köpfen der Menschen wertvoll oder wertlos erscheinen lässt. Doch beginnen wir am Anfang: Der Geschäftsmann Salvador Assael hatte es in der Südsee ursprünglich gar nicht auf Perlen abgesehen, sondern wollte Uhren verkaufen. Wie so manch andere spätere Businessgröße machte sich auch Assael als kleiner Händler selbstständig. Es tobte der Zweite Weltkrieg und das US-Militär war ein Großabnehmer aller möglichen Produkte. Assael fand eine Nische, indem er die Soldaten im Pazifik mit wasserdichten Armbanduhren versorgte. Das Geschäft brummte. Assael lernte während weniger Jahre fast die gesamte Südsee kennen, denn überall waren amerikanische Truppen stationiert. Der Geschäftsmann kaufte die Uhren in großen Mengen günstig ein und brachte sie mit satter Marge an die kämpfende Truppe.

Mit Kriegsende brach dieser Markt zusammen. Assael hatte dummerweise noch massenhaft Uhren auf Lager. Auf der Suche nach neuen Kundenkreisen stieß er in seinem pazifischen Absatzgebiet auf diverse Japaner. Diese waren zwar scharf auf seine Uhren, konnten sie so kurz nach der Niederlage ihres Landes jedoch nicht in Dollar bezahlen. So boten sie Perlen als Bezahlung an. Durch diesen Zufall wurde Salvador

Assael zum Perlenhändler – denn schließlich musste er die Perlen, mit denen seine japanischen Kunden gezahlt hatten, in den USA wieder zu Dollar machen. Nach einiger Zeit kam Assael auf den Geschmack, und das sowohl ästhetisch als auch geschäftlich: Er begann sich für Perlen zu begeistern – und merkte, dass sich dieses Naturprodukt der Südsee in den USA teuer verkaufen ließ.

Irgendwann fragte sich der frisch gebackene Perlenhändler, warum schwarze Perlen eigentlich nur auf Tahiti als Schmuck getragen wurden. Er sah in ihnen etwas ganz Besonderes – und ahnte als Quereinsteiger in sein Business eben noch nicht, dass die Juweliere in den heimischen USA darin „junk" erkennen wollten. Rückblickend lässt sich sagen: Assael hatte eine andere Perspektive: Er sah eine Seltenheit, wo andere einen Makel sahen. Er ließ den Gedanken an „Schrott" gar nicht erst zu. Vielleicht hatte Assael ja sogar schon eine Marketingstory im Kopf, in der Tahiti eine gewisse Rolle spielte. Immerhin handelt es sich um einen alten Sehnsuchtsort des Westens, man denke nur an die Gemälde von Paul Gauguin. Eigentlich stimmte damit ja alles: Assael hatte eine seltene Kostbarkeit zu bieten, die noch dazu aus einem exotischen Paradies stammte. Warum scheiterte er trotzdem so kläglich beim ersten Versuch, die schwarze Perle in den USA zu verkaufen?

WERTE SIND REINE GLAUBENSSACHE

Das ursprüngliche Desinteresse der amerikanischen Juweliere an der schwarzen Perle ist gar nicht so leicht zu erklären. Assael war nämlich keineswegs der Erste, der dem Westen mit schwarzen Perlen kam. Bereits der europäische Hochadel des 19. Jahrhunderts liebte dunkle Perlen. Insbesondere die russischen Blaublüter rissen sich um die schwarze Tahiti-Perle. Im 20. Jahrhundert kam die Farbe Schwarz beim Perlenschmuck dann aber wieder aus der Mode. Und damit wären wir bei einem Schlüsselbegriff für das Verständnis der Zusammenhänge: Mode. Wenn zunächst niemand Assaels Perlen haben wollte, dann lag das schlicht daran, dass sie nicht in Mode waren. Früher haben Ökonomen versucht, Werte mit dem subjektiven Nutzen einer Sache für ein Individuum zu erklären: Was mir persönlich nützlich ist, das hat für mich einen Wert. Wobei Repräsentation oder Distinktion selbstverständlich auch ein Nutzen sein kann. In jüngerer Zeit betonen die Sozialwissenschaften mehr den narrativen Charakter von Wirtschaft, wie von Gesellschaft überhaupt. Was wir als wertvoll, gut und richtig empfinden, hängt davon ab, an welche Geschichten wir glauben. Wenn jemand glaubt, dass ein bestimmter Stein magische Kräfte hat, dann wird er anders damit umgehen, als wenn er ihn für ein schnödes Stück Mineral hält. Und wer überzeugt ist, dass ein bestimmtes schwarzes Notizbuch das berühmte von Hemingway und Chatwin ist, der wird möglicherweise mehr dafür bezahlen als für einen stinknormalen Block. Je vollständiger unsere Grundbedürfnisse befriedigt sind und je größer der Überfluss, in dem wir leben, desto mehr können wir es uns erlauben, uns eitlen Moden hinzugeben. Werte existieren ohnehin nur in unseren Köpfen. Sie sind abhängig davon, an welche Geschichte wir jeweils glauben.

Das wusste auch Salvador James Assael – vielleicht nicht in der Theorie, aber doch in der praktischen Konsequenz. Ihm war klar, dass er einen Weg finden musste, um die schwarze Perle in Mode zu bringen. Was die Juweliere nicht glauben wollten, sollten dann eben gleich die Kundinnen glauben: Die schwarze Perle ist etwas ganz Seltenes und Besonderes! Wer sich abheben will, der trägt jetzt Schwarz – Weiß ist out! Assael heuerte einen Fotografen an, der schwarze Perlen inmitten von Diamanten, Rubinen und anderen kostbaren Edelsteinen fotografierte. Sie waren eingefasst in Gold, Silber oder Platin. Dann buchte Assael ganzseitige Anzeigen in führenden Modemagazinen und verwendete dafür die Fotos. Der vielleicht entscheidende Trick dabei war die Selbstverständlichkeit, mit der sich schwarze Perlen da unter teuerstem Schmuck fanden. Gleichzeitig gelang es Assael, einen der angesehenen New Yorker Juweliere zu überreden, schwarze Perlen in seinem Schaufenster zu präsentieren. Und zwar zu einem viel höheren Preis als weiße Perlen.

Der Fake funktionierte! Es dauerte nicht lange, da fragten reiche Amerikanerinnen ihre verblüfften Stammjuweliere nach schwarzen Perlen. Nachdem die Juweliere sich vom ersten Schrecken erholt hatten, fanden sie heraus, wo sie schwarze Perlen bekommen konnten: bei Assael – und nur bei Assael. Der Mann, der den Bedarf geweckt hatte, war auch der einzige, der ihn decken konnte. Assael beherrschte den größten Teil der Wertschöpfungskette, denn ihm gehörten ja auch die Zuchtfarmen! Bald rissen sich wohlhabende Kundinnen in ganz Amerika um Ohrringe und Ketten mit schwarzen Perlen. Die Luxusjuweliere Tiffany und Cartier nahmen sie in ihr Angebot auf. Stars wie Audrey Hepburn zeigten sich mit schwarzen Perlenketten. Das war Anfang der Siebzigerjahre. Salvador Assael wurde reich und berühmt. Als er im April 2011 im Alter von 88 Jahren starb, widmete ihm die New York Times einen ausführlichen Nachruf. Da galt er längst als einer der berühmtesten Perlenhändler der Welt. Und seinen Durchbruch verdankte er einem ganz außergewöhnlichen Fake.

DER UNTERSCHIED ZWISCHEN TAHITI-PERLE UND PIEMONT-KIRSCHE

Aber worin genau bestand nun dieser außergewöhnliche Fake? Ganz einfach: Salvador Assael stellte ein Produkt in einen Kontext, in den es nach Ansicht der Fachwelt nicht gehörte. In Werbeanzeigen zeigte er schwarze Perlen zusammen mit Gold, Platin und Diamanten. Das genügte, um den Eindruck zu erwecken, dass es sich bei dieser Perle um eine besondere Kostbarkeit handelte. Gleichzeitig verlangte er horrende Preise für schwarze Perlen. Auch das ist in einer Marktwirtschaft völlig legitim. Jeder Händler kann versuchen, seine Ware so teuer wie möglich zu verkaufen. Es muss ihm lediglich gelingen, seine Abnehmer von dem entsprechenden Wert zu überzeugen. Und hier kommen die Narrative ins Spiel! Auch ein einziges Bild kann eine Geschichte erzählen. So geschah es in Assaels Werbeanzeigen.

Noch ein interessantes Detail kam hinzu: die Bezeichnung „Tahiti-Perle“. Irgendwie erinnert das ja an die „Piemont-Kirsche“ der Firma Ferrero. Doch während „Piemont-Kirsche“ eine reine Erfindung des Marketings ist – eine solche Kirschsorte existiert nicht –, war und ist „Tahiti-Perle“ durchaus die fachlich korrekte Bezeichnung für dunkle Perlen. Bloß wurde einer solchen Perle in den USA lange kein Wert beigemessen. Assael besetzte den Begriff neu, ja deutete ihn gewissermaßen um. Auch dafür finden sich andere Beispiele. So war die Bezeichnung „Made in Germany“ im England der frühen Industrialisierung ursprünglich einmal eine Warnung für – vermeintlich – minderwertige Produkte aus dem industriell unterentwickelten Deutschland. Für einen Londoner muss „Made in Germany“ damals etwa so verlockend geklungen haben wie für uns heute „Made in China“. Doch dann verkehrte es sich ins Gegenteil: „Made in Germany“ wurde zu einem Qualitätssiegel für „deutsche Wertarbeit“.

Interessant ist ja auch, dass Assael nicht sofort fakte, sondern erst, nachdem er auf unerwartete Widerstände gestoßen war. Typisch Faker! Zunächst versuchte er, die Juweliere mit dem Produkt zu überzeugen. Als das nicht klappte, ersann er seinen Fake: Er tat einfach so, als seien schwarze Perlen bereits Luxusprodukte. Das zeigt, dass Assael etwas sah, was andere – noch – nicht sahen. Er sah einen Markt für die „besondere“ Perle und glaubte fest an seine Chance. Sonst hätte er kaum ein Vermögen für Werbeanzeigen ausgegeben. Der Fake war insofern auch der Tatsache geschuldet, dass es nicht genügt, wenn ein Einzelner an etwas glaubt. Narrative sind gemeinsame Geschichten, an die viele Menschen glauben. Erst durch den gemeinsamen Glauben an eine letztlich fiktive Erzählung lassen sich Religionen gründen, Nationen zusammenhalten – und Produkte verkaufen. Wer Produkte im Luxusmarkt platzieren möchte, dessen Narrativ sollte unbedingt von Einzigartigkeit handeln und es dem Konsumenten ermöglichen, sich von anderen Konsumenten abzugrenzen. Denn so funktioniert ja Luxus. Er ist grundsätzlich relativ, denn was gestern noch Luxus war und heute alle haben, das ist kein Luxus mehr. Fast alles, was wir heute konsumieren, war einmal Luxus und nur einer kleinen Elite vorbehalten. Je mehr alle im Überfluss leben, desto schwieriger wird der Verkauf von Luxus. So kommt der bewusste Stilbruch ins Spiel. Luxus unterliegt der Mode – und in der Mode geht es zunehmend darum, etwas heute anders zu machen als gestern.

DIE GEWONNENE WETTE DER KLEOPATRA

Zurück zur Ausgangsfrage, warum ein paar Gramm Calciumcarbonat mal zu horrenden Preisen gehandelt werden und mal praktisch wertlos sind – je nachdem, ob es sich um eine Perle oder eine Muschel handelt. Die Gründe dafür sind vielfältig. Am Ende ließe sich die Funktionsweise unseres gesamten Wirtschaftssystems anhand dieses Unterschieds erklären. Auf die einfachste Formel gebracht: Eine Sache hat dann einen Wert, wenn genügend Menschen daran glauben, dass sie wertvoll ist. Jetzt können Sie einwenden, dass es ja menschliche Grundbedürfnisse wie Essen und Trinken gibt, und alles, was deren Befriedigung dient, für den Menschen immer einen Wert haben wird. Das ist grundsätzlich richtig. Andererseits wissen wir den Wert sauberen Leitungswassers heute kaum noch zu schätzen – während wir gleichzeitig völlig überhöhte Preise für Trinkwasser zahlen, das in Évian-les-Bains oder San Pellegrino Terme in Flaschen abgefüllt wird. Selbst bei unseren Grundbedürfnissen entkommen wir kaum noch unserem Glauben an das, was vermeintlich wertvoll ist. Die Frage ist: Was speist diesen Glauben? Im Zweifel wahrscheinlich mehr, als uns die meiste Zeit bewusst ist.

Dass die Perle über Jahrtausende als Schmuck verwendet – und dabei nicht selten zu den Insignien der Macht gezählt – wurde, beeinflusst uns heute noch in der Wahrnehmung dieses Naturprodukts. Das zumindest muss annehmen, wer jenen Wissenschaftlern folgt, die die Theorie der „Meme" vertreten. Meme sind kulturelle Informationseinheiten, die ähnlich „vererbt" werden wie biologische Gene. Die Verwendung von Perlen als Schmuck ist solch ein kulturelles Mem. Es steckt kein offensichtlicher biologischer Überlebenszweck dahinter, wenn Menschen sich mit Kalkablagerungen aus Mollusken schmücken. Der Perlenschmuck ist eine kulturelle Konvention, deren Besonderheit nur in unseren Köpfen existiert. Die Sache macht allein deshalb Eindruck, weil wir an die dahinter liegenden Geschichten glauben. In der einzigartigen Schönheit einer Perle spiegelt sich die einzigartige Schönheit der Frau, die sie trägt? Was für eine schöne Geschichte! Weil das „Perlen-Mem" in unseren Köpfen für Einzigartigkeit steht und uns soziale Abgrenzung erlaubt, passt es perfekt zum modernen Individualismus und Konsumismus. Das könnte ein Grund dafür sein, warum es bis heute existiert. Schließlich haben sich viele Statussymbole alter Kulturen ja auch überlebt. Wen interessiert etwa heute noch, wie viele Ziegen jemand besitzt?

Auch die Muschel galt einmal als wertvoll – viele Kulturen nutzten sie als Tauschmittel. Einige Wissenschaftler gehen sogar davon aus, dass Muscheln das erste Geld der Menschheit waren, lange bevor Edelmetalle oder Münzen ins Spiel kamen. In einigen Teilen Papua-Neuguineas ist „Muschelgeld" heute noch eine Parallelwährung zum offiziellen Zahlungsmittel. Es kommt in rituellen Zusammenhängen zum Einsatz, etwa zur Zahlung eines Brautpreises. Ob und in welcher Form Calciumcarbonat einen Wert hat, kommt eben immer auf den kulturellen Kontext an. Immerhin wusste man schon im Altertum, dass Perlen viel vergänglicher sind, als es im ersten Moment scheint: Einer berühmten Anekdote zufolge wettete die ägyptische Königin Kleopatra mit ihrem römischen Liebhaber Marc Aurel, dass sie mit einem einzigen Abendessen den gigantischen Wert von 10 Millionen Sesterzen vertilgen könne. Der Römer wettete dagegen – und verlor.

Kleopatra ließ sich nämlich die teuerste Perle aus ihrem Schatz bringen, löste sie in Essig auf und trank das Ganze mit Saft und Wein gemixt als Perlencocktail zum Abendessen. So hatte sie innerhalb weniger Minuten den Gegenwert von 10 Millionen Sesterzen intus. Altertumsforscher hielten das lange komplett für ein Märchen. Essig sei überhaupt nicht in der Lage, eine Perle aufzulösen. Aber wie war das noch mit den Kalkflecken und dem Essigreiniger? Im Jahr 2010 konnten Wissenschaftler von der amerikanischen Montclair State University in New Jersey nachweisen, dass sich Perlen durchaus in Essig auflösen lassen. Es dürfe lediglich der Säuregehalt nicht zu hoch sein. 5–10 Prozent Säuregehalt seien ideal. Am besten eigne sich Weißweinessig. Die Forscher haben eine Perle auch zu feinem Pulver zerstoßen und anschließend mit Essig übergossen. Im Nu war sie unter „kurzem Aufbrodeln" verschwunden. Aller Faszination zum Trotz: Perlen sind nun einmal nichts als Calciumcarbonat.

KAPITEL 7

Die Reporterin

7 | DIE REPORTERIN

Martha Gellhorn war wütend. Vom Regen durchweicht, irrte die Reporterin ziellos durch die nächtlichen Docks einer südenglischen Hafenstadt. Überall lagen amerikanische, britische und kanadische Kriegsschiffe vor Anker. Kaum irgendwo brannte Licht. Auf den Kais und den Landungsbrücken wimmelte es von Soldaten in voller Kampfmontur. Es war so dunkel, dass die Schiffe nur als düstere Silhouetten auszumachen waren. Deutsche Aufklärer sollten aus der Luft so wenig wie möglich erkennen können. Die Mittdreißigerin im Regenmantel und mit modischer Mütze zwängte sich überall zwischen GIs hindurch. Sie war fast unsichtbar in dem scheinbaren Chaos, das in Wirklichkeit einem ausgeklügelten Plan folgte: Die „Operation Neptune" der Alliierten war in vollem Gang. Nach mehreren Verschiebungen wegen zu schlechten Wetters sollte am nächsten Tag, dem 6. Juni 1944, endlich „D-Day" sein. Fast 5.000 Kriegsschiffe und rund 160.000 Soldaten machten sich auf den Weg über den Ärmelkanal, um bei Tagesanbruch vor den Küsten der Normandie einzutreffen. Ihr Auftrag hieß, den deutschen Atlantikwall zu brechen und die Wehrmacht zu überrollen. Die größte maritime Militäroperation aller Zeiten war angelaufen. Und Martha Gellhorn hatte zum ersten Mal keine Akkreditierung!

Ausgerechnet sie, die renommierte Kriegsberichterstatterin, durfte auf keinem der zahllosen US-Kriegsschiffe mitfahren. Obwohl die Amerikanerin für das Wochenmagazin „Collier's" schon über alle möglichen Kriege berichtet hatte. Sie war oft mitten im Kampfgetümmel gewesen, meist als einzige Frau, und manchmal sogar ohne offizielle Erlaubnis. Gellhorn hatte neben britischen Bomberpiloten im Cockpit gesessen, während diese unter Dauerbeschuss der Flaks deutsche Städte angriffen. Mit amerikanischen Nachtjägern war sie durch Schneestürme über die Ardennen geflogen. Und jetzt sollte sie die bevorstehende Landung der Alliierten in Frankreich verpassen? Ohne Akkreditierung konnte sie das Geschehen höchstens von einem englischen Kiesstrand aus mit dem Fernglas beobachten. Das war lächerlich. Aber das Schlimmste war: Ihr eigener Ehemann hatte sie hinterrücks ausgebootet und ihr die normalerweise sichere Akkreditierung weggeschnappt. Was für eine Farce! Martha Gellhorn konnte es kaum fassen.

Dieser Ehemann war Ernest Hemingway. In vier Jahren Ehe hatte er das Thema Krieg meist seiner Frau und Autorenkollegin überlassen. Während Martha Gellhorn allein in einem chinesischen Kampfflugzeug die feindlichen Linien zu Japan überflog, flanierte Hemingway, der sich selbst gerne als knallharten Macho inszenierte, durch Hongkong, trank Kaffee, las Zeitung und ging Zigarren kaufen. Jetzt plötzlich, wenige Tage vor „D-Day", hatte Hemingway beschlossen, über die Landung der Alliierten schreiben zu wollen. So ziemlich jeder amerikanische Presseverlag hätte dem weltberühmten Schriftsteller eine Akkreditierung besorgt – obwohl das US-Militär jeweils nur einen Reporter pro Zeitung oder Zeitschrift zuließ. Hemingway fragte ausgerechnet „Collier's", den Arbeitgeber seiner Frau. Das Wochenmagazin mit mehr als 10 Millionen Lesern entschied sich daraufhin tatsächlich für den Großschriftsteller und gegen seine angestammte Mitarbeiterin. Martha Gellhorn hatte keine Chance mehr.

„Stopp!" Zwei US-Militärpolizisten stellten sich Martha Gellhorn in den Weg. „Ihre Papiere bitte, Madam!" Ohne Akkreditierung hatte die Reporterin in den Docks, zwischen all den Kriegsschiffen und Soldaten, nichts zu suchen. Sie wedelte mit einem abgelaufenen Presseausweis des US-Militärs. Die Militärpolizisten prüften ihn nicht so genau. Sie verlangten aber zu wissen, wo die Reporterin hinwollte. Gellhorn sah sich kurz um und zeigte dann mit dem Finger auf das größte Schiff, das sie in der Dunkelheit erkennen konnte. Es war ein riesiges weißes Lazarettschiff mit einem Roten Kreuz an der Bordwand. Dort auf dem Schiff wolle sie vor der Abfahrt die Krankenschwestern interviewen, behauptete Gellhorn. Sie wusste, dass diese Geschichte nicht besonders glaubwürdig war. Welcher für die Presse zuständige Offizier hätte wenige Stunden vor „D-Day" noch solche Interviews genehmigt? Doch eine bessere Ausrede fiel ihr auf die Schnelle nicht ein. Zu ihrem eigenen Schrecken wurde Martha Gellhorn durchgelassen. „Okay, gehen Sie an Bord, Madam", sagte einer der Militärpolizisten. Er deutete mit einer Hand auf die Gangway zum Lazarettschiff.

EIN WEISSES SCHIFF MIT KURS AUF OMAHA BEACH

Martha Gellhorns Wut schlug um in ihren üblichen, stark adrenalinhaltigen Gefühlscocktail aus Neugier, Abenteuerlust und Nervenkitzel. Mit weichen Knien betrat sie eines der Schiffe, die in wenigen Stunden an der „Operation Neptune" teilnehmen würden. Als erfahrene Kriegsreporterin war ihr klar, dass so ein Lazarettschiff nah an das Kampfgeschehen heranfahren würde. Schließlich sollte die Besatzung Verwundete aufnehmen und keine Erinnerungsfotos schießen. Ihr Ehemann und die übrigen akkreditierten Journalisten würden das Geschehen dagegen in relativ sicherer Entfernung von einem Presseschiff aus beobachten. Wenn es Gellhorn gelänge, an Bord dieses Lazarettschiffs zu bleiben, dann wäre sie am nächsten Morgen dichter dran als sämtliche Kollegen. Dicht dran – das war ihr gewohnter Platz! Sie war nicht nur in die größte Männerdomäne des Journalismus eingedrungen – die Kriegsreportage –, sondern sie riskierte auch mehr als die meisten männlichen Kollegen.

Dabei war Martha Gellhorn in ihrem Herzen eigentlich Pazifistin. Aus der moralischen Verpflichtung, die sie empfand, über das Leid des Kriegs zu berichten, war irgendwann so etwas wie eine Droge geworden, die sie aufputschte, anstachelte und niemals zur Ruhe kommen ließ. Sie hasste den Krieg. Und kam doch von dem Nervenkitzel, den die ständige Lebensgefahr bedeutete, nicht mehr los. An diesem späten Abend auf dem Lazarettschiff hatte Martha Gellhorn allerdings ein Problem: Wenn sie jemand erwischte, würde sie verhaftet werden. Wahrscheinlich bekäme sie anschließend nie wieder einen Presseausweis. Sie wäre damit praktisch berufsunfähig. Doch sie beschloss, ihre Chance zu nutzen und die Sache durchzuziehen. Ihre Wut auf Hemingway verlieh ihr zusätzliche Kraft.

Auf der Suche nach einem Versteck fand Gellhorn einen Waschraum und schloss sich darin ein. Sie setzte sich auf dem Boden in eine Ecke und machte es sich so gemütlich, wie man es sich auf einer Toilette eben machen konnte. Whisky aus einer Taschenflasche, die sie stets bei sich trug, half ihr, sich zu entspannen. Als sie kurz nach Mitternacht spürte, wie das Lazarettschiff ablegte, nahm sie noch ein paar kräftige Schlucke. In einem Artikel gestand Gellhorn Jahre später, welche

Befürchtungen ihr in diesem Moment durch den Kopf gegangen waren: Bei einer Verhaftung auf dem Schiff wäre sie bis auf die Knochen blamiert gewesen. Ein deutscher Treffer hätte das Lazarettschiff aber auch versenken können und sie wäre auf diesem Klo elend ersoffen. Gellhorns größte Angst aber war, dass sie ihr Ziel erreichen und sich am nächsten Morgen mitten in einem Kampfgeschehen unvorstellbaren Ausmaßes befinden würde.

Im Morgengrauen war Martha Gellhorn seekrank und hatte noch dazu einen schlimmen Kater vom Whisky. Im Spiegel des Waschraums sah sie ihr vor Übelkeit grün angelaufenes Gesicht. Sie wollte jetzt nur noch an die frische Luft, egal, was sie dort erwarten würde. Kaum dass sie an Deck war, zeigte sich ihr ein apokalyptisches Panorama: Auf dem Wasser tausende Zerstörer, Transportschiffe und Schnellboote. Dazu die eigentlichen Landungsboote voller Soldaten und Fahrzeuge. Am Himmel kreischende Jagdflieger und sonor dröhnende Bomber. Pausenloses Kanonenfeuer. Mit schrillem Pfeifen die Seeluft durchschneidende Geschossgarben. Im flachen Wasser und am Strand ein hektisches Gewimmel von Soldaten – im Kugelhagel und inmitten ohrenbetäubender Bomben- und Granatenexplosionen. Überall auf dem Meer trieben bereits Leichen. So etwas hatte Gellhorn in all den Jahren als Kriegsberichterstatterin noch nicht erlebt. Nicht einmal annähernd. Sie war durch Zufall an Bord des allerersten Lazarettschiffs geraten, welches das Kampfgeschehen erreichte.

Martha Gellhorn war sofort klar, was sie jetzt zu tun hatte: helfen, wo sie nur konnte! Sie schleppte Verbandszeug und Medikamente, brachte Essen, Wasser und Kaffee. Als es nach einem Tag wie der Weltenbrand endlich dunkel geworden war und die Waffen schwiegen, ging sie mit der ersten Gruppe von Ärzten und Krankenschwestern an den Strand. Vorsichtig lief der kleine Tross hinter den Minensuchern her. Überall lagen Tote und Verletzte. Als Bahrenträgerin – nicht als Reporterin – war Martha Gellhorn die Einzige unter den Journalisten, die nach der Landung der Alliierten bis auf jenen Sand gelangte, der den Codenamen „Omaha Beach“ bekommen hatte.

EIN REPORTERLEBEN ZWISCHEN MORAL UND ABENTEUER

Auftrag futsch und am nächsten Tag schon wieder näher dran als sämtliche Kollegen – so etwas war typisch für Martha Gellhorn. Insgesamt 58 Jahre lang arbeitete sie als Reporterin und Schriftstellerin. Als eine der wenigen Frauen unter den Kriegsberichterstattern revolutionierte sie dieses journalistische Genre: Truppenbewegungen, Divisionsstärken oder Schlachtpläne interessierten Gellhorn überhaupt nicht. Sie ging dorthin, wo sich das wahre Gesicht des Krieges zeigte, wo zerfetzte Körper lagen, blutende Verstümmelte mit letzter Kraft um Hilfe jammerten, traumatisierte alte Menschen herumirrten und verletzte Kinder vor Schmerzen schrien. Sie wollte dieses Grauen miterleben, um darüber schreiben zu können. Sie wollte, dass all jene, die den Krieg nicht selbst kennengelernt hatten, die Wahrheit kannten und sich keine Propagandamärchen erzählen ließen.

Das heilige Ethos der Kriegsreporter lautete: „Objektivität". Doch darum scherte sich Martha Gellhorn nicht. „Objektivität ist scheiße", sagte sie einmal. Sie wollte Stellung beziehen. Ihre Artikel waren ebenso begehrt wie für ihre Schärfe und ihr unbestechliches Urteil gefürchtet. Sie ging in die Lazarette, die ausgebombten Wohnungen, die überlasteten Fabriken, die Krankenhäuser. Dort habe sie niemals einen männlichen Kollegen angetroffen, versicherte sie später. Bei allem Engagement für Frieden und Humanität leugnete Gellhorn aber auch nicht, dass sie das Abenteuer suchte. „50 Prozent Arbeit und 50 Prozent Abenteuer" war ihre Idealvorstellung. Man kann diese Mischung aus Moraltrip und Adrenalinkick irritierend finden. Man kann dahinter aber auch Gellhorns innere Zerrissenheit erkennen und ihren ehrlichen Umgang mit dem Nervenkitzel ihres Jobs bewundern.

Ohne Zweifel zählt Martha Gellhorn heute zu den bedeutendsten Journalisten und Autoren des 20. Jahrhunderts. Der von ihr noch zu Lebzeiten gestiftete Martha-Gellhorn-Preis wird jährlich an investigative Journalisten vergeben. Umso mehr mag es überraschen, dass diese Ikone des US-Journalismus nie eine journalistische Ausbildung genossen hat. Sie hatte weder ein Volontariat absolviert noch hatte sie irgendeinen Förderer oder Mentor im Journalismus. Ihre Karriere begann vielmehr mit einem Fake: Als sie volljährig war, schmiss sie ihr Studium im heimischen St. Louis und ging in die damalige Welthauptstadt der Intellektuellen, nach Paris. Sie wusste, dass sie schreiben und veröffentlichen wollte. Deshalb nahm sie als eines von wenigen Gepäckstücken ihre Schreibmaschine mit. In der Tasche hatte sie lediglich 25 US-Dollar, nach heutiger Kaufkraft etwa 350 Dollar. Sie stürzte sich ins Abenteuer. Mit dem Ausbruch eines weiteren Kriegs rechnete zu der Zeit allerdings noch kaum jemand. Alle waren froh, dass der grausame Erste Weltkrieg, den die Engländer bis heute „The Great War" nennen, vorbei war.

MIT FRECHHEIT UND ELOQUENZ ZUM TRAUMBERUF

Bereits kurz nach ihrer Ankunft in Paris kreuzte die 21-jährige Martha Gellhorn im dortigen Büro der „New York Times" auf. Sie bat um einen Job. „Ich kann bei Ihnen sofort als Auslandskorrespondentin anfangen", behauptete sie. Das war mehr als frech – und ein lupenreiner Fake! Gellhorns Referenzen als Journalistin? Sie hatte in ihrer Jugend Artikel in der Schülerzeitschrift ihrer Highschool veröffentlicht. Darin erschöpfte sich mehr oder weniger ihre journalistische Erfahrung. Kaum überraschend dachte die „New York Times" überhaupt nicht daran, Gellhorn als Korrespondentin zu beschäftigen. Zu offensichtlich war, dass sie von Journalismus keinen blassen Schimmer hatte. Interessant ist aber, dass Gellhorn es mit solch einem dreisten Fake überhaupt probierte. Einfach mal behaupten, Journalistin zu sein! Wie viele Frauen hätten sich so etwas getraut? Zumal in einer Zeit, in der Gleichberechtigung im Job noch eine ferne Vision war. Frauen mussten stets um Längen besser, qualifizierter und fleißiger sein als Männer, um überhaupt an einen Job zu kommen. Oder sie mussten faken.

Wenn ich Ihnen zu Beginn die Geschichte von Martha Gellhorns ganz persönlicher Landung in der Normandie erzählt habe, dann auch, um Ihnen anschaulich zu machen, dass diese außergewöhnliche Frau am Ende immer dahin kam, wo sie hinwollte. Und sei es mit unorthodoxen Methoden. Insofern ist es vielleicht doch nicht so überraschend, dass sie ihre Karriere mit einem Fake begann. Einem Fake wohlgemerkt, der zwar im ersten Versuch, also bei der „New York Times", scheiterte, kurze Zeit später dann aber doch glückte. Schon bald erschienen Artikel der jungen Gellhorn in dem renommierten politischen Magazin „The New Republic" und in der weltweit führenden Modezeitschrift „Vogue". Kurz darauf arbeitete sie zudem für das Pariser Büro der Presseagentur United Press International (UPI). Übrigens als Auslandskorrespondentin, also genau in dem Job, von dem sie bei der „New York Times" behauptet hatte, ihn auch ohne Erfahrung machen zu können. Wie hat Gellhorn das hinbekommen?

Zunächst einmal hegte auch die junge Martha Gellhorn – wie alle meisterhaften Faker – nicht den geringsten Zweifel an ihren Fähigkeiten. Ihre Bewerbung bei einer der ersten Adressen des Journalismus war ernst gemeint. Sie wollte sich weder einen Scherz erlauben noch wollte sie betrügen. Vielmehr wollte sie eine Chance bekommen, ihre Fähigkeiten unter Beweis zu stellen. Später bekannte sie einmal, dass sie kein anderes Gefühl mehr verabscheute als die Langeweile. Deshalb kam es für sie auch überhaupt nicht infrage, jahrelang zu studieren oder als Volontärin erst einmal nur für den Chefredakteur Kaffee zu kochen. Sie wollte direkt hinein ins Geschehen. Wahrscheinlich sogar mit Recht. Gellhorn scheint ein Naturtalent an der Schreibmaschine gewesen zu sein, und das wusste sie auch. Nur die anderen Journalisten wussten es nicht sofort.

So fakte sich Martha Gellhorn eine Weile durch Paris – mit der inneren Überzeugung, Journalistin zu sein. Eine Journalistin ohne Aufträge, aber eben eine Journalistin. Die Kunst, sich dorthin Zutritt zu verschaffen, wo ihre Anwesenheit eigentlich unerwünscht, wenn nicht sogar strafbar war, beherrschte sie ein Leben lang. Im Paris der frühen Dreißigerjahre schummelte sie sich durch die Einlasskontrollen zu internationalen Konferenzen und ging wie selbstverständlich auf Diplomatenempfänge. Auch ohne Einladung besuchte sie die allabendlichen Partys der Prominenz. Gellhorn interessierte sich dabei nicht nur für Politik, sondern auch für Mode. Mit der Behauptung, Journalistin zu sein, öffneten sich ihr die Türen zu den Pariser Modenschauen.

Dass Gellhorn nirgendwo hinausgeworfen wurde, lag sicher auch an dem unerschütterlichen Selbstbewusstsein der groß gewachsenen Frau mit den blonden Haaren. Sie beherrschte offensichtlich den Habitus der gesellschaftlichen Elite, deren lässige Arroganz und Dominanz, das selbstverständlich Fordernde. Weil sie dazuzugehören schien, gehörte sie bald tatsächlich dazu. Doch ohne ihre Eloquenz, ihren scharfen Verstand, ihren sarkastischen Humor und ihr schnelles Urteilsvermögen hätte sie ihren Fake kaum einlösen können. So aber überzeugte sie die Verleger, Herausgeber und Chefredakteure, die sie auf Partys kennenlernte, noch mit dem Champagnerglas in der Hand von ihren sprachlichen und intellektuellen Fähigkeiten. Per Handschlag bekam sie ihre ersten Aufträge. Nach Referenzen fragte niemand mehr.

BERICHTE VON DER DUNKLEN SEITE DES LEBENS

Martha Gellhorn hätte als Gesellschaftsreporterin und Modejournalistin großen Erfolg haben können. Doch schon nach kurzer Zeit war sie von der High Society gelangweilt. Mit einem Leben in diesen Kreisen sei sie einfach nicht glücklich geworden, schrieb sie später. Dass sie aus einem linksliberalen, politisch engagierten Elternhaus stammte, mag zu dieser Unzufriedenheit beigetragen haben. Gellhorns Vater war ein bekannter Arzt, ihre Mutter eine einflussreiche Politikerin und Frauenrechtlerin. Schon als Kind war Martha Gellhorn mehrfach zu Gast im Weißen Haus. Den Kampf der amerikanischen Frauen um das Wahlrecht erlebte sie in ihrer Kindheit hautnah mit. Als das Frauenwahlrecht in den USA endlich eingeführt wurde, war sie 12 Jahre alt. Angesichts dieser Prägungen kamen ihr die immer gleichen Pariser Modenschauen schnell banal vor. Martha Gellhorn kehrte Paris schließlich den Rücken und ging zurück in die USA. Sie wollte dort über die Folgen der Wirtschaftskrise schreiben: die Arbeitslosigkeit, die Armut, den Hunger und die Verzweiflung von Millionen Menschen. Ihre Referenzen waren nun Artikel in einigen der angesehensten Zeitschriften der westlichen Welt. Hinzu kam ihre Tätigkeit für eine der bedeutendsten Nachrichtenagenturen. Ihr Fake war beendet.

Somit hatte Gellhorn keine Probleme, eine amerikanische Regierungskommission als Auftraggeberin für Reportagen über die „Große Depression“ zu gewinnen. Ihre Reportagen waren ebenso wahrhaftig wie wütend und anklagend. Schnell machte sie sich damit einen Namen. Doch politisch gefiel es nicht jedem, wie tief da eine Frau den Finger in die Wunden der amerikanischen Gesellschaft legte. Als man ihr vorwarf, Arbeitslose dazu angestachelt zu haben, Scheiben einzuwerfen, wurde sie gefeuert. Doch da hatte sie bereits eine treue Leserin, ja einen regelrechten Fan ihrer Reportagen im Weißen Haus: Eleanor Roosevelt, Diplomatin, Menschenrechtlerin und als Ehefrau des demokratischen Präsidenten Franklin D. Roosevelt zwischen 1933 und 1945 die First Lady. Eleanor Roosevelt wurde zu Martha Gellhorns enger Freundin, Ratgeberin und Mentorin. Als es während des Zweiten Weltkriegs darum ging, von vorderster Front berichten zu dürfen, war es für Gellhorn sicher kein Nachteil, zum Freundeskreis der Präsidentengattin zu gehören.

Martha Gellhorns Initiation in die Kriegsberichterstattung war jedoch nicht der Zweite Weltkrieg, sondern der Spanische Bürgerkrieg. Im Sommer 1936 putschten der rechtsgerichtete General Franco und seine Anhänger gegen die demokratisch gewählte spanische Regierung. Daraufhin reisten Intellektuelle und Schriftsteller aus aller Welt nach Spanien, um die Demokraten im Kampf gegen die Putschisten zu unterstützen. Der Bürgerkrieg dauerte bis April 1939, als der von Hitlerdeutschland und dem faschistischen Italien unter Mussolini unterstützte Franco seinen Sieg erklärte. Umgeben von Autorenkollegen wie Theodore Dreiser, Stephen Spender und ihrem späteren Ehemann Ernest Hemingway entdeckte Gellhorn in Spanien ihr lebenslanges Leib- und Magen-Genre, die Kriegsreportage.

Was sie nicht ahnen konnte, war, dass das 20. Jahrhundert ein Zeitalter der Kriege bleiben würde. Kein halbes Jahr nach dem Ende des Spanischen Bürgerkriegs brach der Zweite Weltkrieg aus. Der zweite Japanisch-Chinesische Krieg dauerte da schon mehr als zwei Jahre. Es folgten der Koreakrieg, der Vietnamkrieg, der Sechs-Tage-Krieg im Nahen Osten, der Bürgerkrieg in El Salvador. Martha Gellhorn war überall dabei. Noch 1989, mit 81 Jahren, berichtete sie von der US-Invasion in Panama. Erst den Jugoslawienkrieg in den Neunzigerjahren wollte sie sich aus Altersgründen nicht mehr antun. Vom Sinn ihrer Arbeit war sie jedoch bis zum Schluss überzeugt. „Das Einzige, was ich tun kann", schrieb sie einmal ihrer Freundin Eleanor Roosevelt, „ist, gegen das Unrecht, das geschieht, Lärm zu machen.“ Gellhorns Privatleben war so rastlos wie ihr Berufsleben. Von Hemingway hatte sie nach dem Vorfall kurz vor „D-Day“ genug. Sie ist die Einzige der vier Ehefrauen des Nobelpreisträgers, die sich von ihm trennte, statt von ihm verlassen zu werden. Martha Gellhorn besaß Häuser an den schönsten Orten der Welt. Doch sie blieb immer nur für ein paar Jahre, dann verkaufte sie und zog weiter. Wirklich geliebt hat sie nur ihr Anwesen in Kenia. Es lag mitten in unberührter Natur. Dort, wo es keinen Krieg gab. Dort, wo Frieden herrschte.

KAPITEL 8

Die Taschenmacher

8 | DIE TASCHENMACHER

Vor einiger Zeit fand ich heraus, dass die bekannte Handtaschenmarke Liebeskind Berlin ursprünglich aus Westfalen stammt. Ich staunte nicht schlecht. Denn seit ihrer Gründung im Jahr 2003 bezieht sich diese Marke in ihrem Namen auf die deutsche Hauptstadt. Doch der Firmensitz, die Verwaltung, der Kundenservice – alles das befand sich jahrelang im westfälischen Münster. Aus Westfalen stammen auch die drei Gründer des noch jungen Unternehmens. In Berlin saß am Anfang lediglich ein kleines Team von Designern. Ansonsten handelte es sich um ein durch und durch westfälisches Unternehmen. Dies war ein Geheimnis, so offen wie ein Scheunentor zur Erntezeit – jede Kundin konnte das im Impressum der Firmenwebsite nachlesen. Mehr noch: Wenn sie eine Frage zu ihrer Handtasche hatte, dann erreichte sie den Kundenservice unter der Telefonvorwahl von Münster. Doch ohne Aufmerksamkeit für solche Details wäre wohl kaum jemand darauf gekommen, dass eine Marke namens Liebeskind Berlin ihre Wurzeln im tiefen Westen Deutschlands haben könnte.

Nicht, dass es so ungewöhnlich wäre, von Westfalen aus die Welt zu erobern. Schließlich haben es Miele, Bertelsmann oder Dr. Oetker vorgemacht. Allerdings verströmen diese Marken etwa so viel Coolness wie eine Minigolfanlage in Bad Reichenhall. Westfalen besitzt durchaus eine bedeutende Textilindustrie, das weiß man. Doch Marken wie Gerry Weber, Seidensticker oder Brax zählen für mich nicht zu den Trendsettern der Modewelt. Liebeskind Berlin gibt da für meine Begriffe ein ganz anderes Markenversprechen ab. Denn wenn ich diesen Namen höre, entstehen in meinem Kopf genau jene Bilder, die Berlin als angesagte, aber auch etwas schmuddelige und schräge Metropole weckt: Hipster, die sich die langen Kreuzberger Nächte mit einer Prise Koks verschönern. Künstler und Lebenskünstler, die sich an sonnigen Sonntagen im Mauerpark niederlassen wie bunte Schmetterlinge. Nerds in überfüllten Kaffeebars mit starrem Blick auf ihre MacBooks.

„Liebeskind Münster" weckt diese Assoziationen natürlich nicht. Eigentlich klar, dass eine aufstrebende, junge Handtaschenmarke anders heißen muss. Ich beschloss, der Sache auf den Grund zu gehen, und begann mit der Recherche. Schnell fand ich heraus, dass das Unternehmen vor Kurzem nach Berlin umgezogen ist. Liebeskind Berlin ist also heute tatsächlich ein Berliner Unternehmen. Aber eben noch nicht lange! Das erhärtete bei mir den Anfangsverdacht auf einen Fake. Konnte es sein, dass die Gründer ihrem Start-up zunächst lediglich den Anschein eines Berliner Trendlabels gegeben hatten? Und erst, als der Erfolg sich einstellte, nach Berlin übergesiedelt waren? Für diese Annahme sprach so einiges, was ich über die Firmengründer herausfand. Überraschenderweise waren das ausschließlich Männer, die sich ursprünglich in der Modebranche kaum auskannten. Junge Betriebswirte auf der Suche nach einer lukrativen Geschäftsidee. Zwei waren Brüder, aufgewachsen im ländlichen Westfalen. Der dritte hatte zwar einen türkischen Familienhintergrund, war aber ebenfalls gebürtiger Westfale. Die Liebeskind-Story – und der mögliche Fake dahinter – interessierte mich nun immer mehr. Gleichzeitig drängte sich mir als Österreicher die Frage auf: Leiden Westfalen eigentlich unter ihrer Herkunft? Und wenn ja, dann so sehr, dass es ihnen Erlösung von ihrem Leiden verheißt, für Berliner gehalten zu werden?

IN EINEM UNSICHTBAREN LAND

Mein persönlicher Bezug zu Westfalen ist im Wortsinn peripher: Ich habe in Osnabrück studiert. Die beliebte Universitätsstadt war bis zum Wiener Kongress im Jahr 1815 westfälisch. Dort und im etwa 50 Kilometer entfernten Münster wurde 1648 der Westfälische Friede besiegelt. Er beendete den Dreißigjährigen Krieg in Europa und ist auch als „Friede von Münster und Osnabrück" bekannt. Der Fürst von Metternich und seine Spießgesellen schlugen Osnabrück dann von Wien aus dem heutigen Niedersachsen zu. Anschließend fand in der Stadt und im Umland die sogenannte „Entwestfalisierung" statt. Was für ein furchtbares Wort! Man denkt dabei ja zwangsläufig an „Entnazifizierung" und fragt sich, was an Westfalen so schrecklich sein könnte, dass Osnabrück von seinem westfälischen Erbe regelrecht gesäubert werden musste. Ich muss gestehen: Als Österreicher denke ich beim Stichwort „Westfalen" als Erstes an – überhaupt nichts. Österreich und Westfalen haben annähernd gleich viele Einwohner, mehr als acht Millionen sind es hier wie dort. Doch Westfalen ist nicht nur auf der europäischen, sondern auch auf der deutschen Landkarte so gut wie unsichtbar: Es ist nicht einmal ein eigenes Bundesland.

Im Jahr 1946 schuf die britische Besatzungsmacht aus dem nördlichen Teil des Rheinlands und der ehemaligen preußischen Provinz Westfalen das künstliche Gebilde Nordrhein-Westfalen. In „NRW“, wie sich dieses Land glanzlos abkürzt, spielt die Musik heute im Rheinland mit seinen Metropolen Köln und Düsseldorf. Westfalen fällt öfter unter den Tisch. Leidet man als Westfale darunter? Oder steht man angesichts der unbestreitbaren Wirtschaftskraft der Region – mit zahllosen mittelständischen Weltmarktführern – über den Dingen? Ich fragte einen Geschäftspartner, der in Westfalen aufgewachsen ist. Doch, doch, bestätigte mir dieser, das sei durchaus ein politisches Dauerthema, diese vermeintliche oder tatsächliche Benachteiligung Westfalens gegenüber dem Rheinland. Allerdings trage Westfalen auch einiges zu seiner Unauffälligkeit bei. Beginnend mit der Mentalität: Die Westfalen gelten als bodenständig, ehrlich und loyal. Aber auch als etwas still und langsam. Vielleicht nicht die allerbesten Voraussetzungen für eine erfolgreiche Selbstvermarktung.

Es fehle auch generell so ein wenig das Markante und Einprägsame. Ein Pendant zum Kölner Dom oder zur Düsseldorfer Kunstakademie werde man hier vergeblich suchen. Dortmund, mit rund 600.000 Einwohnern die größte Stadt in Westfalen, nenne sich selbst gerne stolz „Westfalenmetropole“, so erfuhr ich. Doch jeder Auswärtige schlage Dortmund unterscheidungslos dem Ruhrgebiet zu. Über Bielefeld, die größte Stadt in Ostwestfalen, kursiere sogar im Internet der Hoax, diese Stadt existiere überhaupt nicht. Die Existenz Bielefelds werde der Bevölkerung lediglich raffiniert vorgetäuscht, um an dieser Stelle etwas Geheimes zu verbergen. Eine Satire auf Verschwörungstheorien ist das, nachzulesen in der Wikipedia unter dem Stichwort „Bielefeldverschwörung“. Die ohnehin von mangelnder Sichtbarkeit gebeutelten Westfalen dürften so etwas mit gemischten Gefühlen betrachten. Ich fragte den Geschäftspartner und gebürtigen Westfalen abschließend, ob er seine Heimat für einen guten Ort halte, um ein Modelabel zu gründen. Er musste lachen. Als Modestadt in NRW gelte allenfalls Düsseldorf, erklärte er. Schon wieder das Rheinland! Aber ganz ehrlich: Ein Modelabel würde er in New York, London oder Mailand gründen. Und wenn es unbedingt Deutschland sein müsse, dann in München. Oder in Berlin.

FIRST WE TAKE MÜNSTER, THEN WE TAKE BERLIN

Doch was, wenn einem eine Gründung in München oder Berlin zu riskant oder zu teuer ist? Oder wenn man einfach gerne noch ein wenig in seiner Heimat bleiben möchte? Dann könnte man glatt auf den Gedanken eines Fakes kommen: Ein wenig so tun, als käme man aus einer Modemetropole. Aber die Geschäfte erst einmal von zu Hause aus führen. Umziehen kann man ja immer noch. Ich wollte wissen, wie genau das bei Liebeskind Berlin war. Also recherchierte ich weiter und stieß auf einen Artikel in der Tageszeitung „Die Welt" über erfolgreiche deutsche Handtaschenmarken. Gegenüber der Zeitung plauderten die Gründer von Liebeskind Berlin unverhohlen über ihre westfälische Herkunft und die Umstände der Gründung. Die Eltern der Zwillingsbrüder Johannes und Julian Rellecke hatten demnach im westfälischen Warstein ein Schuhgeschäft. Der Familientradition folgend lernte der eine Bruder zunächst Einzelhandelskaufmann, während der andere eine Schusterlehre machte. Als sie später beide in Münster studierten und an ihrer Uni Semih Simsek kennenlernten, den Dritten der späteren Gründer von Liebeskind Berlin, besaß die Familie Rellecke bereits fünf Schuhgeschäfte in Westfalen.

In den familieneigenen Schuhläden wurden auch Damenhandtaschen verkauft. Die Modelle gefielen den jungen Männern jedoch überhaupt nicht: zu teuer, zu bieder, zu langweilig. Sahen das andere auch so? Gab es da vielleicht eine Marktlücke? Mit betriebswirtschaftlicher Ratio analysierten die drei Studenten den Markt für Damenhandtaschen. Und tatsächlich: Sportliche Handtaschen in gehobener Qualität zu einem guten Preis-Leistungs-Verhältnis schienen auf dem Markt selten zu sein. Die jungen Entrepreneure gingen nun vor wie aus dem Lehrbuch für Gründer: Sie ließen zunächst einen Versuchsballon steigen. Mit einer ersten kleinen Kollektion fuhren sie zur Düsseldorfer Modemesse. Dort landeten sie einen Volltreffer, die Nachfrage war riesig.

Jetzt, wo die Chance da war, musste alles schnell gehen: ein Designstudio eröffnen, eine Produktion aufbauen, Logistik, Vertrieb, Kundenservice und so weiter aus dem Boden stampfen. Die Herstellung der Handtaschen organisierte Semih Simsek in der Türkei, dem Herkunftsland seiner Eltern. Julian Rellecke war der kreative Kopf. Durch ihn kam auch Berlin ins Spiel: Der Betriebswirt und gelernte Schuster war ein Fan und regelmäßiger Besucher der deutschen Hauptstadt. In den Modebezirken Kreuzberg, Mitte und Neukölln war er bereits gut vernetzt. So konnte er in Berlin innerhalb kurzer Zeit ein kleines Designteam um sich scharen. Hinzu kam die gesamte Betriebsorganisation. Sein Bruder Johannes Rellecke baute sie ganz pragmatisch in Münster auf. Wozu für so etwas in die Ferne schweifen?

Was nun noch fehlte, war ein Markenname. „Wir hatten kein Budget für Werbung“, zitiert die Zeitung „Die Welt“ Mitgründer Johannes Rellecke, „[und] es war klar, wir brauchen eine emotionale Marke. Wir haben uns zu einem klassischen Brainstorm zusammengesetzt, und da kam der Name raus.“ Na, schön und gut. Doch wie kommt man auf „Liebeskind“? Auf diese Frage gibt der Zeitungsartikel keine Antwort. Ich denke bei „Liebeskind“ als Erstes an den Stararchitekten Daniel Libeskind, der das Jüdische Museum in Berlin entworfen hat. Der ikonische Neubau, auch „Libeskind-Bau“ genannt, wurde 2001 eröffnet und war auf Anhieb ein Touristenmagnet. Bald darauf gründete Wolfgang Joop seine Zweitmarke „Wunderkind“. Waren das Inspirationen für die Gründer? Oder sind es nur meine Assoziationen? Wie auch immer: Auf den Markennamen „Liebeskind“ scheinen sich die Taschenmacher schnell geeinigt zu haben. Während jedoch Wolfgang Joop bei Wunderkind auf einen Zusatz wie „New York“, „Paris“ oder „Berlin“ verzichtete – alle wussten ohnehin, welcher bekannte Designer dahintersteckte –, hatten die jungen Entrepreneure weniger Grund zu solchem Understatement. Es waren Nobodys ohne das nötige Geld, um ihre Marke aufwendig zu pushen. Warum sich da nicht ein wenig an den Berlin-Hype hängen? Warum also nicht „Liebeskind Berlin“?

Berlin galt ja um das Jahr 2000 plötzlich als die Trendstadt in Europa – ob zu Recht oder zu Unrecht, ist in solchen Fällen kollektiver Verzückung nie die Frage. Jeder, der sich in Deutschland für einen „Kreativen“ hielt, wollte auf einmal nach Berlin. Der Name der deutschen

Hauptstadt wurde zum Zugpferd für alles Mögliche, was auch nur entfernt mit Kunst, Design oder Lifestyle zu tun hatte. Verlage fluteten den Buchmarkt mit Berlin-Büchern, während Redaktionen und Kulturinstitutionen ihren Sitz an die Spree verlegten. Die Gründer von Liebeskind Berlin sprangen auf einen fahrenden Zug auf. Außerdem waren sie anscheinend der Meinung, dass ihre Designsprache auch „irgendwie Berlin" war. Jedenfalls nicht München oder Mailand, also nicht très chic. Vielmehr lässig, unprätentiös, vielleicht sogar ein wenig tough. Ein „maskulines Design" sei der Stil von Liebeskind Berlin, las ich irgendwo – das kommt eben dabei heraus, wenn drei junge Herren eine Marke für Damenhandtaschen gründen.

DIE GESETZE DES MARKENDSCHUNGELS

Doch war diese Namensgebung überhaupt erlaubt? Ist es rechtens, Berlin als Teil eines Markennamens zu verwenden, wenn die Firma anderswo ansässig ist? Da könnte ein Hersteller von Apfelessig ja auch auf die Idee kommen, den Buchhalter in ein Büro in Modena zu setzen und sein Produkt dann als „Aceto di Modena" zu verkaufen. Man muss weder Marketingprofi noch Jurist sein, um zu wissen, dass „Naming" – die Entwicklung von Markennamen – eine heikle Angelegenheit ist. Da wendet man sich am besten an einen Spezialisten. An jemanden wie Manfred Gotta zum Beispiel. Er gilt als Guru für Naming im deutschsprachigen Raum. Gotta erfand Firmennamen wie „Evonik" oder „Targobank" und taufte Automodelle von „Smart" bis „Panamera". In Interviews betonte er schon öfter, dass Kreativität nur einen kleinen Teil seines Jobs ausmache. Der Löwenanteil sei Recherche nach ähnlich klingenden Markennamen, deren Inhaber gegen eine neue Marke vorgehen könnten. Auch werde meist unterschätzt, wie anspruchsvoll Naming in Zeiten der Globalisierung sei: Ein Markenname müsse in sämtlichen Weltsprachen gut auszusprechen sein und dürfe nirgendwo mehrdeutig sein.

Legendär in der Branche ist ein Fauxpas, den Rolls-Royce sich beinahe einmal geleistet hätte: Die Briten hatten vor, ein neues Modell „Silver Mist" zu nennen. Nach „Silver Ghost" und „Silver Shadow" erschien ihnen das als gute Idee. Doch im deutschsprachigen Raum hätte dieser Name wohl kaum nach der Endstufe von Luxus geklungen. Im Gegenteil, „Mistkarre“ wäre als Assoziation naheliegend gewesen. Weniger lustig ist es, wenn die Anwaltskolonnen von Großunternehmen gegen kleine Selbstständige vorgehen, deren Marken nur mit viel Fantasie an die Brands der Konzerne erinnern. Nicht selten bekommen die Großen vor Gericht Recht und die Kleinen dürfen Unsummen in einen Namenswechsel stecken. So musste sich das Berliner Restaurant „Cibo Matto“ einen neuen Namen einfallen lassen, nachdem es der Kaffeekonzern Tchibo erfolgreich verklagt hatte. Dabei braucht es schon einige Italienischkenntnisse, um den Gleichklang zwischen „Cibo“ und „Tchibo“ überhaupt wahrzunehmen. Ganz abgesehen von der Frage, ob die von den Konzernadvokaten behauptete „Verwechslungsgefahr“ nicht eher absurd ist. Nachdem der Süßwarenhersteller Storck einem kleinen Café im Taunus den Namen „Café Merci“ verbieten wollte und vor Gericht ebenfalls Recht bekam, regte sich ein gewaltiger Shitstorm im Internet. Dieser bewog den Hersteller der „Merci“-Schokolade schließlich zum Einlenken. Da behaupte noch jemand, das Internet füge der Demokratie nur Schaden zu.

Wie sieht es aber aus, wenn Städte oder Regionen ins Spiel kommen? Die Schärdinger Molkerei musste ihren Grünschimmelkäse „Österzola“ schon vor mehr als 25 Jahren auf höchstrichterliche Anordnung umbenennen. Sie entschied sich für „Österkron“. Geklagt hatte ein von „Gorgonzola“-Herstellern gegründetes Konsortium für den Schutz der italienischen Käsesorte. Grundlage war die „Konvention von Stresa“, ein „internationales Abkommen über die Anwendung der Ursprungsbezeichnungen und Benennungen für Käse“, das Österreich ratifiziert hatte. In der Urteilsbegründung hieß es, „Gorgonzola“ sei keine bloße Beschaffenheitsangabe, sondern eine „starke“ Bezeichnung, welche auf die Herkunft eines Schimmelkäses aus der Gegend von Gorgonzola hinweise. Mit der Bezeichnung ihres Käses als „Österzola“ erweckten die Beklagten den Eindruck eines Zusammenhangs mit „Gorgonzola“. Maßgeblich dafür sei der Wortbestandteil „zola“.

Was für ein Glück also für die Marke Liebeskind Berlin und ihre Schöpfer, dass es kein Konsortium zum Schutz des original Berliner Modedesigns gibt. Es existiert auch keine Konvention über die Anwendung der Ursprungsbezeichnungen und Benennungen für Klamotten. Das wäre ja auch Käse. „Berlin“ ist zumindest bis dato keine geschützte Marke. Und im Fall des Schriftzugs „DDR“ – inklusive sämtlicher hoheitlicher Symbole des untergegangenen Staates, wie sie für Berlin-Touristen heute auf T-Shirts, Taschen und Tassen gedruckt werden – hat der deutsche Bundesgerichtshof bereits in letzter Instanz entschieden, dass dafür kein Markenschutz beansprucht werden kann. Kurzum: Die Berliner aus Westfalen konnten den Markt für Handtaschen erobern, ohne über rechtliche Hürden zu stolpern.

ACH, WAS FÜR EIN SCHÖNER NAME!

Ein erlaubter Markenname ist nun noch nicht automatisch ein auf dem Markt reüssierender Name. Solch einen Namen zu finden, ist für jeden Existenzgründer eine Herausforderung. Zum Abschluss meiner kleinen Recherche interessierte mich deshalb, was Kunden an Namen gefällt und was einen gelungenen Markennamen ausmacht. Lässt sich begründen, warum der Name Liebeskind Berlin gut funktioniert? Um die Antwort vorwegzunehmen: ja und nein. Denn wer sich mit dem Thema Naming beschäftigt, der stößt zunächst einmal auf eine Reihe von teils plausiblen, teils aberwitzigen Theorien über – angeblich – harmonische Silbenfolgen und angenehme Sprachmelodien. Und da passt der Markenname „Liebeskind Berlin“ eigentlich so gar nicht zu den gängigen Schönheitsidealen: Er ist nicht kurz und knapp, wie „Nike“, „Apple“ oder „Audi“. Es lässt sich auch keine Häufung wohlklingender Vokale ausmachen, so wie in „Coca-Cola“ oder „Amazon“. Bei zwei Wortbestandteilen wirkt es angeblich harmonisch, wenn diese gleich viele Silben haben. So wie in „Tom Ford“ oder „Hewlett-Packard“. Wenigstens sollte die Anzahl der Silben „ansteigend“ sein, also vorne kurz, hinten lang. Beispiel: „Berkshire Hathaway“. Doch auch diese beiden Kriterien treffen auf „Liebeskind Berlin“ nicht zu.

Auf „Mercedes-Benz“ übrigens auch nicht. Das macht aber nichts. Denn ist eine Marke einmal etabliert, zählen Silbenzahl oder Wohlklang kaum noch. Solange die Beziehung zum Kunden nicht einsilbig wird, ist alles gut. Wer würde sein Unternehmen heute noch „Volkswagen“,

„Rotkäppchen“ oder „Eberspächer“ nennen? Die Kunden haben sich an diese Namen gewöhnt. Jetzt können Sie einwenden, Liebeskind Berlin sei doch eine junge Marke! Nun gut, wenn wir hier mit den Silben, dem Rhythmus und dem Klang nicht weiterkommen, dann schauen wir doch einmal auf die Semantik, genauer: die Bedeutung der einzelnen Wortbestandteile. In dieser Marke steckt „Liebe“, „Kind“ und „Berlin“. Löst das bei den Kundinnen angenehme Gefühle aus? Durchaus möglich. Erklärt das den Erfolg des Markennamens? Da habe ich meine Zweifel. Vielleicht ist Sprache ja doch zu komplex und steht in einem zu großen kulturellen Kontext, als dass simple Erklärungen für „schöne“, „einprägsame“ oder „erfolgversprechende“ Namen möglich wären.

Welche Kriterien gibt es noch? Sympathisch, einfach und beständig sollte eine Marke im Idealfall sein. So lautet die Essenz diverser Fachbeiträge zum Thema Naming. Ich kann nun nicht behaupten, dass die Marke „Liebeskind Berlin“ diese Kriterien nicht erfüllen würde. Und dennoch scheint es mir schwierig zu erklären, warum genau dieser Markenname bei den Kundinnen ankommt. Je länger ich darüber nachdenke, desto mehr habe ich außerdem den Verdacht, dass die drei jungen Gründer zwar ihren Business Case wie aus dem Lehrbuch umgesetzt haben, bei der Frage „Wie soll das Kind denn heißen?“ aber einfach ihrem Bauchgefühl gefolgt sind. Und damit richtig lagen. Dass der Firmensitz Berlin der Zielgruppe wichtig war, lässt sich jedenfalls kaum bestreiten: Mitgründer Johannes Rellecke erzählte der „Welt“, dass Kundinnen regelmäßig enttäuscht waren, wenn sie bei der Hotline in Westfalen landeten. Inzwischen hat ja alles seine Ordnung. Die Firma sitzt wirklich in Berlin. Rellecke versteht allerdings bis heute nicht, warum die Kundinnen ein solches Problem damit hatten, in Münster anzurufen. Vielleicht verfügen Westfalen ja doch über ein gewisses Selbstbewusstsein?

KAPITEL 9

Der Softwarehändler

9 | DER SOFTWAREHÄNDLER

Im Jahr 1983 drohte die Computermesse Comdex in Las Vegas aus allen Nähten zu platzen. Mehr als 1.400 Aussteller und über 75.000 Fachbesucher wurden erwartet. Die noch junge Computerbranche erlebte damals ein gewaltiges Wachstum. Seit ihrer Premiere im November 1979 war deshalb auch die Comdex von Jahr zu Jahr größer geworden. Nur noch die CeBIT zog mehr Aussteller und Besucher an. In Hannover war allerdings auch allgemeines Publikum zugelassen, während nach Las Vegas fast ausschließlich Fachhändler kamen. Hier wurden Neuheiten bestaunt, Kontakte geknüpft, Bestellungen getätigt und Lizenzbedingungen ausgehandelt. Auch das später durch Steve Jobs berühmt gewordene Format der „Keynote" – die showmäßige Vorstellung von Produktneuheiten vor großem Publikum – gab es auf der Comdex bereits. Dafür mussten ausreichend Vortragssäle zur Verfügung stehen. Die Computerbranche expandierte dermaßen schnell, dass die Messegesellschaft mit ihrer eigenen „Hardware" – den Messehallen – nicht mehr mitkam. Das Las Vegas Convention Center war längst zu klein geworden. Aber auch ein jüngst eingeweihter, 12.000 Quadratmeter großer Erweiterungsbau schuf kaum Abhilfe. Kurz vor Messebeginn standen noch über 400 Anbieter auf der Warteliste. Für deren Stände gab es keinen Platz mehr.

Da hatte die Messegesellschaft eine Idee: Sie mietete zusätzliche Flächen in den Spielcasinos an. So kam es, dass eine Computermesse – zumindest teilweise – ins Casino einzog. Im Rückblick erscheint das überaus passend: Einer der Computerbosse hatte nämlich vor, auf dieser Messe sehr hoch zu pokern. Man könnte mit einigem Recht auch behaupten, dass er alles auf eine Karte setzen wollte. Wobei ihn diverse Branchenkollegen längst für den größten Abzocker in ihren Reihen hielten. Ahnen Sie, von wem die Rede ist? Natürlich von William Henry Gates III, den Freund und Feind seit jeher nur als „Bill" Gates kennen. Der damals 28-Jährige war in der Öffentlichkeit noch dermaßen unbekannt, dass die „Washington Post" ihn in ihrem Bericht über die Comdex '83 mit diesen Worten vorstellte: „Präsident von Microsoft, einer Firma aus Belleview, Washington, die dabei mitgeholfen hat, die Basissoftware für den Personal Computer von IBM zu schreiben." Genau genommen war diese Darstellung nicht einmal ganz richtig. Doch dazu später.

Zutreffend ist immerhin, dass Microsoft damals kaum mehr als ein Zulieferer des Computergiganten IBM war. Auf der Comdex '83 wollte die Firma aus einem Vorort von Seattle jedoch ganz groß herauskommen. Nach Messeschluss sollte ihr neuester Produktname „Windows" in aller Munde sein. Dazu hatten sich Bill Gates und sein Studienfreund und erster Manager Steve Ballmer eine ebenso teure wie raffinierte Werbekampagne ausgedacht: Microsoft ließ Kopfkissenbezüge mit Werbung bedrucken und zahlte Unsummen an Hotels, damit diese die Kopfkissen von insgesamt 20.000 Betten neu bezogen. Bei 75.000 Messebesuchern bettete also rein rechnerisch mehr als jeder Vierte seinen Kopf auf Werbung für Microsoft. Auf den mit grüner Farbe bedruckten Kissen war ein stilisiertes quadratisches Fenster zu sehen, das sich in vier kleinere Quadrate unterteilte. Durch das Fenster fiel ein Lichtkegel in einen Raum. Darunter war als Werbespruch zu lesen: „MICROSOFT WINDOWS – Without it you'll be left in the dark!"

DER WAHRSCHEINLICH GRÖSSTE FAKE DER COMPUTERGESCHICHTE

Die Hotelgäste aus der IT-Branche dürften ein wenig verwirrt gewesen sein: Eine solche Kampagne hätten sie Branchengrößen wie IBM, Xerox oder Compaq zugetraut. Aber wer war noch mal Microsoft? Nur Insider kannten diese Firma. Und wieso würde man ohne dieses „Windows" weiter „im Dunkeln" stehen? Rätsel über Rätsel. So wurde die Fachwelt neugierig auf eine groß angekündigte „Keynote" von Bill Gates. Es war seine erste überhaupt. In seinem Vortrag erklärte Gates – der auf Fotos aus dieser Zeit aussieht wie ein Schülerpraktikant –, was es mit „Windows" auf sich hatte: Es war eine grafische Benutzeroberfläche, die im Frühjahr 1984 „Microsoft DOS" ablösen sollte – also genau jenes Betriebssystem für den ersten Personal Computer der Welt, den IBM 1981 vorgestellt hatte.

Die Nutzer würden fortan nicht mehr vor einem schwarzen Bildschirm mit einer kleinen, hell blinkenden Eingabeaufforderung – dem „DOS-Prompt" – sitzen. Vielmehr sollten sie die einzelnen Programme in „Fenstern" auf dem Bildschirm sehen. So erklärte sich auch der

Werbespruch: Ohne „Windows“ bliebe es so schwarz, wie es auf dem Startbildschirm eines PC mit DOS nun einmal war. Bill Gates schwadronierte vom Beginn eines neuen Zeitalters der Computergeschichte. Damit kaschierte er geschickt, dass er technisch noch überhaupt nichts vorzuweisen hatte. Und nichts bedeutet hier wirklich nichts. Null. „Windows“ war eine bloße Ankündigung. In Wirklichkeit hatte Microsoft noch nicht einmal angefangen, eine grafische Benutzeroberfläche zu programmieren. Das „Windows“-Logo, die Kopfkissen, die Keynote von Bill Gates – das alles war ein gigantischer Fake.

Doch was zum Henkersknecht brachte den jungen Gates dazu, einen solchen Werberummel um ein Produkt zu veranstalten, das bloß eine Idee war? Ganz einfach: Gates stand mit dem Rücken zur Wand. Die Konkurrenz hatte grafische Benutzeroberflächen für Personal Computer bereits in der Pipeline. Und Microsoft hatte dem absolut nichts entgegenzusetzen. Wenn Microsoft Hoflieferant von IBM bleiben wollte, dann musste es auf der Höhe der Zeit sein. Sonst würde IBM sich nach Alternativen umsehen. Hinzu kam, dass Microsoft bei DOS auf ein neuartiges Lizenzmodell gesetzt hatte und mit jedem DOS-PC, den IBM verkaufte, Geld verdiente. Der Computergigant war auf diesen Deal überhaupt nur eingegangen, weil er seinen eigenen Personal Computer noch nicht richtig ernst nahm. IBM glaubte damals, der PC sei ein Nischengeschäft. Das eigentliche Geld wollte die Firma auch in Zukunft mit Großrechnern verdienen, die ganze Kellerräume ausfüllten. Bill Gates hatte das Potenzial des PC dagegen erkannt. Sein Lizenzmodell für Software war auf dem Weg, zur sprichwörtlichen Lizenz zum Gelddrucken zu werden.

Und da drohte ihm die Konkurrenz – übrigens Firmen, deren Namen heute kaum noch jemand kennt – das Geschäft zu verhageln! Grafische Benutzeroberflächen, wie sie uns heute täglich auf Notebooks, Tablets und Smartphones begegnen, galten 1983 eigentlich noch als Zukunftsmusik. Zwar war die Technologie bereits in den 1970er-Jahren am legendären Innovationszentrum Xerox PARC entwickelt worden. Aber für den Massenmarkt konnte so etwas noch niemand liefern. Durch die Zusammenarbeit mit Apple – für den späteren Erzfeind schrieb Microsoft die ersten Anwenderprogramme überhaupt – war Bill Gates aber spätestens seit 1982 klar, dass grafischen Benutzeroberflächen die

Zukunft gehören würde. Umso schockierter muss er gewesen sein, als andere ankündigten, schon bald solche Oberflächen für den PC von IBM liefern zu können.

Nun erinnerte Gates damals zwar äußerlich an Alfred E. Neumann, den von Frank Kelly Freas gezeichneten Coverboy der Satirezeitschrift „MAD", aber im Kopf war er bereits ein mit allen Wassern gewaschener Geschäftsmann. Deshalb lautete seine Taktik, kurz gefasst, so: „Wir entwickeln zwar noch gar kein solches Produkt, aber wir werden es mit einem derartigen Werberummel ankündigen, dass wir am Ende in aller Munde sind und nicht die Konkurrenz mit ihrem fast fertigen Produkt. Etwas programmieren können wir später immer noch." Das war der vielleicht größte Fake der Computergeschichte – und er funktionierte! Eine Befragung ergab, dass 90 Prozent der Fachbesucher bei Messeschluss von „Windows" gehört hatten. Noch wichtiger war, dass niemand zur Konkurrenz wechselte, sondern lieber wartete, bis Microsoft in ein paar Monaten mit „Windows" herauskommen würde. Kein Mensch ahnte, wie lange es wirklich noch dauern würde.

DER UNTERHALTSAME AUFSTIEG DES BILL GATES

Es ist eine alte Streitfrage, was für den Erfolg eines Unternehmens wichtiger ist: innovative und begeisternde Produkte oder clevere Geschäftsstrategien und wirkungsvolles Marketing. Im Idealfall hat man natürlich beides und bringt großartige Produkte geschickt unters Volk. Der Idealfall ist allerdings selten. Ich weiß nicht, wie Ihre persönlichen Erfahrungen mit Produkten von Microsoft sind. Aber es könnte durchaus sein, dass Sie jetzt nicht allzu überrascht sind zu lesen, auf was sich der Erfolg von Microsoft nach Meinung nicht weniger Branchenkenner gründet: auf ausgebuffte Strategien im Umgang mit Kunden, Partnern und unliebsamen Konkurrenten. Bill Gates, der 1975 als Student gemeinsam mit seinem Schulfreund Paul Allen „Micro-Soft" gründete (den Bindestrich ließen die beiden später weg), war schon als Jugendlicher – nennen wir es – schwierig. Der Sohn eines erfolgreichen und gefürchteten Rechtsanwalts galt als hochintelligent, aber unerziehbar. Ein von den verzweifelten Eltern konsultierter Psychologe riet dazu, sämtliche Erziehungsversuche aufzugeben und den 13-jährigen Bill besser auf eine libertäre Privatschule zu schicken, wo er alle Freiheiten hatte und sich austoben konnte. So kam Bill Gates an eine der ersten Schulen überhaupt, die Ende der Sechzigerjahre schon über einen Computerraum verfügte. Dort verbrachte er, gemeinsam mit Paul Allen, den Großteil seiner restlichen Schulzeit. Oft schlichen sich die Buben sogar noch nachts an die Computer.

Nachdem Gates und Allen ihr Hobby zum Beruf gemacht hatten, dümpelte Microsoft einige Jahre vor sich hin. Die Firma war eine von zahllosen Programmierklitschen an der US-Westküste. Ähnlich zufällig, wie Bill Gates auf eine Schule mit Computerraum gekommen war, wurde der ehrfurchtsvoll „Big Blue" genannte Branchenprimus IBM auf Microsoft aufmerksam: Amerikas größtes Computerunternehmen war im Jahr 1980 auf der Suche nach einem Betriebssystem für sein vermeintliches Nischenprodukt „Personal Computer". Mit geeigneter Software kannte sich in dem konservativen Unternehmen niemand aus. Nach ein paar Telefonaten kamen die Manager dann auf Microsoft, eine unbekannte Firma, die das Passende im Angebot zu haben schien. Dummerweise hatte Microsoft die fragliche Software selbst nur von einem winzigen Unternehmen namens Digital Research lizenziert. Bill Gates verwies IBM schulterzuckend auf den Lizenzinhaber.

Die Emissäre von „Big Blue" rückten in dunklen Anzügen und mit schwarzen Aktenkoffern bei Digital Research in Monterey an. Doch der Chef war nicht daheim. Seine Ehefrau war unsicher, ob sie die Verschwiegenheitserklärung unterzeichnen sollte, ohne die Mitarbeiter von IBM grundsätzlich nicht bereit waren, auch nur ein Wort mit jemandem zu wechseln. Sie rief ihren Anwalt an – und der riet ab. So zogen die Unterhändler des Computerkonzerns von dannen, ohne ihr Anliegen überhaupt vorgetragen zu haben. Als Bill Gates – der ja genau wusste, wonach IBM suchte – von der Sache erfuhr, witterte er seine Chance: Er rief bei IBM an und behauptete, Microsoft könne innerhalb kürzester Zeit ein passendes Betriebssystem für den PC von IBM schreiben. Nur für den Fall, dass man sich mit Digital Research nicht einig werde. In Wirklichkeit plante Gates, einer anderen kleinen Firma namens SCP deren unausgereiftes Betriebssystem abzukaufen. Er wollte darin die schlimmsten Fehler beseitigen und es IBM anschließend als eigene Entwicklung präsentieren. Gates hatte gehört, dass SCP in finanziellen Schwierigkeiten war. Die Firma würde einem Verkauf ihrer Software an Microsoft also sehr wahrscheinlich zustimmen.

Prompt erhielt Microsoft von IBM den Auftrag zur Entwicklung eines Betriebssystems für den PC. Gates verlangte 186.000 Dollar sowie das Recht, das Programm auch an Dritte zu lizenzieren. Der eigentliche Entwickler SCP hatte sein Betriebssystem ebenso scherzhaft wie offenbar treffend „QDOS" genannt: „Quick-and-Dirty-Operating-System". Vornehm übersetzt: „Mit der heißen Nadel gestricktes Betriebssystem". Microsoft kaufte es für 10.000 Dollar und lieferte es kurz darauf beinahe unverändert an IBM. Neuer Name: „MS-DOS", mit „MS" wie „Microsoft". SCP erhielt später von Microsoft noch einmal 50.000 Dollar für den endgültigen Verzicht auf Urheberrechtsansprüche. Für SCP war es das schlechteste, für Microsoft eines der besten Geschäfte der Firmengeschichte. Mit dem Siegeszug des Personal Computers galt Microsoft nun als die Firma, die das Betriebssystem für den PC von IBM programmiert hatte. Selbst die seit der Enthüllung des „Watergate"-Skandals für ihre knallharten Recherchen bekannte „Washington Post" hegte – wie oben zitiert – keinen Zweifel an dieser Behauptung. Microsoft verlangte gesalzene Lizenzgebühren von allen, die „DOS" für ihre Rechner wollten. So wurde Bill Gates immer reicher, je besser sich der PC – zur großen Überraschung seines Erfinders IBM – verkaufte.

ZU WEIT AUS DEM FENSTER GELEHNT

Sommer 1985. Seit Microsofts fulminanter Werbeaktion auf der Comdex '83 war viel Wasser den Columbia River hinuntergeflossen. Die Olympischen Spiele in Los Angeles hatten ihre Medaillen vergeben. Michael Gorbatschow war Generalsekretär der KPdSU geworden und hatte „Glasnost" und „Perestroika" versprochen. Apple hatte den ersten Mac vorgestellt und mit Werbespots beim „Super Bowl", dem Endspiel der National Football League, dafür geworben. Und was war mit „Windows"? Die Software gab es immer noch nicht! Seit mehr als anderthalb Jahren war das Produkt eine Ankündigung. Bill Gates soll irgendwann im Lauf jenes Sommers die Geduld verloren und Steve Ballmer in sein Büro gerufen haben. Der Fake musste jetzt endlich eingelöst werden. Natürlich hatte Gates das nicht so ausgedrückt. Aber darauf lief es ja hinaus: Der große Auftritt auf der Comdex im November 1983 war eine Taktik gewesen, um Zeit zu gewinnen, hohe Erwartungen zu wecken und das Interesse des Marktes von den Produkten der Konkurrenz abzulenken. Irgendwann musste Microsoft nun auch liefern. Das Gespräch zwischen Gates und Ballmer soll lautstark gewesen sein. Angeblich stellte der Firmengründer die berufliche Zukunft seines wichtigsten Angestellten für den Fall infrage, dass Microsoft nicht bis Jahresende eine grafische Benutzeroberfläche für den PC verkaufen würde.

Wer einmal das legendäre Video gesehen hat, in dem Steve Ballmer auf einer Bühne komplett ausrastet und minutenlang herumtobt, der kann sich ohne Schwierigkeiten vorstellen, dass dieser Manager in der Lage ist, seinen Mitarbeitern Feuer unter dem Allerwertesten zu machen. Nehmen wir also ruhig an, dass er alle Hebel in Bewegung setzte. So kam Windows am 20. November 1985, ziemlich genau zwei Jahre nach seiner Vorstellung, für einen Kaufpreis von 99 Dollar auf den Markt. Ballmer hatte seine Karriere gerettet. Doch Microsoft war die Verzögerung inzwischen so peinlich, dass die Pressemitteilung zu diesem Ereignis nur aus dem folgenden nüchternen Satz bestand: „Die Microsoft Corporation gibt bekannt, dass die Betriebsumgebung Microsoft Windows ab heute an die Händler und Vertriebspartner ausgeliefert wird." Was für ein Kontrast zu dem Werbezirkus in Las Vegas zwei Jahre zuvor! Immerhin trat Bill Gates einen Tag später vor die Presse und beantwortete Fragen zum neuen Produkt. Kritische Fragen. Denn das Urteil der Fachwelt fiel vernichtend aus.

Bei Windows handelte es sich nämlich nicht um ein neues Betriebssystem, sondern eher um so etwas wie einen Schmuckaufsatz für das alte DOS, das im Hintergrund unverdrossen seinen Dienst tat. Die Älteren unter Ihnen erinnern sich vielleicht noch an die Zeiten, in denen sie über die DOS-Eingabeaufforderung „win" eingeben und den Befehl dann mit der „Enter"-Taste bestätigten mussten. So wurde Windows damals gestartet. Wohl nicht umsonst war in der Pressemitteilung von Microsoft nur noch von einer „Betriebsumgebung" und nicht mehr von einem „Betriebssystem“ die Rede. Nach der Vorstellung des fertigen Windows verlieh die Fachzeitschrift „Infoworld“ Bill Gates einen eigens für ihn kreierten satirischen Preis, den „Golden Vaporware Award“. Die Redaktion zeichnete damit das „beste“ Produkt aus, das nur aus heißer Luft – „vapor“ – bestand.

DAS BANANENPRINZIP: PRODUKT REIFT BEIM KUNDEN

Ein wenig mehr als heiße Luft war Windows natürlich schon, denn das Programm lief ja. Jedenfalls mit etwas Glück und solange man nicht zu viel von ihm verlangte. Windows galt lange Zeit als nur wenig stabiles Programm. Diese Instabilität war angesichts der Historie ja auch kein Wunder: Bereits DOS war die hauchzart überarbeitete Version eines Fremdprodukts gewesen, das seine ursprünglichen Programmierer nur als Provisorium angesehen hatten. Darauf pfropfte Microsoft eine grafische Nutzerumgebung, die nach jahrelanger Verzögerung in einer Verzweiflungsaktion auf den Markt geprügelt wurde. Microsoft rettete sich damit zwar gleich zweimal, handelte sich aber auch so etwas wie einen Fluch ein. Der Absturz lauerte bei Windows an so vielen Ecken wie das Verbrechen in Medellín. Einer der peinlichsten Abstürze traf Bill Gates persönlich. Das war während einer Livepräsentation auf der Comdex 1998. Gates wollte die „Plug-and-play“-Fähigkeit der neuesten Windows-Version demonstrieren und ließ einen vor Nervosität zitternden Mitarbeiter das Kabel eines Scanners in seinen PC einstöpseln. Daraufhin stürzte der PC ab und die Weltöffentlichkeit sah nur noch einen blauen Bildschirm, den berüchtigten „Blue Screen of Death“. Immerhin bewies Gates eine gewisse Schlagfertigkeit, indem er trocken bemerkte: „Das muss der Grund sein, warum wir Windows 98 noch nicht ausliefern.“

Zu diesem Zeitpunkt war Microsoft bereits ein Global Player, dessen Namen jedes Kind kannte. Mehr noch: Microsoft galt als Quasi-Monopolist bei PC-Betriebssystemen und standardisierter Bürosoftware. Großrechner, einst die Domäne von IBM, wurden in den Neunzigerjahren bedeutungslos. Microsoft hatte – wie der Erzrivale Apple – auf die Vernetzung kleinerer Computer und damit auf das richtige Pferd gesetzt. Das World Wide Web, erfunden 1989 am Kernforschungszentrum CERN in Genf, trieb diese Entwicklung weiter voran. Microsoft war aufgrund seiner Größe, seiner Marktmacht und seiner aggressiven Geschäftspraktiken nun für viele ein „böses" Unternehmen. Bill Gates wurde zeitweise zu einem Buhmann. „Gib Gates keine Chance!" stand auf einem Aufkleber aus jener Zeit, grafisch exakt so gestaltet wie das Vorbild der deutschen Bundeszentrale für gesundheitliche Aufklärung mit der Aufschrift: „Gib AIDS keine Chance!"

Und heute? Heute fürchten sich viele vor der Marktmacht von Google, Facebook und Amazon. Um Microsoft ist es vergleichsweise still geworden. Dafür sind die Methoden, mit denen Bill Gates Microsoft groß gemacht hat, inzwischen allgegenwärtig, ja man könnte sie fast einen Industriestandard nennen. Produkte mit der heißen Nadel stricken, unfertig auf den Markt bringen – damit es nur ja schnell geht – und dann beim Kunden reifen lassen: So machen es heute viele. Einige faseln dann vom „Beta-Prinzip", schwärmen von „kollaborativen Prozessen" zwischen Anbieter und Kunde oder philosophieren darüber, dass ohnehin alles im Fluss sei und nichts jemals fertig werde. Genervte Anwender sprechen da eher vom „Bananenprinzip" – wird diese exotische Frucht doch bekanntlich unreif geerntet und verkauft, um dann erst beim Kunden zu reifen. „Vaporware" ist folgerichtig zu einem geflügelten Wort in der IT-Branche geworden. Die Zeitschrift „Infoworld" hat ihren „Golden Vaporware Award" seit 1985 noch manch anderem als Bill Gates verliehen.

Auch Marketingkampagnen für Produkte, die sich bestenfalls im Ideenstadium befinden, sind heute nichts Besonderes mehr. Als Tesla mit seinem rein elektrischen „Model S" den Markt für Luxusautos aufrollte und die deutschen Autobauer das Fürchten lehrte, brachte Porsche umgehend Bilder einer spektakulären Elektroflunder in Umlauf. Die PR-Abteilung schien Überstunden zu machen, denn in fast allen Zeitungen und Zeitschriften tauchten diese Bilder auf. Markteinführung? Irgendwann in ein paar Jahren. Vielleicht. Die alte Streitfrage, ob gute Produkte oder clevere Geschäftsstrategien wichtiger für den Unternehmenserfolg sind, muss wohl ein weiteres Mal unbeantwortet bleiben. Für das Unternehmen von Bill Gates lässt sich sagen, dass es zumindest mit seinen Geschäftspraktiken Maßstäbe setzte.

KAPITEL 10

Der Importeur

10 | DER IMPORTEUR

Ich versuche, mir den jungen Universitätsprofessor vorzustellen: An einem schönen Morgen vor fast 35 Jahren war er vielleicht auf dem Weg zu seiner Lehrveranstaltung an der Freien Universität Berlin. Möglicherweise saß er in einem jener sonnengelb lackierten U-Bahn-Wagen, die einem beim Stichwort „Berlin" alsbald in den Sinn kommen. Durch einen schmalen Tunnel aus der deutschen Kaiserzeit ratterte die Untergrundbahn gemächlich in Richtung Dahlem. Dort liegen die Gebäude der Freien Universität weit verstreut in einem Villenviertel mit alten Bäumen. Mitte der Achtzigerjahre war West-Berlin eine von einer Mauer umgebene Insel im roten Ozean des Kommunismus. Das kleine Inselreich stand unter dem Kommando amerikanischer, britischer und französischer Militärs. Von der westdeutschen Regierung in Bonn wurde es mit zig Millionen D-Mark pro Jahr am Leben erhalten. Kraftfahrzeuge waren in dieser winzigen Exklave des Kapitalismus weder ein Statussymbol noch überhaupt sonderlich nützlich, weshalb die meisten Haushalte nicht einmal ein eigenes Gefährt besaßen.

Gut möglich also, dass auch der Professor meistens die U-Bahn nahm. Vielleicht lebte er ja – wie viele seiner älteren Kollegen – in einer palastartigen Altbauwohnung in Charlottenburg, vollgestellt mit Bücherregalen, die bis an die hohen Stuckdecken reichten. Oder es hatte ihn ins alternative Kreuzberg verschlagen, wo die Hausbesetzer Schmähtransparente gegen den berüchtigten Innensenator Lummer aus den Fenstern hängten. Ebenso gut könnte er in Schöneberg gewohnt haben. In diesem Bezirk hätte man meinen können, David Bowie und Iggy Pop seien gerade erst aus ihrer legendären Wohngemeinschaft ausgezogen. Wie auch immer: Der Professor wäre spätestens auf dem letzten Stück seines Weges mit der Linie 3 unterwegs gewesen, an deren Stationen „Dahlem Dorf" und „Thielplatz" die Dozenten und Studenten der Freien Universität aussteigen. Ein ganz normaler Morgen hätte es also sein können. Ein Tag wie viele im Leben eines deutschen Universitätsprofessors. Wäre da nicht die Sache mit dem Tee gewesen.

Denn Günter Faltin – so der Name des Universitätsprofessors, von dem ich hier schreibe – hatte vor Kurzem vier Tonnen Tee bestellt. Sie haben richtig gelesen: nicht vier Pfund oder vier Kilo, nein – vier Tonnen! Direkt ab Kalkutta, zur Verschiffung in den Hamburger Hafen. Und nicht irgendeinen Tee, sondern feinsten Darjeeling. Dabei war der Professor nicht einmal Teetrinker. Seinen Morgenkaffee liebte er über alles. Noch wenige Monate zuvor hätten Sie ihm gegenüber behaupten können, „Darjeeling" sei der Name des indischen Außenministers – Günter Faltin hätte Ihnen geglaubt. Von Tee hatte der Professor nämlich nicht die geringste Ahnung. Und doch waren vier Tonnen Darjeeling auf dem Weg zu ihm. War dieser Mann verrückt? Ganz sicher nicht. Monatelang hatte er seinen Tee-Import geplant, gemeinsam mit seinen Studenten an einer Strategie für den Weiterverkauf gefeilt und alles immer wieder betriebswirtschaftlich durchkalkuliert. Er wollte Studierenden mit dieser Aktion ganz praktisch demonstrieren, wie Wirtschaft funktioniert. Mehr noch: wie eine vernünftigere, nachhaltigere und stärker am Menschen orientiere Wirtschaft funktionieren könnte. Der junge Universitätsprofessor war der sprichwörtliche Mann mit einer Mission.

Dennoch frage ich mich, ob ihm da morgens in der U-Bahn nicht ein wenig flau im Magen geworden ist – so beim Gedanken an all die Paletten voller Tee. Die vier Tonnen sollten in Hamburg in 4.000 Kilopackungen abgepackt werden. Um diese Packungen danach an Endverbraucher zu verkaufen, waren nicht einmal 30 Tage Zeit! Diese Timeline hatten Günter Faltin und seine Studierenden sich so errechnet: 60 Tage waren das übliche Zahlungsziel im internationalen Handel. Rund 30 Tage brauchte ein Schiff von Kalkutta nach Hamburg. In etwa zwei bis drei Tagen konnte der Tee abgepackt und per Bahn nach West-Berlin transportiert sein. Also blieben rund vier Wochen, bis die Ware größtenteils verkauft sein musste, um die dicke Rechnung aus Indien zu begleichen. Ein verdammt hohes Risiko für ein akademisches Realexperiment! In einem Vortrag im November 2016 erinnerte sich Günter Faltin: „Da war ich plötzlich Tee-Importeur." Ich saß in Reihe vier oder fünf, lauschte gespannt seinem Vortrag und dachte nur: Was für ein mutiger Fake! Da greift ein Professor zum Telefon, bestellt vier Tonnen Tee – und praktisch mit dem Auflegen des Hörers ist er Tee-Importeur.

REVOLUTIONÄRE TREFFEN ENTREPRENEURE

Die Freie Universität Berlin, abgekürzt FU, war in Deutschland ein Epizentrum der 68er-Revolte. Insbesondere das Otto-Suhr-Institut für Politikwissenschaft, wo auch Rudi Dutschke studierte, stand damals unter dem Motto: „Revolution ist machbar, Herr Nachbar." Mitte der Achtzigerjahre herrschte an der FU immer noch ein progressiver, experimenteller und bisweilen aufsässiger Geist. Dem in Bamberg aufgewachsenen Ökonomen Günter Faltin, der hier 1977 mit 33 Jahren auf einen Lehrstuhl berufen wurde, kam dies einerseits sehr entgegen: Faltin hasste die herkömmliche Wirtschaftswissenschaft mit ihren mathematischen Modellen und all den Formeln zur Gewinnmaximierung. Er verglich diese Art des Wirtschaftsstudiums einmal mit einem Sportstudium, in dem die Studenten nur noch die Siegeschancen im Fußball oder im Handball mathematisch berechneten und in dem es überhaupt keinen praktischen Sportunterricht mehr gäbe. So etwas sei an einer Sporthochschule gewiss undenkbar. In der Wirtschaftswissenschaft habe man sich hingegen längst daran gewöhnt, nur noch den Leichnam des Homo Oeconomicus zu sezieren – statt lebendiges Unternehmertum auch tatsächlich einzuüben. Die FU mit ihrem kritischen Geist und ihrem Anspruch als Reformuniversität gab Faltin die nötige Narrenfreiheit, um anders zu lehren, als es damals üblich war.

Andererseits machte es ihm diese Universität auch nicht immer leicht, seine persönliche Vision eines kreativen, intelligenten, lustvollen und sozial sensiblen Unternehmertums zu vermitteln. Einen Ansatz, den Faltin später konsequent mit dem Begriff „Entrepreneurship" belegte – in Abgrenzung sowohl zu bloßem Management als auch zu herkömmlichen, kapitalintensiven Gründungen. Jetzt denken Sie vielleicht: Dieser Ansatz klingt doch modern und attraktiv für junge Menschen! Doch für viele Studierende, aber auch Kollegen von Günter Faltin war Unternehmertum an sich bereits kapitalistisches Teufelszeug. Da konnte der junge Professor, der schon auf der Schule von Henry Ford, Andrew Carnegie und Joseph Schumpeter fasziniert gewesen war, noch so sehr differenzieren. Viele hörten ihm überhaupt nicht zu. Nicht einmal, wenn er in Anlehnung an ein berühmtes Zitat von Joseph Beuys – „Jeder Mensch ist ein Künstler" – behauptete: „Jeder Mensch ist ein Unternehmer." Unternehmertum – pardon: Entrepreneurship war und ist für Günter Faltin ein Schlüssel für ein selbstbestimmtes Leben und eine Chance, eine bessere Welt zu bauen. Doch das Negativimage des Unternehmers nach der linken Revolte von 1968 machte Faltin zu schaffen.

So nimmt es denn nicht wunder, dass Faltins Idee, seine Studenten zu Entrepreneuren zu machen, an der FU kaum auf spontane Begeisterung stieß. Ein Kollege beschied Faltin sogar kategorisch, es sei nicht die Aufgabe eines deutschen Professors, Unternehmen zu gründen. Auch nicht, wenn Unternehmensgründungen sein Spezialgebiet als Ökonom sind? Nein, auch dann nicht. Basta! Das ist ungefähr so, als würde einem Universitätsprofessor für Kardiologie von Kollegen nahegelegt, er solle auf gar keinen Fall selbst Herzpatienten behandeln. Eigentlich absurd. Doch ein linker Professor hatte sich nach Ansicht seiner Kollegen des Unternehmertums zu enthalten wie ein katholischer Priester der Unzucht.

Manche Studierende reagierten nicht viel aufgeschlossener auf Faltins Vorhaben: Noch harmlos waren diejenigen, die nur wissen wollten, ob es für Firmengründungen auch einen Schein gebe. Eine Studentin fühlte sich bemüßigt, ihrem Professor zu erklären, warum seine Ideen nie im Leben funktionieren könnten. Und in seinem Buch „Wir sind das Kapital“ erzählt Günter Faltin von einer weiteren Studentin, die ihm während einer Lehrveranstaltung an den Kopf warf, sie werde niemals ein Unternehmen gründen! Warum nicht? Weil dann aus ihr „auch so ein Schwein“ werde. Na logisch: ein Kapitalistenschwein. Die Studentin hatte Faltin allerdings vollkommen missverstanden. Um Gewinnmaximierung auf Kosten anderer ging es ihm ja gerade nicht! Er hätte kaum eines Tages vier Tonnen Tee bestellt, nur um sich an deren Weiterverkauf persönlich zu bereichern. Vielmehr hatte er ein Konzept im Sinn, das man heute als vielleicht als „Win-win-Strategie“ bezeichnen würde. Er wollte allen demonstrieren, dass dieses Konzept funktionierte. Was war das für ein Konzept?

TEE-IMPORT FÜR EINE GERECHTERE WELT

Günter Faltin wollte zeigen, dass Produkte aus Entwicklungsländern, wie Kaffee, Tee, Bananen oder Zucker, für die Verbraucher in Europa viel preisgünstiger als gewohnt sein könnten – und es gleichzeitig möglich war, den Erzeugern für erstklassige Bio-Qualität faire Preise zu zahlen. Eine scheinbare Quadratur des Kreises: billige Verbraucherpreise, faire Erzeugerpreise und dann auch noch beste Qualität. Geht da nicht eines auf Kosten des anderen? Sind nicht „Bio" und „Fairtrade" im Laden zu Recht viel teurer als Massenware? Faltin hätte das etablierte System vielleicht niemals hinterfragt, wenn er nicht als junger Mann viel herumgekommen wäre. Es war ja typisch für die Generation der „68er", mit Rucksack und Schlafsack in Länder der Dritten Welt zu reisen. Sei es nach Indien, um Erleuchtung zu suchen, oder nach Mittelamerika, um dort die Revolution zu unterstützen. Dem Ökonomen Günter Faltin fiel auf seinen Reisen in Entwicklungsländer auf, dass Produkte wie Kaffee, Tee oder Zucker in Europa ungefähr zehnmal so viel kosteten wie in ihren Herkunftsländern. Woran lag das? Waren die Frachtkosten so hoch? Waren die Versicherungsprämien so teuer? Oder lag es an unverschämten Gewinnspannen der Händler? Nichts davon traf letztlich zu.

Faltins Recherche ergab vielmehr, dass es die vielen Stufen des Zwischenhandels sowie die kleinen Verpackungen waren. Tee war in Deutschland geradezu exorbitant teuer, selbst im Vergleich zu anderen europäischen Ländern. Das lag einerseits an den 100-Gramm-Packungen, die deutsche Verbraucher gewohnt waren, und andererseits an der großen Sortenvielfalt, die es im deutschen Handel gab. Ein Teegeschäft, das viele unterschiedliche Teesorten in kleinen Packungen an seine Kunden verkauft, kann naturgemäß keinen einzelnen Tee in großen Mengen und damit auch nicht zu günstigen Preisen einkaufen. Das Geschäft ist auf Großhändler angewiesen, die ihrerseits bei einem Zwischenhändler einkaufen, der seinerseits beim Importeur kauft. Der Importeur wiederum kauft beim Exporteur und erst dieser kauft schließlich beim Erzeuger.

Weil alle mitverdienen wollen, entsteht Preisdruck, der letztlich an das schwächste Glied in der Kette weitergereicht wird: die Erzeuger. Faltin geriet ins Nachdenken. Mit Direktimport ließen sich die vielen Zwischenstufen ja leicht umgehen. Doch konnte man Kaffee oder Tee einfach in größeren Mengen importieren? War das nicht ungeheuer kapitalintensiv und mit hohem logistischem und personellem Aufwand verbunden? Faltin recherchierte weiter und fand heraus, dass ein Händler, der direkt im Erzeugerland einkaufen wollte, mindestens zwei bis vier Tonnen abnehmen musste, damit sich Transportkosten und bürokratischer Aufwand rechneten. Doch wie sollte ein einzelner Händler mehrere Tonnen Kaffee, Tee oder Zucker unters Volk bringen? (Damals wohlgemerkt noch ohne Internet und Online-Handel.) Zumal sich das Problem der Haltbarkeit auftat. Vielleicht war Direktimport doch keine so gute Idee?

Günter Faltin gab jedoch nicht auf. Im Gegenteil, er machte das Problem zu einem Projekt für seine Studierenden. Seit seiner Berufung auf den Lehrstuhl für Unternehmensführung hatte er Wirtschaft anders lehren wollen, als es allgemein üblich war. Er wollte, dass seine Schüler sich selbst unternehmerisch betätigten, dadurch die Zusammenhänge des Wirtschaftskreislaufs verstanden und im Idealfall auch noch Ideen für ein vernünftigeres und menschlicheres Wirtschaftssystem entwickelten. Nun bot sich die beste Gelegenheit zu alledem! Faltin gründete die „Projektwerkstatt GmbH“ als Unternehmen zum Import und Verkauf von – ja, wovon eigentlich? Das zu entscheiden war gleich die erste knifflige Aufgabe.

Für den passionierten Kaffeetrinker Faltin hätte sich ja eigentlich Kaffee als Importware angeboten. Aber Kaffee muss aufwendig geröstet und eventuell gemahlen werden. Anschließend bleibt er nicht besonders lange frisch. Letzteres schloss aus, dass die Konsumenten sich mit preiswerten Großpackungen bevorraten würden. Bananen waren sogar noch verderblicher. Der Handel mit Zucker wiederum war gesetzlich stark reglementiert. Also blieb fast nur noch Tee. Nach den gesetzlichen Bestimmungen musste Blatt-Tee mindestens drei Jahre haltbar sein. Wenn Faltin die Verbraucher animieren könnte, ihren Jahresvorrat an Tee bei ihm zu kaufen, dann würde er ihnen dafür einen unschlagbar günstigen Preis bieten können. Nach der Entscheidung für Tee war klar: Dieser Fake war nicht von privater Leidenschaft, sondern von ökonomischer und ökologischer Vernunft getrieben. Tee-Import im Dienste einer intelligenteren und nachhaltigeren Wirtschaft.

ALLES EINE FRAGE DES „ENTREPRENEURIAL DESIGNS“

Der mittlerweile emeritierte Professor Günter Faltin, zuletzt Leiter des „Arbeitsbereichs Entrepreneurship“ an der FU Berlin, hat immer wieder betont, dass es für Gründungen entscheidend auf das „Entrepreneurial Design“ – das unternehmerische Konzept – ankomme. Dieses Konzept sei wichtiger als alles Kapital, alle Kenntnisse und Erfahrungen des Unternehmers, ja sogar wichtiger als die eigentliche betriebswirtschaftliche Umsetzung. Entsprechend lange – so der Rat des Professors – solle jeder Unternehmer an seinem Konzept tüfteln. Fantasie und Empathie seien dabei die wichtigsten Voraussetzungen – und nicht etwa Rechenkünste oder Ellenbogen, wie es das alte Unternehmer-Klischee will. Faltin machte Mitte der Achtzigerjahre selbst vor, was er damit meint. Monatelang arbeitete er, gemeinsam mit seinen Studenten, an seinem Konzept für den Direktimport und -verkauf von Tee, bis er es wagte, mehrere Tonnen Blatt-Tee zu bestellen. Manche Probleme lösten sich durch konzertiertes Nachdenken. Bei anderen kam der Zufall zu Hilfe.

Auf einer Party bekam Faltin zum Beispiel den Tipp, dass der eigentliche Import gar keine so große Sache war. Für nachgerade lächerliche 1 Prozent des Warenwerts konnte man Dienstleister beauftragen, so gut wie jede international gehandelte Ware im Hamburger Hafen anzuliefern. Weitaus schwieriger zu beantworten war die Frage des Marketings. Wie sollten die Verbraucher dazu bewegt werden, sich günstig einen Jahresvorrat an Tee anzulegen? Denn nur ein schneller Verkauf von großen statt kleinen Packungen würde das bestehende System aushebeln. Und nur wenn der Tee nach vier Wochen verkauft wäre, könnte der Importeur Faltin überhaupt seine große Rechnung bezahlen. So entstand schließlich die Idee einer „Teekampagne“. Die Marketingbotschaft lautete: „Leute, kauft jetzt, wo die Ernte frisch eingetroffen ist, euren Jahresvorrat an Tee. Dann können wir euch einen sensationell günstigen Preis bieten.“ Letztlich war der günstige Kampagnenpreis aus Verbrauchersicht das Alleinstellungsmerkmal. Deshalb benannte Faltin seine Tee-Marke nach der Grundidee: „Teekampagne“.

Nun galt es eine letzte Frage zu beantworten, an der die ganze Sache fast noch gescheitert wäre: Warum sollten sich die Verbraucher einen riesigen Vorrat einer einzigen Tee-Sorte anlegen? Wo sie doch in jedem Teegeschäft die ganze Vielfalt vorfanden: Ceylon, English Breakfast und Earl Grey, russische Mischung, ostfriesische Mischung, Tee mit Kirsch-, Pfirsich- oder Vanillearoma und so weiter. Rund 150 Sorten führte ein durchschnittlicher Teeladen. Weshalb sich auf eine Sorte festlegen, wenn man jeden Tag eine andere trinken konnte? „Abwechslung erfreut", erkannte doch – angeblich – bereits der römische Schlaumeier Cicero. Der Durchbruch kam, als Faltin klar wurde, dass der Einkaufspreis beim Tee-Import im Vergleich zu allen anderen Kosten eine untergeordnete Rolle spielte. Man konnte den teuersten Tee der Welt importieren und diesen immer noch zum Schnäppchenpreis anbieten. So erst entdeckte der Kaffeetrinker Faltin den Darjeeling, jene Sorte von den Südhängen des Himalaja, die unter Teetrinkern als der „Champagner unter den Tees" gilt.

Plötzlich war das unternehmerische Konzept rund: Die Teekampagne würde den teuersten Tee der Welt in Großpackungen anbieten – für nur etwas mehr als ein Drittel des üblichen Preises. Erntefrisch und immer nur für kurze Zeit. Teetrinker würden sich darum reißen und sich für ein ganzes Jahr eindecken. Bis zur nächsten Ernte und zur nächsten „Kampagne". So kam es tatsächlich. Das Angebot war so verlockend, dass Verbraucher sogar bereitwillig Vorkasse leisteten. Täglich trafen Briefe mit Schecks bei der Poststelle der Freien Universität ein. Faltins Studenten verkauften den Tee nicht nur per Versand, sondern auch auf Taperziertischen vor der Mensa. Nach nicht einmal vier Wochen war alles verkauft. Der Professor konnte die große Rechnung bezahlen.

TEE-IMPORTEUR OHNE GOLDKNÖPFE UND EINSTECKTUCH

Nach der ersten Verkaufskampagne beschloss Günter Faltin weiterzumachen. Wenn es so leicht war, Importeur zu sein, warum dann nicht Importeur bleiben? Warum nicht noch mehr Verbraucher mit dem besten Tee zum günstigen Preis erfreuen? Und wieso nicht noch bei weiteren Studenten die Lust auf intelligentes Entrepreneurship wecken? „Importeur" ist natürlich ein großes Wort, zumal wenn es um

Tee oder Kaffee geht. Man denkt fast zwangsläufig an die Hamburger Speicherstadt mit ihren Kontoren und an die zugehörigen Importkaufleute, die in weißen Villen an der Elbchaussee leben. Einer dieser hanseatischen Kaufleute ist Albert Darboven, geschäftsführender Inhaber des Hamburger Kaffeehandelshauses J. J. Darboven GmbH & Co. KG. In den Achtzigerjahren geisterte der groß gewachsene Herr mit dem Silberscheitel durch die deutsche Fernsehwerbung. In den Spots tauchte er urplötzlich bei Familien auf – im dunkelblauen Blazer mit Goldknöpfen sowie mit gestreifter Krawatte und Einstecktuch –, um die Vorzüge des von seiner Firma produzierten „Idee"-Kaffees zu erläutern. Von dieser Kultur der „Importerships" waren Faltin und seine Studenten jedoch so weit entfernt wie die Punkbands jener Zeit vom klassischen Jazz. Die Teekampagne war am Anfang so lässig organisiert, dass eine Studentin eines Tages ganz oben auf einem Aktenregal noch einen Karton mit nicht eingelösten Vorausschecks im Wert von 10.000 D-Mark fand.

Entscheidend für den Importeur waren eben nicht die Goldknöpfe am Blazer oder der Jaguar vor dem Kontor. Ein unaufgeräumtes Professorenbüro genügte als Firmenzentrale. Tee-Import entpuppte sich als Kinderspiel. Übrigens: Wer die ganze Geschichte der Gründung der Teekampagne erfahren möchte, dem lege ich Günter Faltins Buch Kopf schlägt Kapital ans Herz, das mit ihr beginnt. Was macht diese Gründung so beispielhaft? Der betriebswirtschaftliche Knackpunkt, auf den Faltin immer wieder zu sprechen kommt, sind Leistungspakete und sogenannte Komponenten. In unserer hoch arbeitsteiligen Wirtschaft braucht ein einzelner Unternehmer immer weniger selbst zu können und selbst zu leisten. Er muss weder ein Mathematikgenie sein noch über ein riesiges Startkapital verfügen. Er braucht auch keine 70 Stunden pro Woche zu arbeiten. Sein größtes Kapital sind durchdachte Ideen und ausgeklügelte Konzepte. Buchhaltung, Logistik, Auslieferung, Webshop, Handelsvertretung, Marketingkampagnen, Pressearbeit – das alles und noch viel mehr lässt sich von Spezialisten als Leistungspaket einkaufen.

Sogar den Tee-Import konnte Faltin bereits in den Achtzigerjahren gewissermaßen fertig einkaufen. Ein einziges Telefonat mit dem damaligen „Deutschen Seekontor" genügte, um Tee aus Kalkutta auf den Weg zu bringen. Faltin musste lediglich die Abholadresse in Indien und die Lieferadresse in West-Berlin nennen. Alles andere, einschließlich der Zollpapiere und der gesamten Lagerhaus- und Hafenabwicklung, übernahm dann die Schifffahrtsgesellschaft Hapag Lloyd. Letztlich war Faltin nach diesem einen Anruf „Importeur". Der Fake bestand darin, am Markt als seriöses Teehandelshaus aufzutreten. Wichtig war, an den Erfolg der „Teekampagne" zu glauben. Der Fake ging auf.

Mehr als drei Jahrzehnte später haben die Möglichkeiten, einen ähnlichen Fake zu wiederholen, noch einmal enorm zugenommen. Wer ein stimmiges „Entrepreneurial Design" entwickelt hat, der hat über das Internet alle Möglichkeiten, die für die Umsetzung nötigen Komponenten zu buchen. Theoretisch kann heute jeder, der einen Computer mit Internetanschluss besitzt, ein Zementwerk bauen lassen. Das zumindest behauptet Günter Faltin in seinem Buch Kopf schlägt Kapital. In meinen Augen geht auch das jedoch nicht ohne Fake: Ein Entrepreneur, der kaum Kapital hat und fast nichts selbst umsetzt, muss am Markt trotzdem mit dem Selbstbewusstsein eines „echten" Unternehmers auftreten. Erst dann steht dem Erfolg nichts mehr im Weg. Das hat Günter Faltin mit seiner Teekampagne vorgemacht. Sein Unternehmen existiert übrigens bis heute und ist somit längst kein Fake mehr. Die Teekampagne verkauft mittlerweile pro Jahr mehr als 400 Tonnen Tee! Somit ist die Firma des Professors der weltgrößte Importeur von Darjeeling, noch vor so bekannten Marken wie Lipton oder Twinings.

KAPITEL 11

Die Kleidermacherin

11 | DIE KLEIDERMACHERIN

Bitte lassen Sie den folgenden Satz einmal kurz auf sich wirken: „Anfang April bin ich mit Niki Lauda ins Silicon Valley geflogen und habe bei Google reingeschaut." Welche Bilder entstehen da ohne langes Nachdenken in Ihrem Kopf? Was, vermuten Sie, habe ich im April unternommen? Nun, wenn Sie sich am gewöhnlichen Sprachgebrauch orientieren, dann werden sie den Satz höchstwahrscheinlich so verstehen, dass ich gemeinsam mit Niki Lauda ins Epizentrum der globalen Tech-Industrie geflogen bin und wir einen Termin bei Google hatten. Mag sein, dass der eine oder die andere diese Aussage um eine Nuance anders interpretieren würde. Aber im Großen und Ganzen hätte dieses Namedropping bei den meisten Gesprächspartnern doch bestimmt einen gewissen Wow-Effekt: Mit Lauda ins Silicon Valley und dann mal eben bei Google – ja, Wahnsinn!

Jetzt bin ich gespannt, wie es Ihnen ginge, wenn ich kurz darauf – etwas weniger erhobenen Hauptes – erklären würde, was ich im April tatsächlich erlebt habe: Mit Niki Lauda saß ich zufällig im selben Airbus zum Flughafen von San Francisco. Dieser befindet sich bekanntlich am Rande des Silicon Valley. Ich erblickte Lauda lediglich kurz beim Boarding in München, dann entschwand er in die First Class. Nach der Landung sah ich ihn dann gar nicht mehr. Dafür machte ich am dritten Tag meines Aufenthalts in Kalifornien eine Sightseeing-Tour durchs Silicon Valley. Dabei kam ich selbstverständlich auch am legendären Googleplex vorbei, der Firmenzentrale von Google. Durch die großzügig verglasten Fassaden konnte man reinschauen und die Mitarbeiter an ihren Laptops beobachten. Ins Gebäude gelassen wurde unsere Gruppe allerdings nicht. Security, Sie verstehen.

Mich würde überraschen, wenn sich Ihre Gemütslage nach dieser Schilderung nicht irgendwo zwischen amüsiert und verärgert bewegte. Möglicherweise fühlen Sie sich auf den Arm genommen. Mit Lauda bei Google – das war wohl ein Aprilscherz! Für wie dumm glaube ich, dass Sie sich verkaufen lassen? Wenn ich Sie jetzt provozieren will, dann insistiere ich und betone, bei nichts als der Wahrheit geblieben zu sein: Ich saß mit Lauda in derselben Maschine, also bin ich ohne Zweifel „mit" ihm geflogen und er „mit" mir. Ebenso wahr ist, dass ich bei

Google „reingeschaut“ habe. Ohne Probleme kann ich Ihnen schildern, wie es innen im Googleplex aussieht. Ich würde es Ihnen nicht verdenken, wenn Sie nun dächten: „Was für eine Frechheit, Zulehner! Jeder vernünftige Mensch musste Ihren Satz anders verstehen. Das wissen Sie ganz genau!“ Ich aber wasche meine Hände in Unschuld. Schließlich habe ich lediglich wahrheitsgemäß berichtet, was ich erlebt habe.

Hier nun endlich die ganze Wahrheit: Ich war schon oft in den USA, aber nicht im vergangenen April. Mit diesem fiktiven Beispiel will ich Sie auf eine rhetorische Technik aufmerksam machen, die viele erfolgreiche Faker beherrschen und regelmäßig anwenden – und nicht nur Faker, sondern zum Beispiel auch Verkäufer, Politiker, Manager, Diplomaten, Rechtsanwälte oder mit nicht allzu viel Erfolg gesegnete Golfer, Segler oder Tennisspieler. Diese Technik besteht darin, im genauen Wortsinn stets bei der Wahrheit zu bleiben, also auf keinen Fall zu lügen, aber die Dinge sprachlich doch so zu verpacken, dass sich eigentlich jeder etwas anderes darunter vorstellt als das, was der Wirklichkeit entspricht. Etwas Schöneres und Besseres zumeist. Der Faker bleibt bei der Wahrheit, aber nicht bei der ganzen Wahrheit. Er rückt sich ins rechte Licht.

Getreu diesem Prinzip ist es unter aufstrebenden Autoren, insbesondere Autoren von Businessbüchern, zum Beispiel auch in Mode gekommen, sich selbst als „Bestsellerautor“ zu bezeichnen. Offen bleibt dabei zumeist, ob die fraglichen Bücher tatsächlich auf der maßgeblichen „Spiegel“-Bestsellerliste zu finden sind. Oder lediglich auf der Wirtschafts-Bestsellerliste des „Manager Magazins“, für die unvergleichlich weniger Verkäufe nötig sind. Oder belegt ein Autor mit seinem Buch vielleicht nur Amazon-Verkaufsrang zwei oder drei in einer Unter-Unter-Unter-Kategorie? Etwa: „Business & Karriere“ – „Motivation“ – „Mitarbeitermotivation“ – „Mitarbeitermotivation unter Einsatz von Tieren“? Fragen Sie im Zweifel nach, wie genau das mit dem „Bestsellerautor“ zu verstehen ist. Das Institut für Buchwissenschaft der Universität Mainz spricht übrigens erst ab 100.000 verkauften Exemplaren für den deutschsprachigen Raum von einem Bestseller. Wenn alle, die sich heutzutage „Bestsellerautor“ nennen, mindestens so viele Bücher verkauft hätten, dann kämen die Verlage mit dem Druck nicht mehr hinterher.

EINE BESTELLUNG FÜR LADY GAGA

Nun hoffe ich, Sie gründlich auf rhetorisch geschickte Halbwahrheiten eingestimmt zu haben. So gründlich, dass Sie einem Satz aus dem Munde einer jungen, zum fraglichen Zeitpunkt international noch weitgehend unbekannten Modedesignerin mit der angemessenen Skepsis begegnen. Der Satz lautet: „Lady Gaga hat etwas bei mir bestellt." – Welche Tatsache könnte sich hinter dieser Aussage verbergen? Zunächst einmal springt hier das geschickte Namedropping ins Auge. Die junge Designerin setzt sich in Beziehung zu einem Weltstar. Und anders, als bei meinem Bespiel mit Niki Lauda, wird da tatsächlich eine Geschäftsbeziehung behauptet: Lady Gaga hat etwas bestellt. Gut, Sie könnten jetzt infrage stellen, ob der bestellte Gegenstand überhaupt etwas mit Mode zu tun hatte. Aber da wären Sie mir jetzt schon zu misstrauisch. Gehen wir ruhig davon aus, dass sich die Aussage auf die Modekollektion der Designerin bezog. In Österreich und Deutschland, wo die Designerin zu diesem Zeitpunkt schon einen gewissen Ruf hatte, wurde sie schließlich zu ihrer Mode interviewt. Und nicht zu dem, was sie sonst eventuell noch über Ebay verkauft. Wie also verstehen Sie den Satz? Mit dem gesunden Menschenverstand betrachtet – behaupte ich – kann man davon ausgehen: Eine Frau, die sich bei einem Modelabel ein Kleidungsstück bestellt, wird dieses anschließend auch tragen.

Zumindest scheinen die deutschsprachigen Medien diese Aussage so verstanden zu haben. Denn nach diesem in einem Interview gesprochenen Satz war in diversen Zeitungen und Zeitschriften zu lesen: „Lady Gaga trägt Mode von Marina Hoermanseder." Obwohl die 1986 in Wien geborene Modedesignerin, über die ich hier schreibe, das so nie behauptet hatte. Hoermanseder, die zu dieser Zeit mit ihrer Diplomkollektion an der Berliner Dependance der französischen ESMOD-Modehochschule für Aufsehen sorgte, hatte lediglich vage von einer Bestellung gesprochen, die Lady Gaga getätigt hätte. War ihr bewusst, wie Journalisten und die breite Öffentlichkeit dies auffassen mussten? Nämlich so, dass Lady Gaga das, was sie bestellt hatte, anschließend gewiss auch tragen würde? Ich weiß es nicht. Doch nicht zuletzt durch den beruflichen Werdegang meines jüngeren Sohnes habe ich den einen oder anderen Einblick in die Welt des Modedesigns. So habe ich unter anderem gelernt, dass Weltstars wie Lady Gaga keineswegs am Sonntagnachmittag mit dem iPad auf dem Sofa sitzen, über die Seiten von Modedesignern surfen und dann per Kreditkarte im Webshop bestellen. Popstars, Hollywood-Diven und Topmodels werden heute grundsätzlich von professionellen Stylisten eingekleidet.

Der Stylist von Lady Gaga war also auf die Diplomkollektion von Marina Hoermanseder aufmerksam geworden. Da sie ihm gefiel, bat er um die Zusendung einiger Teile. Vielleicht ja per Direktnachricht auf Instagram? Verzichtbar war in jedem Fall die Angabe einer Kreditkartennummer. Denn Weltstars beziehungsweise ihre Stylisten zahlen nichts für solche Bestellungen. Warum sollten sie das auch? Aufstrebende junge Modedesigner reißen sich darum, dass Stars ihre Mode tragen. Genauer gesagt: dass Stars ihre Mode tragen und sich damit auf Instagram zeigen. Denn was auf Instagram zu sehen ist, das setzt den Trend. Wenn sich also ein Weltstar via Instagram mit der Mode eines unbekannten Designers zeigt, dann bedeutet das für diesen möglicherweise den Durchbruch. Als der Stylist von Lady Gaga bei Marina Hoermanseder bestellte, da war ihr wahrscheinlich klar, dass sie kurz davor stand, Weltstars einzukleiden. Und so machte sie vielleicht schon einmal eine wirkungsvolle Andeutung. Damit wäre der zitierte Satz ein typischer Fake: Er nimmt einen Erfolg vorweg, der in Kürze mit hoher Wahrscheinlichkeit eintreten wird. Und indem der Fake den Erfolg vorwegnimmt, beschleunigt er ihn letztlich auch.

DER RICHTIGE SATZ ZUR RICHTIGEN ZEIT

Ein einzelner Satz zum richtigen Zeitpunkt kann hohe Wellen schlagen. Man denke nur an Rolf E. Breuer, den ehemaligen Vorstandssprecher der Deutschen Bank, der den Münchner Medienmogul Leo Kirch mit einem einzigen, scheinbar beiläufig gesprochenen Satz in einem Fernsehinterview in den Ruin getrieben haben soll. Dafür musste er sich später sogar vor Gericht verantworten. Breuers Satz lautete: „Das halte ich für relativ fraglich." Dies war die Antwort auf die Frage, ob der Bankensektor bereit sei, die angeschlagene Kirch-Gruppe weiter zu stützen. Der Prozess endete mit einem umstrittenen Freispruch. Kritiker des Urteils meinten, wer in der Öffentlichkeit stehe und Interviews gebe, habe eine hohe Verantwortung für die Folgen seiner Aussagen und müsse sich dessen auch bewusst sein. Ein einzelner Satz, der über die Medien entsprechende Verbreitung findet, kann jemanden freilich nicht nur ruinieren, sondern auch umgekehrt zum Aufstieg verhelfen. Ich bin mir sicher, dass Marina Hoermanseder sich dessen bewusst war. Die Tochter eines österreichischen Topmanagers gilt jedenfalls als ziemliches Marketing-Genie. Es ist unwahrscheinlich, dass sie die Bestellung aus dem Umfeld von Lady Gaga nur versehentlich erwähnte. Oder überrascht war, was die Medien dann daraus machten.

Man könnte sich höchstens fragen, ob Hoermanseder einen solchen Fake nötig hatte. Schließlich war sie niemand, der gerade bei null anfing. Sie machte bereits vieles richtig und stand möglicherweise kurz vor einem internationalen Durchbruch. Musste sie da den Eindruck erwecken, Lady Gaga sei bereits Kundin bei ihr? Andererseits: Wie sehr hätte sie überhaupt differenzieren können, selbst wenn sie es gewollt hätte? Hätte sie sagen sollen: „Der Stylist von Lady Gaga, der, wie bei allen Superstars, für ihr Outfit verantwortlich ist, hat ein paar Teile von mir zur Ansicht bestellt – und jetzt bin ich gespannt, ob Lady Gaga sie auch tragen wird“? Sind nicht bei Botschaften für die breite Öffentlichkeit gewisse Vereinfachungen legitim, ja vielleicht sogar unumgänglich? Schließlich ist es kaum möglich, jedem Statement gegenüber der Presse zunächst eine fachliche Schulung voranzuschicken, damit die Aussage nur ja richtig eingeordnet wird. Und selbst wenn jemand das täte, liefe es am Ende darauf hinaus, dass die Medien die Verkürzung vornehmen. Ist es da nicht besser, man verkürzt gleich selbst, um eine gewisse Kontrolle zu behalten? Politiker können ein Lied von diesem Dilemma singen: Äußern sie sich differenziert, werden sie meist verkürzt und sinnentstellt zitiert. Sie können dann das Dementi gleich hinterherschicken. Spitzen sie hingegen zu stark zu, werfen ihnen die Medien prompt Populismus, Demagogie oder schlicht Dummheit vor.

Es erscheint also müßig, das Zitat von Marina Hoermanseder auf die moralische Goldwaage zu legen. Viel spannender finde ich, dass die Modemacherin zur absichtlichen oder zufälligen Beschleunigung ihres internationalen Durchbruchs gleich drei der Grundregeln für erfolgreiche Faker beachtetet hat, wie ich sie in meinem Buch „Make the Fake“ beschrieben habe. Die erste Regel lautet: Stellen Sie Sichtbarkeit her!

Marina Hoermanseder gehörte zu den Ersten, die für ihre Bekanntheit auf Instagram setzten und die wachsende Bedeutung dieses Mediums für alle, die mit Mode und Lifestyle zu tun haben, richtig einschätzte. Inzwischen schicken Stylisten oft nur noch Screenshots von Instagram, wenn sie irgendwo etwas bestellen wollen. Sichtbarkeit in den sozialen Netzwerken ist die neue Geschäftsgrundlage der Modebranche.

Eine zweite Faker-Regel besagt: Sprechen Sie die richtige Sprache! Namedropping, das scheinbar zufällige Fallenlassen „großer" Namen ist in Zusammenhang mit Sprache eine der verbreitetsten Faker-Techniken. Zu den Klassikern zählt hier etwa die Behauptung, man habe bei dem berühmten Professor Soundso studiert. (Dafür genügt es völlig, ein einziges Mal in dessen Vorlesung gewesen zu sein – und sei es als Schwarzhörer.) Allerdings ist Namedropping auch in gewisser Weise heikel, weil es schnell durchschaut wird und oft prahlerisch wirkt. Auf die richtige Dosierung kommt es an. Wer sich mit dem nötigen Geschick in die Nähe bekannter Namen rückt, der darf jedoch mit einem Aufmerksamkeitsbonus rechnen.

Die dritte Regel lautet schließlich: Sorgen Sie für einen ersten Applaus! Jeder Faker tritt in einem bestimmten Moment zum ersten Mal in seiner für die Zukunft gewünschten Rolle vor ein Publikum – und erfährt dabei idealerweise auch eine erste Anerkennung. Das Namedropping mit Lady Gaga war für Marina Hoermanseder letztlich wahrscheinlich nur ein Vehikel, um diesen ersten Achtungserfolg zu provozieren. Oder um den Erfolg, der sich ohnehin gerade einstellte, ein wenig zu steigern. „Aha", war vielleicht eine typische Reaktion des Publikums, „kaum ein Diplom in der Tasche und schon kaufen die Megastars bei ihr ein. Was für ein Ausnahmetalent, diese Hoermanseder!"

DIE KRUX DER VIELEN TALENTE

Junge Modedesigner stehen heute unter einem hohen wirtschaftlichen Druck: Sie müssen einen enormen Aufwand treiben, um ihre Mode zu produzieren und der Öffentlichkeit zu präsentieren. Dabei verdienen sie zunächst fast nichts. Wenn die Stylisten der Stars überhaupt einmal etwas bestellen, dann wollen sie die Sachen geschenkt haben. Schließlich wissen sie ganz genau, was es für ein aufstrebendes Modelabel bedeutet, wenn ihre Arbeitgeberinnen für deren Klamotten kostenlose Werbung machen. Marina Hoermanseder kannte die Spielregeln dieses Spiels, spielte es mit und zählte am Ende zu den Gewinnern. Doch was ist das eigentlich für eine junge Frau, die da ihre Karriere so geschickt anschob? Und wie kam sie überhaupt zum Modedesign? Schaut man sich ihren Werdegang näher an, so wie sie ihn etwa kürzlich der Tageszeitung „Der Standard" erzählt hat, dann zeigt sich bei ihr ein Phänomen, das man als die „Krux der vielen Talente" bezeichnen könnte. Wahrscheinlich standen noch nie so vielen Menschen so viele berufliche Chancen offen wie heute. Doch für alle, die über viele unterschiedliche Talente verfügen, ist es in einer Zeit der vielen Optionen auch schwieriger geworden, einen Fokus zu finden. Geschweige denn, sich irgendwann mit etwas Einprägsamem einen Namen zu machen. Multitalente, die sich mit vielen unterschiedlichen Tätigkeiten gleichermaßen auf dem Markt durchsetzen, gibt es praktisch nicht. In einer hoch spezialisierten Arbeitswelt muss sich jeder zumindest für eine Richtung entscheiden.

Marina Hoermanseder wollte als Kind Zoodirektorin werden. Aber sie sagt, sie hätte den Tod eines Tieres nie ertragen. Tiere waren in ihrer Jugend eine wichtige Inspirationsquelle für Schmuck und Design: Sie sammelte im Wald tote Hirschkäfer und bastelte Ketten aus den winzigen Geweihen. Oder sie riss einem am Wegesrand liegenden toten Wildschwein die Zähne aus, kochte diese aus und bastelte daraus wiederum Schmuck. Zeigte sich hier bereits eine spätere Neigung zum eher Provokativen und Abseitigen in der Mode? Wer weiß. Einstweilen lebte die junge Marina auch ihr sportliches Talent: Mit einem Pagenschnitt und dem Jungennamen „Mario" auf dem Trikot spielte sie Fußball in der Schülerliga. Das Schultheater ließ sie gleichzeitig ihr schauspielerisches Talent entdecken. Auf diese Talent-Karte wollte sie dann eigentlich setzen: Nach der Matura besuchte sie – zum Entsetzen ihrer Eltern – die Schauspielschule. Sie brach dieses Studium jedoch nach einiger Zeit ab. Plötzlich war sie sich sicher, dass Modedesign ihr größtes Talent war.

An diesem Punkt boten ihre Eltern ihr einen Deal an: Wenn sie zunächst ein Studium der Betriebswirtschaft erfolgreich abschlösse, dann dürfe sie anschließend auch noch Modedesign studieren. Hoermanseder ging auf den Handel ein und stürzte sich in das Wirtschaftsstudium – immer mit dem Ziel vor Augen, anschließend ins Modefach zu wechseln. Dabei hatte es ihr gar nicht so sehr der Glamour der Modebranche angetan, sondern mehr das Handwerk. Jeden Tag nach der Uni stickte, strickte und nähte sie. Dabei habe sie sich – so beteuert sie im Rückblick – genauso gut vorstellen können, Kunsttischlerin zu werden. Noch ein Talent zum Aussortieren.

Als Magistra der Wirtschaft studierte Marina Hoermanseder drei Jahre lang Modedesign an der ESMOD in Berlin. Anschließend absolvierte sie noch ein viermonatiges Praktikum im Studio des Designers Alexander McQueen. Danach dauerte es nicht lange, bis die Öffentlichkeit auf das Modetalent Hoermanseder aufmerksam wurde. Dieser Werdegang illustriert einmal mehr, warum wir im Zeitalter der Faker leben, ja der Fake als Kulturtechnik gar nicht mehr wegzudenken ist: Wenn ein junger Mensch endlich seinen Weg gefunden hat und weiß, auf welches seiner Talente er setzen will, bleibt oft nicht mehr allzu viel Zeit, um sich zu etablieren. Auf den Fake lassen sich insofern nicht nur Karrieren gründen, sondern er hilft auch enorm, sie zu beschleunigen.

GAGA TRÄGT HOERMANSEDER – HOERMANSEDER TRÄGT GAGA

Ich gehe auf die offizielle Website des Modelabels der mittlerweile 32-jährigen Marina Hoermanseder. Auf einem fast den gesamten Bildschirm füllenden Foto springen mir vier Lady Gagas ins Auge. Eine sieht exakt so aus wie die andere. Ich prüfe den Pegelstand in der Rotweinflasche neben meinem Laptop. Alles noch im akzeptablen Bereich. Ein zweiter Blick auf den Bildschirm offenbart, dass hier ein Webdesigner so kreativ war, dasselbe Foto viermal nebeneinander zu setzen. Wenn das Motiv sprechen könnte, würde es den Betrachter vermutlich anschreien: „Es ist wirklich Lady Gaga!" Um letzte Unklarheiten über die Bedeutung der vier Fotos auszuräumen, befindet sich in der Bildmitte ein Schriftzug in Großbuchstaben. Dort ist in allen Farben des

Regenbogens – na, was wohl zu lesen? Richtig: „LADY GAGA". Dies versehen mit der Unterzeile: „wearing our MH buckle jeans". Welt, schau her: Sie trägt nun wirklich Hoermanseder, die Lady Gaga! Falls es je ein Fake war, so ist es nun garantiert keiner mehr: Lady Gaga hat nicht nur etwas bei Hoermanseder bestellen lassen, sondern es auch angezogen. In der Öffentlichkeit. Es existieren Beweisfotos!

Zugegeben, Marina Hoermanseder ist wahrscheinlich niemand, für deren Karriere ein Fake wirklich entscheidend war. Ich bin jedenfalls weit davon entfernt, dies zu behaupten. Doch von ihren zunächst vagen öffentlichen Andeutungen, nachdem der Stylist von Lady Gaga sich für ihre Mode interessiert hatte, bis zum Auftritt von Lady Gaga im Hoermansederschen Beinkleid und dessen geradezu triumphal anmutender Präsentation auf der eigenen Homepage spannt sich ein Bogen, der alle Kriterien meiner Definition des Fakes erfüllt. Somit war es für mich auch keine Frage, diesen Fake in mein Buch mit den schönsten Faker-Geschichten aufzunehmen. Schließlich lässt sich hier eine Menge über den kunstvollen Fake lernen: Ein Fake braucht eben nicht immer schicksalsentscheidend zu sein, sondern kann einem Menschen, der sich bereits auf der Erfolgsspur befindet, auch dazu dienen, auf dieser Spur noch schneller voranzukommen.

Jetzt fragen Sie sich vielleicht noch: Was genau trägt Lady Gaga denn auf dem Foto, das die Hoermanseder'sche Startseite gleich vierfach ziert? Was ist eine „Buckle Jeans"? Im Gegensatz wohlgemerkt zu einer stinknormalen Jeans mit einem Gürtel und einer Gürtelschnalle („buckle")? Laienhaft ausgedrückt sind bei dieser von Marina Hoermanseder erfundenen Jeans die Hosenbeine nur noch unvollständig vorhanden. An deren Vorderseite ist der größte Teil des Stoffes herausgeschnitten. Der verbliebene Stoff wird an jedem Hosenbein mit insgesamt zehn kleinen Gürteln samt Schnallen zusammengehalten. Deshalb also „Schnallen"-Jeans. Wer auf „Jetzt kaufen" klickt, der erkennt, dass es sich auf dem Foto mit Lady Gaga um das Modell „Rainbow" mit Schnallen in Regenbogenfarben handelt. Zu haben für 499 Euro im Onlineshop. Und dort für alle, die immer noch zweifeln sollten, sicherheitshalber noch einmal mit dem Hinweis versehen: „As seen on Lady Gaga."

Die Regenbogenfarben des Modells „Rainbow“ erinnern übrigens nicht zufällig an die „Rainbow Flag“, das Erkennungszeichen der LGBT-Aktivisten („Lesbian, Gay, Bisexual, Transgender“). Lady Gaga trug die Jeans mit den bunten Schnallen nämlich bei einer „Pride“-Parade der LGBT-Bewegung. So wurde das gute Stück sogar noch ein wenig emanzipatorisch-politisch aufgeladen. Das Marketing-Naturtalent Hoermanseder nahm das wiederum als Steilvorlage für eine öffentlichkeitswirksame Aktion: Zur nächsten Berliner Fashion Week präsentierte sie ein „Pride“-T-Shirt mit dem Bild von Lady Gaga in der „Rainbow-Buckle-Jeans“ vor dem Hintergrund einer Regenbogenfahne. Für die Fotografen schlüpfte sie auch gleich selbst in eines dieser T-Shirts. Was für ein herrliches Bild: Lady Gaga trägt Mode von Marina Hoermanseder, abgebildet auf einem T-Shirt aus der Kollektion von Marina Hoermanseder, getragen von Marina Hoermanseder selbst. So gilt denn am Ende auch: Marina Hoermanseder trägt Lady Gaga. Zumindest, wenn man diesen Satz wortwörtlich versteht. Aber das ist ja, wie Sie wissen, nicht immer die ganze Wahrheit.

KAPITEL 12

Der Vermieter

12 | DER VERMIETER

Die Arbeitswelt befindet sich im Wandel, keine Frage. Aber noch beginnt der Einstieg ins Berufsleben für die große Mehrheit mit einer Bewerbung. Ich kenne bis dato so gut wie keinen erwachsenen Menschen, der sich noch nie irgendwo beworben hätte – um einen Arbeitsplatz, einen Ausbildungsplatz, einen Studienplatz, ein Stipendium oder ein Praktikum. Bevor wir etwas sind, sind wir Bewerber. Und man kann es drehen und wenden, wie man will: Bewerber sein ist keine schöne Rolle. Fast immer konkurriert man mit anderen Bewerbern, wodurch im Bewerbungsprozess von vornherein ausgemacht ist, dass es am Ende Gewinner und Verlierer geben wird. Schlimmer noch als die mögliche Schmach, für nicht gut genug befunden und aussortiert zu werden, ist die subalterne Haltung, die in der traditionellen Arbeitswelt von einem Bewerber verlangt wird. Ein Bewerber hat keine Ansprüche zu stellen, sondern im Gegenteil zu demonstrieren, dass er den Ansprüchen derjenigen, bei denen er sich bewirbt, umfassend genügen wird. Der Bewerber akzeptiert, dass andere die Spielregeln bestimmen. Er tritt an, Regeln zu befolgen, nicht, sie zu verändern. Sich bewerben heißt, bereit sein zur Reproduktion eines Systems.

Für Menschen mit einem ausgeprägten Selbstvertrauen, einem kritischen Geist und der Neigung zu eigenverantwortlichem Handeln sind Bewerbungen deshalb mitunter eine Herausforderung. Manche dieser Menschen bewerben sich fast nie, ja sie brechen bereits Schule oder Studium ab, weil sie sich keinen Regeln unterordnen, sondern so schnell wie möglich eigene Regeln aufstellen wollen. Einer dieser „schwierigen" Bewerber war Michael Schmutzer. Heute ist der Unternehmer mit seiner Firma Design Offices der führende deutsche Anbieter von Bürogemeinschaftsflächen, sogenannten „Coworking Spaces". Er gilt zudem als Vordenker zum Thema Neue Arbeitswelt. Regelmäßig hält er Vorträge vor interessiertem Fachpublikum. Seine Laufbahn begann indes vor mehr als 35 Jahren – und zwar mit einem Fake. Damals wollte Michael Schmutzer einen Ausbildungsplatz in einem Laden für Designmöbel ergattern. Der Jugendliche hatte bei sich eine Leidenschaft für teures Mobiliar und edel ausstaffierte Räume entdeckt. In dem schicksten und teuersten Möbelladen seiner Heimatstadt wollte er arbeiten – und nirgendwo sonst. Also schrieb er eine Bewerbung und gab sie in die Post.

Beinahe umgehend hatte er die Absage des exklusiven Möbelhauses im Briefkasten. Die meisten anderen Jugendlichen wären jetzt wahrscheinlich für Tage oder gar Wochen in einen trostlosen Zustand verfallen. Die Eltern hätten sich gefragt, ob ihr Nachwuchs je wieder kommunikativ erreichbar sein würde. Nicht so Michael Schmutzer. Eine Absage? Das konnte doch gar nicht sein! Der junge Mann fühlte sich offenbar nicht nur berufen, in der Einrichtungsbranche zu arbeiten. Er war anscheinend auch felsenfest davon überzeugt, für dieses spezielle Möbelgeschäft genau der passende Lehrling zu sein. Statt sich in sein Zimmer einzuschließen und zu trauern, machte er sich umgehend auf den Weg zu dem Edelladen. Er betrat die Geschäftsräume bereits wie jemand, der sich dort wie zu Hause fühlt. Jedenfalls ging er auf einen Verkäufer zu und bat, mit der Geschäftsleitung sprechen zu dürfen. Es handle sich um seine Bewerbung.

Nach einiger Wartezeit kam die Geschäftsführerin hinunter in den Verkaufsraum. Dort erblickte sie den ungeduldig wartenden Jugendlichen. Nach einer knappen Begrüßung und einem kühl-professionellen „Was kann ich für Sie tun?“ nannte Michael Schmutzer seinen Namen und eröffnete der verblüfften Dame, er sei gekommen, um einmal persönlich nach dem Stand seiner Bewerbung zu fragen. Bis wann könne er mit einer Antwort – möglichst natürlich einer Zusage – rechnen? Die Geschäftsführerin war so perplex von diesem Auftritt des Jugendlichen, dass sie es nicht fertigbrachte, wahrheitsgemäß zu antworten: „Wir wollen Sie nicht. Sie müssten unsere Absage doch heute in der Post gehabt haben.“ Immerhin hatte sie das Absageschreiben persönlich diktiert. Stattdessen wand sie sich aus der peinlichen Situation heraus, indem sie versprach, später im Büro einmal nach der Bewerbung zu schauen. Danach würde sie sich wieder melden. Höflicher Abschied. Michael Schmutzer war fürs Erste zufrieden. Ganz bestimmt würde es sich die Geschäftsführerin noch einmal überlegen. Die Absage konnte schließlich nur ein Irrtum gewesen sein.

VERTRAU DIR SELBST, SONST VERTRAUT DIR KEINER

Kopfschüttelnd ging die Geschäftsführerin des Möbelhauses zurück in ihr Büro. Sie griff zum Diktiergerät, diktierte genau die gleiche Absage für den forschen jungen Mann ein zweites Mal und bat darum, diese umgehend in die Post zu geben. Als Michael Schmutzer am nächsten Mittag aus der Schule nach Hause kam, hielt er das zweite Exemplar des Absagebriefs in Händen, den er bereits kannte. Auch diesmal ließ er Enttäuschung gar nicht erst aufkommen. Vielmehr machte er sich ein weiteres Mal auf den Weg zu dem Möbelladen. „Sie wollen sicher die Chefin sprechen", meinte der Verkäufer süffisant, der den Jugendlichen bereits kannte. Michael Schmutzer bejahte, als sei es das Selbstverständlichste der Welt. Die Geschäftsführerin fragte sich bestimmt, ob sie wirklich ein weiteres Mal aus dem Büro nach unten kommen wollte. Doch der Jugendliche blieb hartnäckig und ließ sich nicht abwimmeln. Schließlich bequemte sich die Geschäftsführerin erneut zu ihm in den Verkaufsraum. Sie fragte, inzwischen dann doch ein wenig gereizt, was er denn noch wolle.

Völlig cool eröffnete Michael Schmutzer der Geschäftsführerin, er sei gekommen, um ihr zu seiner Bewerbung noch ein zusätzliches Angebot zu machen. Eines, das so attraktiv sei, dass sie es kaum ablehnen könne: Wie wäre es, wenn er die erste Woche der Sommerferien ohne Gehalt in dem Möbelgeschäft arbeiten würde? Vollzeit natürlich. Gerne auch Überstunden. Dann könnten sie und die Mitarbeiter sich einen authentischen Eindruck von seinem Talent verschaffen. Nach dieser einen Woche könne die Geschäftsführerin dann entscheiden, ob sie ihm die Lehrstelle gebe. Konnte die Geschäftsführerin schon im ersten Gespräch mit dem Jugendlichen nicht nein sagen, so muss sie sich nun nachgerade überfahren gefühlt haben. Sie sagte jedenfalls zu. Vielleicht, weil sie auch diesmal nur aus der peinlichen Gesprächssituation herauskommen wollte. Vielleicht aber auch, weil sie bei dem jungen Mann ein verkäuferisches Talent aufblitzen sah, das sie neugierig auf mehr machte.

Am Montag der ersten Ferienwoche, pünktlich um 9 Uhr morgens, meldete sich Michael Schmutzer zum Arbeitsbeginn im Möbelhaus. Eine Woche lang hatte er nun Zeit, die Geschäftsleitung von sich und seinen Talenten zu überzeugen. Es gelang ihm. In der Woche darauf hatte er die Lehrstelle. Die Geschäftsführerin erwähnte nie die beiden Absagen. Michael Schmutzer auch nicht. Für ihn hatten diese Absagen eigentlich niemals existiert. Nun ist mir natürlich klar, was man dazu denken könnte: War dieser junge Mann nicht so ein richtiger Arroganzbolzen? Zudem noch ein notorischer Lügner, bis an die Grenze der Wirklichkeitsverweigerung? Und damit ist er am Ende auch noch durchgekommen! Nun, sicherlich lässt sich so denken. Ich finde aber, mit jungen Menschen sollte man nicht so streng sein. Für mich ist dieser jugendliche Bewerber mit seiner Geschichte einfach ein ziemlich guter Faker. Er war sich sicher, dass er für den Ausbildungsplatz in dem Möbelladen der Richtige war. Deshalb suchte er eine Chance, sich zu beweisen. Er blieb hartnäckig, bekam die Chance – und lieferte.

Bei dieser Begebenheit zeigt sich eine Grundeigenschaft des Fakers deutlich, ja fast schon überdeutlich: das nötige Selbstvertrauen. Ein Faker, der sich nicht zumindest ab und zu selbst vertraut, wird niemals das Vertrauen anderer gewinnen. Nachahmung und Verstellung sind an sich keine große Kunst. Als Kinder schlüpfen wir spielerisch in alle möglichen Rollen. Es gibt kaum ein Kind, das beim Schülertheater nicht in der Lage wäre, zumindest ein wenig zu schauspielern. Schwieriger wird es mit dem Schauspielern als Erwachsener unter realen Bedingungen. Da quälen einen typischerweise ein schlechtes Gewissen oder die Angst vor Entlarvung. Hier hilft Selbstvertrauen. Ich meine ein echtes Selbstvertrauen, nicht etwa einen pathologischen Narzissmus, mit dem jemand die Wirklichkeit leugnet und die Tatsachen stets nach eigenen Vorstellungen zurechtbiegt. Dieses Selbstvertrauen braucht eine Quelle, eine bestimmte Überzeugung. Der Faker sagt sich: Ich schummele jetzt vielleicht ein wenig, aber im Grunde steht es mir zu, mein Ziel zu erreichen. Ich nehme sozusagen einen Kredit auf und bin mir dabei bewusst, dass ich meine Schuld begleichen muss. Je schneller, desto besser. Der jugendliche Michael Schmutzer war bei alledem ganz offensichtlich von einer Leidenschaft angetrieben. Einer Leidenschaft, bei der es ihm am Ende um viel mehr gehen sollte als nur um schöne Möbel.

DAS DESIGN BESTIMMT DAS BEWUSSTSEIN

Friedrich von Borries, geboren 1976, lehrt Designtheorie an der Hochschule für bildende Künste in Hamburg. In seinem Buch „Weltentwerfen. Eine politische Designtheorie" schreibt er: „Alles, was gestaltet ist, unterwirft uns unter seine Bedingungen. Gleichzeitig befreit uns das Gestaltete aus dem Zustand der Unterwerfung, der Unterworfenheit. Design schafft Freiheit, Design ermöglicht Handlungen, die zuvor nicht möglich oder nicht denkbar waren. Indem es dies tut, begrenzt es aber auch den Möglichkeitsraum, weil es neue Bedingungen schafft. Alles, was gestaltet ist, entwirft und unterwirft." Dieses Zitat bringt auf den Punkt, welche enorme Bedeutung wir Gestaltung und Design in der beginnenden postindustriellen Gesellschaft beimessen. Waren es zur Zeit des Jugendstils oder des Bauhauses nur einige wenige visionäre Künstler, die dem Design eine gesellschaftsverändernde Kraft zutrauten, so ist der Gedanke, dass sich Lebensbedingungen und Lebenswege stylen lassen wie ein Produkt, mittlerweile allgegenwärtig. Wir sprechen heute von „Gesellschaftsdesign" oder auch „sozialem Design", von „Umweltdesign" und „Sicherheitsdesign". Folgerichtig enden wir beim „Selbstdesign", einschließlich der Gestaltung und Optimierung des eigenen Körpers.

In Anlehnung an die französischen Philosophen Michel Foucault und Gilles Deleuze sehen einige Theoretiker den Aufschwung des Designs im Zusammenhang mit dem Zusammenbruch der alten, autoritären „Disziplinargesellschaften". Dort wurden menschliche Lebensbedingungen fast ausschließlich durch offene Machtausübung „von oben" diktiert. Heute haben wir die freie Wahl, wie wir leben und arbeiten wollen. Oder glauben zumindest, sie zu haben. Dazu noch einmal Friedrich von Borries: „Man kann [...] heute einen neuen Typ von Gesellschaft diagnostizieren: die Suggestionsgesellschaft. Sie beruht nicht auf Disziplinierung und Kontrolle, sondern ist von Freiwilligkeit geprägt [...] Die Freiwilligkeit der Unterwerfung beruht aber auf einer Täuschung. Denn die Entmächtigung in der Konsumkultur wird nicht als Ermächtigung erlebt, sondern als Bereitstellung von Erlebnis- und Entfaltungsmöglichkeiten."

Letztlich, so befürchtet der Designtheoretiker, machen wir uns im Hinblick auf unsere Selbstentfaltung häufig etwas vor: „Die Autosuggestion der Gegenwart besteht darin, dass wir glauben, uns zu entfalten, während die vermeintlichen Erfahrungs- und Entfaltungsmöglichkeiten in Wirklichkeit von Anfang an definiert, begrenzt und kontrolliert sind. So wie der Spieler eines Computerspiels denkt, er würde eigene Entscheidungen treffen, sich dabei aber nur zwischen programmierten Handlungsmöglichkeiten entscheiden kann, navigieren wir durch die Gesellschaft der Suggestion. Die angebotene ‚Freiheit' und ‚Selbstentfaltung' ist ein Fake, jedwede Handlungsmöglichkeit ist scripted."

Nach der Analyse des Autors bewegen wir uns also heute oft in vordefinierten Räumen und reden uns ein, die Erfahrungen, die wir dabei machen, hätten etwas mit Freiheit zu tun. Wir zwingen uns selbst zur Konformität innerhalb eines Systems, was übrigens sehr praktisch ist für die Profiteure an den Schaltstellen des Systems, die nun keinen unmittelbaren Zwang mehr ausüben müssen. Dabei gilt für von Borries: „Der Selbstzwang ist fataler als der Fremdzwang, weil kein Widerstand gegen sich selbst möglich ist." Der „Suggestionsgesellschaft" stellt der Designtheoretiker sein eigenes Konzept eines „Weltentwerfens" gegenüber, das darauf zielt, Menschen „Handlungsspielräume für ihr Leben zurückzugeben" und sie mit „Technologien, Werkzeugen, Instrumenten und Symbolen eines selbstbestimmten Lebens" auszustatten. Ob dies unter den gegenwärtigen gesellschaftlichen Bedingungen gelingen kann, bleibt indes offen.

DER HARTE KERN DER BUNTEN KNAUTSCHWÜRFEL

Design scheint im Lauf der Geschichte der Industrialisierung vom schmückenden Beiwerk der Industrieproduktion zu einem Schlüsselfaktor gesellschaftlicher Realität geworden zu sein. Hat der Designtheoretiker Friedrich von Borries auch nur im Ansatz Recht, dann bewegen wir uns zunehmend in einer durchgestylten Lebensrealität, die uns permanent erwünschte Verhaltensweisen suggeriert. Wir hinterfragen die uns umgebenden Designs selten bis nie, sondern interpretieren vielmehr Erfahrungen, die wir in einer programmierten Realität machen, als Ausdruck unserer Selbstverwirklichung. Diese Diagnose würde auch erklären, warum die Diskussion um die Zukunft der Arbeit so eng an die Frage des Designs zukünftiger Arbeitsplätze gekoppelt scheint. Kaum ein Magazinartikel über „New Work", der nicht mit Fotos oder Visualisierungen vermeintlicher oder tatsächlicher „Workspaces" der Zukunft gespickt ist. Die Neue Arbeitswelt – oder das, was die Eliten dafür halten – will uns über ihr Design verlocken.

Nur so ist vielleicht auch erklärbar, wie ein gelernter Möbelverkäufer zu einem Guru für das Thema New Work werden konnte. Oberflächlich betrachtet ist Michael Schmutzer mit seinem Unternehmen Design Offices kaum mehr als ein Vermieter möblierter Räume. Große Unternehmen finden bei ihm jene durchgestylten Räumlichkeiten, von denen sie sagen, dass sie diese für die geänderten Arbeitsanforderungen an ihre Mitarbeiter benötigten. Doch es wäre naiv zu glauben, Schmutzers Auftrag erschöpfe sich in der Tätigkeit des Dekorateurs. Möglicherweise geht es um mehr als um Wohlfühloasen für ein entspanntes Arbeiten. Denn in einer „Suggestionsgesellschaft" vermögen neue Räume auch neue Lebensrealitäten für die betroffenen Menschen zu erschaffen. Diese Realitäten können mitunter härter sein, als es die bunten Knautschwürfel in den neuen Wohlfühlbüros erahnen lassen.

Frederik Brantner zum Beispiel ist einer, der sein Start-up in einem jener wohnzimmerähnlich eingerichteten Coworking-Spaces groß gemacht hat, für die der Vermieter Michael Schmutzer mit seinem Unternehmen Marktführer in Deutschland ist. Brantner machte sich vor ein paar Jahren noch als Masterstudent in München mit der Idee selbstständig, Roboter für die Lagerlogistik zu entwickeln. Den Coworking-Space für sich und seine jungen Mitarbeiter nannte er „Friendsfactory". Tatsächlich sah es dort oft aus, als hätten es sich Freunde im großen Gemeinschaftsraum einer WG gemütlich gemacht. „Ich hab' so Spaß bei dem, was ich mache", sagte Brandner laut einem Artikel in der Zeitschrift „Frankfurter Allgemeine Quarterly" damals. Außerdem sei er „verdammt stolz" auf sein Team, für das es selbstverständlich sei, auch mal zwei Nächte in Folge durchzuarbeiten, damit ein neues Produkt stehe. „Unsere Leute sind alle intrinsisch motiviert", behauptete Brandner. „Wenn ich denen eine Prämie zahlen würde, wären die beleidigt."

Was Brandner zu der Zeit tatsächlich zahlte, waren 600 bis maximal 1000 Euro brutto im Monat. Zumindest den Praktikanten, die frisch von der Uni kamen und zeitweise die Hälfte der Belegschaft ausmachten. Für dieses schmale Salär arbeiteten sie dann mitunter 48 Stunden am Stück und machten ihren Chef damit stolz. Früher hätten Kritiker das als Ausbeutung bezeichnet. Heute heißt es Neue Arbeitswelt. Den großen Unterschied macht vielleicht tatsächlich das Design: Kann in einem Office, das aussieht wie das eigene Wohnzimmer, Ausbeutung überhaupt subjektiv erlebt werden? Reden sich hier nicht alle lieber ein, dass sie Tag und Nacht mit ihren besten Freunden Spaß haben? Freundschaft und Spaß scheinen zumindest zu sein, was das Design dieser Art von Arbeitsumgebung suggeriert. Der Spaß bei der Arbeit wäre somit eine „Scripted Reality". Die Arbeit bliebe gleichzeitig fremdbestimmt wie eh und je. Vielleicht ist diese Sichtweise aber auch zu pessimistisch. Michael Schmutzer sähe die Sache wahrscheinlich ohnehin anders. Hört man ihm zu, dann scheint er sich eher auf der Seite derjenigen zu sehen, die neue Räume für ein selbstbestimmtes Leben und Arbeiten entwerfen und bereitstellen.

DIE NEUE ARBEITSWELT – AM ENDE EIN EINZIGER, GROSSER FAKE?

„Flexibel und projektbezogen" würden Menschen in Zukunft „ihre Fähigkeiten und Kompetenzen zusammenfügen", sagt Michael Schmutzer. Damit spricht er etwas an, das aus meiner Sicht tatsächlich ein Schlüssel für die Produktivität in einer wissensbasierten Ökonomie sein dürfte: die Co-Kompetenz. Hochspezialisierte Experten müssen zunehmend in der Lage sein, sich situativ und aufgabenspezifisch zu vernetzen. Schmutzer ist optimistisch, dass dies „selbstbestimmt" geschehen wird und „nach Regeln und Formen, bei denen die Grenzen zwischen Arbeit und Freizeit verschwimmen können". Allerdings scheint für Schmutzer auch ausgemacht, dass „die Digitalisierung" diese neue Arbeitswelt zwangsläufig erschaffen wird. Vielleicht ist das tatsächlich so. Für die gesellschaftliche und politische Frage, wie wir in Zukunft leben und arbeiten wollen, scheint in den aktuellen Debatten über New Work jedoch oft wenig Raum. Doch wenn das Design des

Workspace in nicht geringem Maße suggeriert, wie wir zukünftig arbeiten werden, wer bestimmt dann dieses Design? Design könnte bald durchaus zur Machtfrage, wenn nicht zur Existenzfrage werden. Reicht es, als Begründung für ein neues Arbeitsdesign „die" Digitalisierung ins Feld zu führen – als komme diese wie eine Naturgewalt über uns Menschen? Oder spricht nicht Friedrich von Borries den entscheidenden Punkt an, wenn er fragt, ob Design entwirft oder unterwirft, Freiräume eröffnet oder die bloße Illusion von Selbstverwirklichung nährt?

Immerhin behauptet Michael Schmutzers Unternehmen Design Offices von sich, „heute die wichtigste Plattform für das Thema New Work und die Gestaltung von neuen Arbeitswelten in Deutschland" zu sein. Ein hehrer Anspruch, der weit darüber hinausgeht, Büros mit Kuschelecken oder sündteuren Kaffeeautomaten auszustatten. Selbstbestimmt jedenfalls wird die Neue Arbeitswelt nur dann sein, wenn nicht wie eh und je die meisten Arbeitenden ihre Arbeitsumgebungen von anderen gestaltet vorfinden. Und selbst nicht einmal darüber reflektieren, was ihnen diese Designs suggerieren sollen. Echte Co-Kompetenz setzt ein Höchstmaß an sozialer Intelligenz und wirklicher zwischenmenschlicher Kooperation voraus. Wissen wir heute schon, welche Umgebungen, welche Räume, welche Formen der Zusammenarbeit wir brauchen, wenn wir morgen selbstbestimmt und auf Augenhöhe mit anderen zusammenarbeiten wollen? Wenn das Ziel ist, unsere immer disparateren Kompetenzen bestmöglich zu verschmelzen? Ist das nicht eher ein Lernprozess, ein spannendes Experiment mit offenem Ausgang?

Im Moment scheint es manchmal eher so, als ob die Global Player der alten Arbeitswelt auch bestimmen wollten, wie die neue Arbeitswelt auszusehen hat. Sie verfügen über das Kapital, neue Räume zu schaffen – oder bei Unternehmen wie Design Offices im großen Stil zu mieten –, die Mitarbeiter auf etwas programmieren, was die Zukunft der Arbeit sein soll. Mag sein, dass alles tatsächlich so kommt. Sicher ist das jedoch nicht. Im Jahr 2013 löste etwa die Studie „The Future of Employment" Schockwellen aus mit der Prognose, bis 2030 könnte knapp die Hälfte der heutigen Jobs ersatzlos verschwunden sein. Inzwischen sind die Autoren der Studie weit zurückgerudert. Das sei eher eine persönliche Meinungsäußerung gewesen und selbstverständlich nicht empirisch belastbar. Gleichzeitig erleben wir gerade einen sprunghaften Anstieg der Jobs für Geringqualifizierte. Das widerspricht vielen Prognosen der jüngsten Vergangenheit, die diese Arbeitsplätze durch die Digitalisierung als Erstes bedroht sahen.

Vielleicht ist die Neue Arbeitswelt, wie sie in von Michael Schmutzer und anderen eingerichteten Coworking-Spaces heute gelebt wird, am Ende ein einziger, großer Fake? Wir wissen gar nicht so genau, wie die Zukunft der Arbeit aussehen wird. Oder ob die Arbeit, wie wir sie kennen, überhaupt noch eine große Zukunft haben wird. Wir tun aber so, als wüssten wir es. Und erschaffen uns Räume, die uns und unsere Arbeit auf diese von uns erwartete Zukunft programmieren. Wir spielen also so lange „Arbeit der Zukunft", bis die Arbeit der Zukunft dann tatsächlich so aussieht. Gegen diese Art Fake ist nichts einzuwenden, solange alle die Chance bekommen, die Dinge aktiv mitzugestalten. Doch ist das der Fall? Und: Was wollen wir für unsere Zukunft wirklich? Wer sich diese Frage nicht beantwortet, der riskiert, sich irgendwann in schönen neuen Kulissen für die alte Fremdbestimmung und Ausbeutung wiederzufinden. Wir sollten stattdessen danach streben, die Chancen einer Neuen Arbeitswelt zu entdecken. Und sie dann auch nutzen.

KAPITEL 13

Der Gitarrist

13 | DER GITARRIST

Irgendwann um das Jahr 1968 saß ein junger Mann in einem Vorortzug auf dem Weg von New Jersey nach New York City. Er war Gitarrist und Leadsänger der Rockband „Earth“. Die Band tingelte in der zeittypischen Minimalbesetzung Gitarre, Bass und Schlagzeug durch die Kneipen und Musikclubs der umliegenden Arbeiterviertel. Was der Gitarrist durch die Fenster des Zuges sah, war eine Welt, die ihm engstirnig, trostlos und kleingeistig vorkam: Suburbia, die ausfransende Stadt vor den Toren der großen Stadt – der Speckgürtel, in dem jene Menschen wohnten, die sich ein Leben an der 5th Avenue mit Blick auf den Central Park niemals würden leisten können. Der Gitarrist war auf dem Weg zu jemandem auf der anderen Seite. Jemandem, der es geschafft hatte, in Manhattan zu leben, der dazugehörte und sich selbstverständlich auf dem polierten Pflaster der Reichen und Erfolgreichen bewegte. Dieser Jemand hieß George und war Musikproduzent. „Komm in mein Apartment und lass uns ein paar deiner Songs aufnehmen“, hatte George zu dem Gitarristen aus Suburbia gesagt. Deshalb war der Gitarrist in einen Vorortzug gestiegen, so wie es hunderttausende Pendler jeden Tag taten.

Anders als jene Pendler ging der Arbeitersohn mit der Gitarre keiner geregelten Arbeit nach. Mit seiner Musik hielt er sich leidlich über Wasser. Damit zog er den Zorn seines cholerischen und alkoholkranken Vaters auf sich, der ihn immer wieder aufforderte, es einmal mit „richtiger“ Arbeit zu probieren. Sein Talent als Gitarrist schätzte der Jugendliche immerhin so ein, dass er einem Eric Clapton oder Jimi Hendrix das Wasser reichen konnte. Im Hinblick auf seinen Gesang war er sich weniger sicher. Bei seiner ersten Band, den „Castiles“, hatten ihn die Bandkollegen anfangs gar nicht erst ans Mikrofon gelassen. Zu schlecht, selbst für eine verrauchte Kneipe, lautete der Befund. Aber der Gitarrist war ehrgeizig. Er übte viel und durfte schließlich doch den einen oder anderen Gesangspart übernehmen. Bei seiner nächsten Band „Earth“ wurde er dann sofort der spielende und singende Frontmann. Eine Rolle, auf die der Gitarrist durchaus geschielt hatte, denn es gefiel ihm nicht, als Rockmusiker von einem Leadsänger abhängig zu sein.

Nach einiger Zeit begann der Gitarrist, Songs für sich als Solokünstler zu schreiben. Er komponierte allein zu Hause mit seiner zwölfsaitigen Gitarre und übte seine Stücke immer wieder. Schließlich fand er sich gut genug, um als Sänger solo aufzutreten. So spielte er an den Abenden, an denen seine Band „Earth" pausierte, in kleinen Kneipen. Dort hatte ihn eines Abends wohl auch George, der Produzent, gehört und ihm angeboten, einige seiner Songs aufzunehmen. Auf dem Weg zu George war der Gitarrist sicher ein wenig aufgeregt, aber auch voller Vorfreude. Er glaubte, dass er sich mit seinem Gesang mittlerweile zumindest hören lassen konnte. Sein Gitarrenspiel empfand er ohnehin als professionell. Doch ein wenig mulmig war ihm vielleicht auch. Wie würde sich seine Stimme vom Band anhören? Schon wenige Jahre später konnten Kids, die sich einmal singen hören wollten, einfach einen Kassettenrekorder hinstellen und mit dem legendären Zwei-Finger-Griff gleichzeitig die Tasten „Play" und „Record" drücken. Doch für Arbeiterkinder der späten Sechzigerjahre waren Aufnahmegeräte ein unerschwinglicher Luxus. Bereits für seine Gitarre hatte der Gitarrist eine gefühlte Ewigkeit sparen müssen. Er war also vollkommen ahnungslos, wie sich seine Stimme vom Band anhörte.

Als der Gitarrist endlich in Georges luxuriösem Appartement eingetroffen war, dürfte der Smalltalk zur Begrüßung knapp ausgefallen sein. Zu gespannt war er, sich zum ersten Mal selbst singen zu hören. Als er sein Instrument gestimmt hatte, ging es auch schon los. Er spielte einen seiner besten neuen Songs und sang in das Mikrofon des hochmodernen, zweispurigen Tonbandgeräts von George. Mit jedem Ton, den der Gitarrist traf – oder zu treffen glaubte – verwandelte sich seine Aufregung mehr in Euphorie. Er kam sich auf einmal verdammt gut vor! Das Band stoppte. George spulte zurück und drückte dann die Play-Taste. Sekunden später brach alles zusammen, was der jugendliche Gitarrist an mühsam aufgebautem Vertrauen in sich selbst und seine Sangeskunst besaß. Er fand sich erbärmlich. Seine Stimme klang für ihn schräg, sie erinnerte ihn an das Jaulen einer Katze. War dies das Ende seiner Karriere als Sänger? Oder gab es noch eine Chance?

NICHT DAS TALENT MACHT DEN MEISTER, SONDERN DER FLEISS

Der Gitarrist, der da vor mehr als 50 Jahren an seinem gesanglichen Talent beinahe verzweifelt wäre, heißt Bruce Springsteen. Heute hat der Weltstar zwanzig Grammys in seinem Regal stehen, die ihm zwischen 1985 und 2010 verliehen wurden. Vier dieser Musik-Oscars erhielt er für die jeweils beste stimmliche Leistung im Genre Rock („Best Rock Vocal Performance"), drei für die beste Solostimme („Best Solo Rock Vocal Performance") und einen für den besten Gesang im Duett („Best Rock Performance by a Duo with Vocal"). Die übrigen 12 Grammys würdigen Springsteens Leistungen als Songwriter und Gitarrist. Wie konnte jemand, der nach dem Anhören seiner ersten Tonbandaufnahme überzeugt war, gesanglich untalentiert zu sein, am Ende in den Olymp der Rocksänger aufsteigen? Kurz gesagt: Indem er sich die für einen Faker typische Haltung des Jetzt-erst-recht zulegte. Es gelang ihm, sich seine Unsicherheit und seine Selbstzweifel nach außen nicht anmerken zu lassen, unbeirrt weiterzumachen und sich kontinuierlich zu verbessern. So lange, bis er manch talentierteren Sänger ein- und überholte, der weniger hart an seiner Performance gearbeitet hatte.

Wie sehr George, der Musikproduzent, von den ersten Aufnahmen des jungen Springsteen enttäuscht war – und ob überhaupt –, ist nicht überliefert. Tatsache ist allerdings, dass keiner von Springsteens frühen Songs als Solokünstler je in Vinyl gepresst wurde. Auch seine Auftritte als Singer-Songwriter waren bald Geschichte. Die ersten Singles mit Springsteen als Sänger erschienen erst um 1970. Zu der Zeit trat er gemeinsam mit seiner neuen Band „Steel Mill" auf, die er im März 1969 gemeinsam mit Musikern, die er aus Musikklubs kannte, gegründet hatte. „Steel Mill" spielte Hard Rock. Ein Genre also, bei dem die Anforderungen an den Sänger weniger subtil sind als bei einem Singer-Songwriter. Im Hard Rock musste der Gesang vor allem laut sein. Der Sänger sollte auf der Bühne idealerweise die Kondition eines Triathleten haben. Mit beidem, Lautstärke wie Ausdauer, sah Springsteen bei sich niemals Probleme. Es war die Qualität seines Gesangs, die ihn an jenem schicksalhaften Tag in New York City seine musikalische Karriere infrage stellen ließ.

Andererseits hatte der junge Springsteen dadurch klares Feedback. Er wusste, wo er stand. Oder besser gesagt: Er nahm einen Unterschied wahr zwischen dem, was er beim Singen in seinem Kopf hörte, und dem, was das Tonbandgerät aufzeichnete. Dem Arbeiterkind wurde klar, wie viel Arbeit ihm noch bevorstand. In seiner umfangreichen Autobiografie „Born to Run" überliefert Springsteen nicht nur ungeschönt die niederschmetternde Erfahrung seiner ersten Tonaufnahme als Sänger. Sondern auch, welche Schlüsse er als Jugendlicher aus diesem herben Rückschlag zog. In einem ersten Schritt war er bereit, die Tatsachen anzuerkennen: „Tonaufnahmen sind ein unbestechlicher Bullshit-Detektor. Sobald man sich einmal hat singen hören, kann man sich nichts mehr vormachen. Genau so, mein Freund, klingst du in Wirklichkeit. Du kannst nur versuchen, damit zu leben", schreibt Springsteen. Dahinter steckt ein Grundprinzip für jeden erfolgreichen Fake: Der Faker darf sich selbst nie etwas vormachen, sondern immer nur den anderen. „Fake it until you make it" – das gelingt nur demjenigen, der jederzeit weiß, wo er steht und wie weit er von seinem Ziel noch entfernt ist. Aber selbst wenn ein Ziel noch so fern erscheint, gibt der Faker nicht auf.

So war es auch bei Bruce Springsteen. „Was hätte ich tun sollen?", fragt Springsteen in seiner Autobiografie. „Eine andere Stimme hatte ich nun mal nicht." Und in die zweite Reihe zurückzutreten, jemand anderen wieder den Frontmann spielen lassen, das kam für ihn nicht infrage. Es wäre ein Rückschritt gewesen, eine Sackgasse auf dem Weg zum Rockstar. Springsteen beschloss also sein persönliches Programm für die kommenden Jahre: „Wenn ich nun schon nicht singen konnte, musste ich es wenigstens schaffen, gute Songs zu schreiben, live herausragend zu sein und so viel wie möglich aus meiner Stimme herauszuholen. Jetzt galt es, mir sämtliche Tricks anzueignen, wie man aus der Brust, aus dem Bauch heraus und aus der Kehle singt, geschickt phrasiert, den Einsatz perfekt timet und den Stimmdruck variiert." Alle Tricks anwenden, alles aus sich herausholen und hart arbeiten, um am Ende das zu können, was man noch überhaupt nicht zu können glaubt: Das ist das typische Programm eines Fakers. Eine Frage beantwortet Springsteen in seiner Autobiografie jedoch nicht – und kann sie wahrscheinlich auch gar nicht beantworten: War die Selbstkritik an seiner Stimme, die Unzufriedenheit mit sich selbst als Sänger in dieser niederschmetternden Form überhaupt angemessen? Oder war diese Selbstzerfleischung vielleicht ein wenig übertrieben?

DER FAKER ALS ÜBERFLIEGER ODER EWIGER ZWEIFLER

Bis heute scheint Bruce Springsteen mit seiner Stimme zu hadern. Selbst nach acht von zwanzig Grammys, die ihm speziell für seine gesangliche Leistung verliehen worden sind. An jener Stelle, an der Springsteen in seiner 2016 erschienenen Autobiografie erstmals auf seine Stimme zu sprechen kommt, wirken seine Zeilen geradezu entschuldigend: „Apropos Stimme: Zuallererst muss ich wohl sagen, dass sie nicht gerade toll ist." Hier macht sich ein von einer ganzen Generation gefeierter Rocksänger irritierend klein. „Ich verfüge über die Stimmkraft, den Tonumfang und das Durchhaltevermögen eines Kneipensängers", behauptet jener Superstar, der in der Rangliste des Magazins „Rolling Stone" auf Platz 36 der „100 besten Sänger aller Zeiten" steht. (Unter den „100 besten Gitarristen aller Zeiten" sieht „Rolling Stone" Bruce Springsteen „nur" auf Platz 96.) Die Selbsteinschätzung des Weltstars lautet bis heute: „Besonders schön oder raffiniert ist mein Gesang nun wirklich nicht." Ist Springsteen ein ewiger Faker, der es mit seinen gesanglichen Tricks bis zu höchsten Weihen geschafft hat? Das ist unwahrscheinlich. Man kann nicht das Publikum und sämtliche Musikkritiker jahrzehntelang zum Narren halten. Wahrscheinlicher ist, dass Springsteens Selbsteinschätzung übertrieben pessimistisch ist. Er scheint selbst nicht ganz zu glauben, dass der Fake längst vorbei und er als Rocksänger mittlerweile über jeden Zweifel erhaben ist. Wie kann so etwas sein?

Im Hinblick auf ihr Selbstbild und die Art, wie ihr Selbstvertrauen entsteht, lassen sich zwei Typen von Fakern unterscheiden: die Überflieger und die ewigen Zweifler. Der Blick in die Kindheit und Jugend des Fakers offenbart meist auch, wo der Unterschied seine Wurzeln haben könnte. Der Überflieger hegt niemals den geringsten Zweifel an seinen Talenten und seinen Karriereaussichten. Im Extremfall hält er sich für ein Geschenk des Universums an die Menschheit. Oder er weiß sich von einer besonderen Mission beflügelt. Der Überflieger glaubt, dass er auserkoren ist, Großes zu leisten. Wenn er zum Faker wird, dann weil ihm sein Aufstieg nicht schnell genug geht. Weil andere seine Berufung zu Höherem noch nicht begriffen haben oder es sonst aus seiner Sicht dumme und überflüssige Hürden gibt, die er aus dem Weg räumen muss. Der Überflieger sieht sich völlig zu Recht ganz oben, selbst wenn er noch im Steigflug ist. Es fällt schwer, sich einen Bill Gates, eine Martha Gellhorn, einen Elon Musk oder eine Marina Hoermanseder vorzustellen, wie sie von Selbstzweifeln geplagt in einer düsteren Bar nach dem fünften Whisky in sich zusammensinken. In ihren Elternhäusern haben Überflieger oft nichts als Ermutigung erfahren. Schon als sie klein waren, waren sie die Größten und alle trauten ihnen alles zu. Und wenn nicht? Dann fassten sie typischerweise irgendwann den Entschluss, dass ihnen die Meinung anderer egal ist. Ihr Lebensmotto lautete fortan: „Alles Idioten außer mir." Überflieger sind oft charismatisch, können aufgrund ihres überbordenden Selbstbewusstseins aber auch ziemlich nerven.

Anders die ewigen Zweifler: Der Selbstzweifel ist ihr lebenslanger Begleiter. Keine Kritik geht ihnen leichter von den Lippen als die Selbstkritik. Wenn der ewige Zweifler zum Faker wird, dann weil er wirklich glaubt, noch nicht gut genug zu sein. Die anderen sollen nicht merken, wie schlecht er wirklich ist und wie viele Schwächen er hat. Oder zu haben glaubt. Als Faker verschafft sich der ewige Zweifler Zeit. Zeit, die er nutzen kann, um hart an sich zu arbeiten, damit er eines Tages – vielleicht – wirklich gut genug ist. So richtig tief innerlich an sich selbst zu glauben, fällt ihm jedoch lebenslang schwer. Selbst wenn er die größten Erfolge feiert. Dabei kann der Zweifler durchaus selbstbewusst auftreten, ja sogar von anderen als natürliche Führungspersönlichkeit angesehen werden. Doch tief in seinem Inneren nagt der Zweifel an ihm. Auch wenn er nie mit jemandem darüber spricht. Der ewige Zweifler hat in jungen Jahren zu wenig oder nicht die richtige Form von Unterstützung bekommen. Er hat darunter gelitten. Und er war und ist zu empathisch, um die anderen einfach auszublenden oder sie gar zu Idioten zu erklären.

Bruce Springsteen präsentiert sich in seiner Autobiografie als ein solcher ewiger Zweifler. Er hat damit nicht wenige Leser und Kritiker verwirrt. Als „das Porträt eines Zerrissenen, eines getriebenen Glückssuchers, der lange Zeit (und bis zum heutigen Tag) von Ängsten geplagt um seinen Platz in der Welt kämpft", charakterisierte Julian Dörr in der „Süddeutschen Zeitung" das Buch. Allein die Tatsache, dass ein Weltstar sich über viele Jahre immer wieder an den Schreibtisch setzt, um schließlich fast 700 Seiten über sein Leben zu Papier zu bringen, inklusive sämtlicher Tiefschläge, Rückschläge und Depressionen, verrät den ewigen Zweifler.

Wer mit psychologischer Allgemeinbildung nach frühkindlichen Ursachen für die Zerrissenheit suchen will, der wird in Springsteens Biografie nicht lange suchen müssen. Da ist die Hassliebe zum psychisch kranken, trinkenden Vater, der seinen Sohn immerzu beschimpft und ihm nichts zutraut. Da ist die von frommen Franziskanerinnen geleitete Schule, in der das künstlerisch sensible Arbeiterkind halb zum Rebellen und halb zum in sich gekehrten Träumer wird. Da ist der soziale Abstieg der Familie durch die immer schlechter bezahlten Jobs der Eltern. Da ist das Gefühl, dass man mit einer Herkunft aus der Arbeiterschicht zwar viele Träume haben, aber keinen davon verwirklichen darf. „Ich habe mich schon sehr früh einsam gefühlt", heißt es in Springsteens Erinnerungen. Und er fügt bitter hinzu: „Alle in der Familie meines Vaters waren Außenseiter." Da ist dann auf der anderen Seite aber auch die Musik: als Hoffnung, als Befreiung, als pure Lebenslust und als Gegenentwurf zu allem, was den jungen Mann aus New Jersey jeden Tag an sich selbst zweifeln lässt.

EINER, DER SEINE STIMME ERHEBT FÜR DIE VERGESSENEN

Überflieger oder ewiger Zweifler – da gibt es, wie generell im Leben, kein Besser oder Schlechter, sondern nur unterschiedliche Wege. Der Überflieger mag in seiner Höhenluft irgendwann den Tiefgang vermissen. Und der ewige Zweifler mag eines Tages erkennen, dass er es auf irgendeine, ihm selbst nicht ganz einsichtige Weise in höchste Höhen geschafft hat. Dass es ihm tatsächlich gelungen ist, gut zu sein, ja „herausragend" zu sein und „so viel wie möglich aus sich herauszuholen", so wie der jugendliche Springsteen es sich vorgenommen hatte. Bruce Springsteen, so viel lässt sich vielleicht behaupten, ist einer jener ewigen Zweifler, denen es gelungen ist, ihre Zweifel zu einem Motor ihrer Kreativität zu machen. Seit mehr als vier Jahrzehnten schreibt Springsteen Songs über das, was ihn selbst immer wieder zweifeln und fast verzweifeln ließ: das vergessene Amerika, das schambehaftete Prekariat, das Scheitern im Land der unbegrenzten Möglichkeiten.

Springsteen, der heute wieder in New Jersey lebt, in einer Villa mit parkähnlichem Grundstück zwar, aber doch dort, wo alles anfing, was ihn je quälte und in Depressionen stürzte, hat sein zwiespältiges Verhältnis zu seiner sozialen Herkunft nie überwunden. Und gerade das war und ist ein Segen für seine Kunst. Seine Songs berühren Millionen Menschen auf der Welt auf eine Weise, die sie meist selbst kaum beschreiben können. Eine „mysteriöse Energie“ bleibe zurück, nach jedem der meist mehr als dreistündigen Livekonzerte Springsteens, schrieb ein Musikkritiker einmal. Und das war dezidiert anerkennend gemeint. So ist der Rocksänger, der sein Leben lang mit seiner Stimme hadert, gleichzeitig jemand, der anderen eine Stimme gegeben hat: den Vergessenen, den Übersehenen und den Gebrochenen. Immer wieder kreisen seine Songs um die Monotonie des Alltags in den Vorstädten und den Arbeiterbezirken. Sie machen etwas zum Thema, das den Mythos vom „American Dream“ empfindlich stört, nämlich dass es Chancengerechtigkeit für alle in den USA nicht gibt. Aber auch das ur-amerikanische Thema der Freiheit und des Haderns mit Autoritäten durchzieht seine Songs wie ein roter Faden.

Das haben nicht alle immer verstanden. Einige haben es sogar vorgezogen, Springsteen bewusst misszuverstehen. Dies gilt insbesondere für den hymnischen Song „Born in the U.S.A.“ vom gleichnamigen Album aus dem Jahr 1984, das sieben Top-Ten-Hits in den amerikanischen Charts hervorbrachte und Springsteen endgültig zum Weltstar machte. In dem düsteren, den Sarkasmus streifenden Songtext geht es um einen jungen Mann aus einem Ort ohne Perspektiven („Born down in a dead man's town“), dem sein Vaterland ein Gewehr in die Hand gedrückt hat („So they put a rifle in my hand“) und der nach Vietnam geschickt wurde, um Asiaten zu erschießen („To go and kill the yellow man“). Zurück in den USA ist er allein mit seinen traumatischen Erlebnissen und hat endgültig den Halt im Leben verloren („Nowhere to run ain't got nowhere to go"). Der bedrückende Songtext hielt die amerikanische Rechte nicht davon ab, „Born in the U.S.A." zu einer patriotischen Hymne umzudeuten – aufgrund der Refrainzeile und der hämmernden, aufpeitschenden Beats, die man mit viel Naivität und Dummheit auch als Tschakka-Tschakka missverstehen kann. Der nationalkonservative US-Präsident Ronald Reagan nutzte den Song schließlich sogar für die Wahlkampagne zu seiner Wiederwahl. Das ging Springsteen zu weit: Er ließ den Republikanern die Verwendung des Songs zu Wahlkampfzwecken gerichtlich verbieten.

In der beginnenden gesellschaftlichen Spaltung der USA in den Achtzigerjahren – die in der Zerrissenheit der Ära Trump ihren traurigen Höhepunkt erlebt – waren Springsteens Songs auf einmal politisch. Dabei hat sich Springsteen selbst nie als politischen Künstler gesehen. Er ist es insofern auch nicht, als er in seinen Songs keine Metaebene liefert und keine Einordnung seiner Themen in einen größeren Kontext vornimmt. Springsteen war und ist einer, der hinschaut, der genau beobachtet und seine Beobachtungen zu berührenden, manchmal deprimierenden Songs verdichtet. Aber er überlässt dem Publikum die Deutung und die Einordnung. Am Ende waren seine Songs stets persönlich statt politisch, sofern sich dies sauber trennen lässt. Oft geht es letztlich um ihn selbst, um die innere Zerrissenheit des ewigen Zweiflers, und wer die Spaltung der Gesellschaft darin gespiegelt sehen möchte, der darf das gerne tun.

Springsteen schaffe es in seinen Songs, „die Kluft zwischen dem American Dream und der amerikanischen Realität zu vermessen", schreibt der Kritiker Julian Dörr, doch er tue dies nicht aus einem politischen Verlangen heraus. Erst ab Ende der Nullerjahre kann sich Springsteen langsam auch mit einer öffentlichen politischen Rolle anfreunden. Er tritt zur Amtseinführung von Barack Obama auf, des ersten schwarzen Präsidenten der USA. Obama wird ihm später die „Friedensmedaille" für zivilgesellschaftliches Engagement verleihen und dabei kalauern: „Ich bin der Präsident, aber du bist der Boss." Spätestens mit dem Amtsantritt von Donald Trump konnte wohl kaum ein vernünftig denkender US-Amerikaner noch unpolitisch bleiben. Springsteens Autobiografie erschien kurz vor der Präsidentschaftswahl 2016. Für den

Kandidaten der Republikaner fand der Gitarrist und Sänger bei der Buchvorstellung ungewöhnlich deutliche Worte: „Was für ein Idiot."

KAPITEL 14

Der Ausstatter

14 | DER AUSSTATTER

Ist dieser Film große Kunst, hat er Tiefgang, gar eine „spirituelle" Dimension – oder ist er seelenlos durchgeplant und durchgestylt, eine leere Hülle mit Starbesetzung? So lassen sich in groben Zügen die Fragen umreißen, die nach der Premiere von Tom Fords erstem Hollywoodfilm „A Single Man" bei den Kritikern aufkamen. Der Spielfilm aus dem Jahr 2009 polarisierte. Über den grünen Klee gelobt wurde allein die schauspielerische Leistung des Hauptdarstellers Colin Firth. Er spielt in dieser Verfilmung von Christopher Isherwoods gleichnamigem Roman einen Literaturprofessor mittleren Alters namens George Falconer, der 1962 in Los Angeles lebt. Der gutaussehende, eloquente, stets akkurat gekleidete George, dem es materiell an nichts mangelt, kommt über den Unfalltod seines langjährigen Lebenspartners Jim nicht hinweg. In einer schweren Depression gefangen, beschließt er eines Morgens, sich mit seinem Revolver das Leben zu nehmen. Der Film erzählt seinen letzten Tag. Die Kamera begleitet ihn in ruhigen Einstellungen bei den Vorbereitungen für seine geplante Tat. Wir sehen George, wie er Abschiedsbriefe und letzte schriftliche Anweisungen in seiner Wohnung verteilt, sein Büro ausräumt, in einer Bankfiliale sein Schließfach leert und seine letzte Vorlesung hält.

Rückblenden zeigen Bilder aus Georges glücklicheren Tagen – aber in einer quälend langen Sequenz auch das spätabendliche Telefonat, in dem er Monate zuvor die Nachricht von Jims Tod erhielt. Immer wieder blitzt noch einmal Lebensfreude auf. Etwa in den Szenen mit Charley, Georges Jugendfreundin, gespielt von Julianne Moore. Als George endgültig zur Waffe greifen will, aber noch einmal aus dem Haus geht, um weiteren Whisky zu kaufen, trifft er auf Kenny, einen seiner Studenten. Aus Gründen, die im Film mehr angedeutet als erklärt werden, versucht Kenny schon seit Tagen, sich mit George anzufreunden. Ist Kenny ein Stalker? Ist er verliebt in seinen Professor? Oder macht er sich berechtigte Sorgen um George? Nach einem spontanen nächtlichen Bad im Meer lädt George den Studenten noch auf ein Bier zu sich nach Hause ein. Als George nachts aufwacht und aus seinem Schlafzimmer kommt, sieht er Kenny auf dem Wohnzimmersofa mit dem Revolver in der Hand schlafen. Er nimmt Kenny die Waffe ab, ohne ihn zu wecken, schließt sie in einer Schreibtischschublade ein und verbrennt seine Abschiedsbriefe im Kaminfeuer. In einer arg konstruierten Wendung stirbt er kurz darauf an Herzversagen.

Der Modedesigner Tom Ford wagte sich für dieses Spielfilmdebüt an einen Stoff, der als unverfilmbar galt. Isherwoods Roman ist ein langer innerer Monolog – auf einer reflexiven Ebene und ohne äußere Handlung. Doch gerade das Unbestimmte des Romans könnte Tom Fords Fantasie und seinen Gestaltungswillen stimuliert haben. „Ich liebe es, Dinge zu bauen", sagte er einmal. „Egal, ob es eine Marke, ein Unternehmen, ein Laden oder ein Film ist." Er hätte auch sagen können, dass er es liebt zu faken. Sie werden später noch sehen, warum. Jahrelang plante der Designer seinen ersten Spielfilm, bei dem er schließlich für Produktion, Drehbuch, Ausstattung und Regie verantwortlich war. Er gründete eine Produktionsfirma, wartete geduldig, bis Colin Firth für das Projekt Zeit hatte, und verbrachte nach Abschluss der Dreharbeiten noch Monate mit der Postproduktion. Dabei bearbeitete er fast jedes einzelne Bild. So lange, bis die Augen von Nicholas Hoult als Kenny noch blauer leuchteten oder Bäume und Himmel in noch unwirklichere Technicolor-Farben getaucht waren. „Perfektionismus gehört untrennbar zu mir", sagt Tom Ford über sich.

Tom Ford schwelgt in seinem Debütfilm geradezu obsessiv im Retrochic der Sixties und lässt Anzüge, Kostüme, Frisuren und Brillen jener Zeit durch den Film huschen, als sei das Set ein einziger Laufsteg. Der Regisseur führt seine Figuren durch perfekt rekonstruierte Interieurs des Mid-Century-Modernism, in Häusern, die von Frank Lloyd Wright entworfen sein könnten. Er lässt das Kameraauge auf zeittypischen Alltagsgegenständen ruhen – vom Feuerzeug bis zum Bleistiftanspitzer – und spendiert seinem Protagonisten für die Fahrt zur Arbeit ein makelloses Exemplar des höchst seltenen Mercedes-Coupés 220 S „Ponton".

UNSER ALLER PROJEKT DES SCHÖNEN LEBENS

Der Vintage-Look der Sechziger war zur Entstehungszeit des Films „A Single Man" in der Modewelt extrem angesagt. Diese Gleichzeitigkeit dürfte kaum ein Zufall sein. Ebenso wenig überraschend ist im Abspann des Streifens zu lesen: „Mr. Firth's Wardrobe by Tom Ford". Nicht allein bei den Klamotten vermischte der Designer und Filmemacher sein Leben und Schaffen mit der fiktiven Handlung auf der Leinwand. Unbekümmert baute er eigene biografische Versatzstücke in den Plot ein. Dem tragisch verunglückten Lebenspartner des Protagonisten verlieh er Züge seines eigenen Ehemanns. Unzählige Designobjekte, Leuchten, Accessoires, Möbelstücke und Kunstwerke, die im Film zu sehen sind, stammen aus Tom Fords privater Sammlung. Sogar seine beiden seltenen Rassehunde ließ er in Erscheinung treten. Vordergründig wirkt diese erlesene Retroshow maximal entrückt von der heutigen Alltagsästhetik. Die Figuren agieren durchaus zeittypisch, sie wirken oft eigenartig gehemmt, manchmal borniert. Nicht zuletzt erleben die Zuschauer eine amerikanische Gesellschaft voller Ressentiments gegenüber Homosexuellen. Doch auf einer Metaebene scheint der Film – wie übrigens die allermeisten historisierenden Stoffe – mehr über seine Entstehungszeit zu offenbaren als über die Zeit, in der die Handlung angesiedelt ist.

Als „Ästhetisierung des Alltagslebens" bezeichnete der Soziologe Gerhard Schulze bereits Anfang der Neunzigerjahre den aus seiner Sicht größten Megatrend unserer Konsumkultur. „Angebote, Gruppenbildungen, Beziehungsmuster, Institutionen sind immer mehr dem Einfluss dieser Basismotivation unterworfen", schrieb Schulze 1992 in seinem Buch „Die Erlebnisgesellschaft: Kultursoziologie der Gegenwart". Der selbstbezogene Mensch in der Konsumgesellschaft verfolge ein „Projekt des schönen Lebens", jedoch ohne dabei einen „bestimmten Kurs" einzuschlagen: „Er achtet darauf, wie er erlebt, und er versucht, die Umstände so zu arrangieren, dass er es schön findet." Im Konsummaterialismus benötigt das Leben stets ein passendes Styling. Damit tritt in den letzten Jahrzehnten ein gänzlich neues kulturelles Phänomen zutage. Denn, so Schulze: „Es gab und gibt Gesellschaften mit anderen Selbstverständlichkeiten: Leben als Überleben; Leben als Dienen, Pflicht, Selbstaufopferung; Leben als Existenz mit metaphysischem Bezug. Bei solchen Lebensauffassungen ergeben sich schöne Erlebnisse allenfalls als Nebeneffekt, ohne zentrales Lebensziel zu sein." Schulzes Analyse stammt wohlgemerkt noch aus der Zeit vor dem Siegeszug des Internets. Doch sie erklärt vielleicht auch, weshalb wir die neuen digitalen Möglichkeiten in nicht geringem Maße dazu nutzen, Bilder vom „schönen Leben" (im Sinne von Schulze) zu verbreiten und zu konsumieren.

Welches Profil auf Facebook oder Instagram zeigt schon den „wahren" Menschen? Und welchem „Lebenslauf des Erfolgs" kann man trauen? Steve Jobs riet Studenten in seiner berühmt gewordenen Rede in Stanford, die zufälligen „Punkte" ihrer Biografie so zu verbinden, dass am Ende alles wie ein genialer Lebensplan aussehe. So habe er es schließlich auch gemacht. Längst stylen wir uns selbst, unsere Biografien und unsere Umgebungen mit großer Selbstverständlichkeit. Zwischendurch knipsen wir sorgfältig arrangierte Selfies und posten sie. Macht jemand mit dem Smartphone ein Foto von uns, auf dem wir uns unvorteilhaft getroffen fühlen, verlangen wir die sofortige Löschung. Wird das Leben so irgendwann immer mehr zum Fake, zu einem Versprechen an uns selbst und andere? Zum Versprechen einer noch schöneren und noch perfekteren Zukunft – das freilich immer schwieriger einzulösen ist, je weiter unsere Ansprüche steigen? „Wir leben heute im Zeitalter des Aufgepumpten", behauptet Tom Ford. „Alles in unserer Welt ist im Moment aufgepumpt." Man nickt unweigerlich zustimmend und denkt an Silikon in Lippen und Brüsten, an Monster-SUVs, Superyachten, XXL-Arenen, Mega-Malls oder Triple Beef Burger.

Wie viel Ästhetik und Perfektion, wie viel gleichzeitiges Pumping-up halten wir noch aus? Und wie weit dürfen Selbstdesign und reale Selbstwahrnehmung auseinanderklaffen, bevor die ja nur selten zu leugnende Diskrepanz zwischen beiden uns ins Unglück stürzt? Wollen wir wirklich überall durchgestylte Modepuppen sehen? Die Zeitschrift „Vanity Fair" kürt schon seit Längerem jährlich die bestgekleideten „World Leader" – und zählte einmal allen Ernstes den damaligen österreichischen Bundeskanzler Werner Faymann dazu. Österreich, eine Großmacht beim Maßanzug. Sind wir bald alle gaga? Die fiktive Figur George Falconer in Tom Fords Debütfilm wird jedenfalls nicht von seinen tadellos sitzenden Anzügen, dem exquisiten Interior Design seines Wohnzimmers oder dem Chromglanz seines Mercedes davon abgehalten, sich das Gehirn wegzupusten. Sondern von der unverstellten Zuwendung eines ihm intellektuell unterlegenen jungen Mannes, dem es gelingt, ihn auf einer echten menschlichen, einer emotionalen Ebene zu erreichen.

IN DEN ENDLOSEN WEITEN DES GLAMOURS

Mit seiner täglichen Arbeit, sagt Tom Ford, verstärke er den grassierenden Materialismus noch. Materialismus sei aber „am Ende nicht das, was dich glücklich macht". Dieser Ästhet, so scheint es zumindest, lotet durchaus die Grenzen der Ästhetisierung aus. „Ich fühle mich zu allen schönen Dingen hingezogen", bekennt er, „bin mir aber auch ihres mangelnden Werts bewusst. [...] Das ist schon so ein bisschen ein Kampf." Einerseits spricht hier ein Meister des pastosen Auftrags, ein Schneider für den Übermaßanzug. „Too much of everything is never enough", sangen die Pet Shop Boys, ihres Zeichens verlässliche Ironiker des Oberflächlichen, im Erscheinungsjahr von Tom Fords Debütfilm. Als der Designer einmal bei einem Fotoshooting seiner aktuellen Kollektion gefilmt wurde (fast schon überflüssig zu erwähnen, dass er seine Mode oft auch selbst inszeniert und fotografiert), rief er seinen Models begeistert zu: „Alles hier ist too much, es ist purer Exzess!" Das ist der eine Tom Ford. Der andere wahrt kritische Distanz und gibt sich reflektiert. Tom Ford, so scheint es, hält einer Zeit des Fakes, einer Zeit, in welcher der Schein stets einem möglichen Sein vorausgeht, den Spiegel vor. Nicht als Intellektueller, der die Dinge von außen betrachtet und analysiert. Sondern als „Builder", als jemand, der als Gestalter mitmischt.

Ästhetik, Perfektion und das Streben nach immer mehr – das scheint den 1961 geborenen, in Texas und New Mexico aufgewachsenen Thomas „Tom" Ford seit seiner Jugend anzutreiben. Mit 17 wollte er nichts wie weg aus dem heimischen Cowboy- und Indianerland. „Glamour" suchte er da, so sagt er es selbst, ein „glamouröses Leben". Er fand es in New York, studierte dort Kunstgeschichte – wenn er nicht gerade auf Partys war – und nahm nebenbei Schauspielunterricht. Der auffallend gut aussehende junge Mann trat in Werbespots auf, merkte aber bald, dass die Schauspielerei ihn nicht befriedigte. Am Ende habe es ihn verrückt gemacht, Akteur zu sein. Er wollte lieber selbst gestalten. Dinge bauen. Also schrieb er sich an der renommierten Parsons School of Art and Design im Fach Architektur ein. Als er so an seinen Architekturmodellen bastelte, merkte er irgendwann, dass ihn Figuren mehr interessierten als Wände. Erst wählte er die kleinen Spielzeugfiguren für den Modellbau immer sorgfältiger aus. Dann begann er, ihre Outfits neu zu stylen. So zog die Mode in seine architektonischen Entwürfe ein. Konsequenterweise belegte er an der Parsons School schließlich auch Kurse in Modedesign. Da er nicht noch einmal von vorn anfangen wollte zu studieren, machte er seinen Abschluss dennoch in Architektur.

Der Berufswunsch des Absolventen Tom Ford stand unterdessen fest: Modedesigner. Leider wimmelte es auf der 7th Avenue in Manhattan, die auch als „Fashion Avenue" bekannt ist, vor Absolventen im Fach Modedesign, die einen der raren Einstiegsjobs bei den Designstudios zu ergattern versuchten. Die Chancen für einen Architekten ohne nachweisliche Erfahrung im Modedesign waren überschaubar. Deshalb ersann der junge Tom Ford einen kleinen Fake. Er stellte ein Portfolio mit seinen besten Modezeichnungen zusammen, klapperte damit die 7th Avenue ab und stellte sich jedes Mal mit demselben Satz vor: „Ich habe gerade meinen Abschluss an der Parsons gemacht." Um zu verstehen, was dabei der Fake war, muss man wissen, dass Parsons als die amerikanische Hochschule für Modedesign gilt. Der berühmte Fachbereich Mode liegt mitten im Garment District, also dort, wo die Modeszene zu Hause ist. Sicher, man kann an der Parsons School auch Architektur, Fotografie oder Industriedesign studieren. Aber wenn jemand an der 7th Avenue auftaucht und behauptet, ein Diplom von der Parsons in der Tasche zu haben, dann wird ihn jeder für einen Modedesigner mit dem in der Branche so begehrten Abschluss halten.

Das ist ungefähr so, als ob Sie sich bei einer Bank bewerben und sagen, Sie hätten einen Abschluss von der London School of Economics in der Tasche. Sie können an der LSE, wie die renommierte Hochschule für Wirtschaft sich abkürzt, auch Geschichte oder Geografie, ja sogar Philosophie studieren. Aber daran werden die Banker, die mit Ihnen ein Einstellungsgespräch führen, kaum als Erstes denken. Der Faker, das wissen Sie längst, lügt in der Regel nicht. Aber er erzählt nicht immer die ganze Wahrheit. Tom Ford jedenfalls bekam seinen ersten Job an der „Fashion Avenue" nicht allein aufgrund seines Portfolios, sondern offensichtlich auch wegen des Namens Parsons. „Ein bisschen verantwortungslos war das schon", räumte der Designer 2011 in einem Fernsehinterview für Oprah Winfrey Networks ein. Und fügte grinsend hinzu: „Aber es hat funktioniert."

UND TÄGLICH GRÜSST DER BEWERBER

Der Faker weiß, wohin er will. Ohne Ziel wäre er ein Aufschneider oder ein Hochstapler. Als Tom Ford sich für das Modedesign als Beruf entschieden hatte, schien es für ihn nur noch eine Richtung zu geben: nach oben. Der Mann, der von sich behauptet, außer im Schlaf permanent zu arbeiten, der Ideen wie am Fließband hat, scheint über die Energiereserven einer Batteriefabrik zu verfügen. Und das – kaum überraschend – in der für Überflieger typischen Kombination mit Ungeduld und kurzer Aufmerksamkeitsspanne. Fraglos hat auch Tom Ford Rückschläge einstecken müssen. Das plötzliche Aus als Chefdesigner sowohl von Gucci als auch Yves Saint Laurent im April 2004 dürfte seine größte berufliche Niederlage gewesen sein. Doch ohne diesen Dämpfer hätte er vielleicht niemals seine eigene Marke Tom Ford aufgebaut, die heute in einem Atemzug mit den größten Namen der Modewelt genannt wird. Auch schrammte er in der zweiten Hälfte der Nullerjahre knapp an einem Burn-out vorbei und geriet in etwas, das er – etwas kokett – seine „Midlife-Crisis" nennt. Doch diese Krise war nach seinen Angaben gleichzeitig der Motor für seinen ersten Spielfilm. Damit erfüllte er sich einen lang gehegten Traum und fand die mittlerweile schon gewohnte weltweite Beachtung. Offensichtlich gehört Tom Ford zu den Menschen, die am Ende stets das bekommen, was sie wollen.

Eine Anekdote aus den Anfangsjahren seiner Karriere scheint das zu bestätigen. Tom Ford wollte Assistent der Modedesignerin Cathy Hardwick werden. Die ursprünglich aus Korea stammende Hardwick betrieb seit den Siebzigerjahren in New York ein recht erfolgreiches Designstudio. Ihre Mode richtete sich an „die moderne Karrierefrau mit einem aktiven Lifestyle", so die damalige Selbstdarstellung. Das traf den Zeitgeist. Hardwick hatte eigentlich überhaupt kein Interesse an einem neuen Mitarbeiter. Sie ließ sich von ihrer Assistentin am Telefon stets verleugnen. Doch Tom Ford wollte unbedingt diesen Job haben. Deshalb rief er jeden Tag wieder an. So ging das einen ganzen Monat lang.

Schließlich ging Cathy Hardwick doch persönlich ans Telefon – in der Hoffnung, den lästigen Anrufer loszuwerden. Sie fragte ihn, wie schnell er vorbeikommen könne. Damit wollte sie ihn zunächst ködern, um ihn im persönlichen Gespräch dann nach allen Regeln der Kunst abzuservieren. Keine zwei Minuten später stand Tom Ford in ihrem Büro. Er hatte einen Monat lang jeden Anruf aus der Lobby des Bürogebäudes geführt. Hardwick erinnert sich noch gut: „Ich hatte mir fest vorgenommen, ihm keine Hoffnungen zu machen. Ich fragte ihn, wer seine favorisierten europäischen Designer seien. Er antwortete: ‚Armani und Chanel.' Monate später fragte ich ihn, warum er das gesagt hatte. Er sagte: ‚Weil Sie etwas von Armani anhatten.'" Zu dem Zeitpunkt hatte Tom Ford den Job längst bekommen.

SAUMBÄNDER UND SINNSPRÜCHE

Assistent konnte ein Tom Ford freilich nicht lange bleiben. Bereits zwei Jahre später, mit Ende 20, wechselte er zu dem in Europa weitgehend unbekannten Modelabel Perry Ellis und war dort für Jeans und Sportswear zuständig. Im Jahr 1990, noch vor seinem 30. Geburtstag, machte er sich schließlich auf den Weg zum Job seines Lebens: Tom Ford siedelte nach Mailand über und fing bei Gucci an. Dort war er zunächst für die Damenkollektion zuständig. Nach nur vier Jahren zeichnete er als Kreativdirektor für das Erscheinungsbild der Marke verantwortlich. Gucci war 1990 eine Handtaschenfirma auf dem absteigenden Ast. Missmanagement und fehlendes Gespür für Trends hatten dem Modelabel schwer geschadet. Tom Ford gilt als der Mann, der die Marke zu neuem und nie dagewesenem Glanz führte. Sein Rezept: Glamour. Genau das also, was ihn schon als Jugendlichen magisch angezogen hatte. Etwas, das er als Designer für Jeans und Sportswear in New York nicht einmal im Ansatz hatte ausleben können. Der Zeitgeist der Neunzigerjahre kam ihm entgegen. Den Gordon Gekkos der Wall Street und den neuen russischen Oligarchen war Understatement so fremd wie jeder moralische Skrupel. Gier war gut und too much schien gerade passend zu sein.

Tom Ford tobte sich aus. Seit 1999 gehörte auch das legendäre Pariser Modelabel Yves Saint Laurent zu Gucci – inzwischen mithilfe von viel Kapital aufgepumpt zur Gucci Group. Es war dieselbe Zeit, in der

BMW sich Rolls-Royce einverleibte. Die Großen wurden nicht nur immer größer, sondern waren auch scharf auf die noch größeren Namen. Sie übernahmen und übernahmen sich, als hätten sie alle endlos Kredit. Tom Ford wurde noch ein letztes Mal befördert. Er war nun parallel Kreativchef von Yves Saint Laurent. Ein wenig wie ein Star-Dirigent, der ein zweites Orchester von Weltrang als Chef übernimmt – noch eine Übertreibung, die seit jenen Jahren zur Regel geworden ist. Auf dem Höhepunkt seiner Karriere als angestellter Designer entwarf Tom Ford jedes Jahr 16 Kollektionen. Mehr ging nicht, und auf Dauer ging auch das nicht. Auf den Absturz folgte der Neustart mit der eigenen Marke. Schließlich betrat der Filmemacher Tom Ford die Bühne. Auch diesmal ohne formelle Qualifikationen. Ein Fake auf höchstem Niveau, sozusagen gedeckt mit Eigenkapital: Der Designer musste niemanden in Hollywood um Erlaubnis bitten, da er sein Filmprojekt aus eigener Tasche finanzierte.

Seit dem Neustart und dem Ausflug ins Filmgenre gibt es in der Öffentlichkeit auch den abgeklärten Tom Ford. Den Tom Ford, der perfekt gekleidet und gestylt in eine Kamera schaut und mit ruhiger Stimme behauptet, wir besäßen letztlich nichts auf dieser Welt und die liebevolle Verbindung zu anderen Menschen sei alles, was zähle im Leben. Nicht bei allen kommt das gut an. Diese Sinnsprüche, so liest man mitunter im Netz, seien unerträglicher „Bullshit" und nur der Gipfel des Narzissmus ihres Absenders. Alles drehe sich stets nur um ihn – die sozialen und ökologischen Herausforderungen auf unserem Planeten seien ihm gänzlich egal. Doch wie immer, so ist es auch in diesem Fall schwer, einen Menschen aus der Ferne einzuschätzen. Was wissen wir wirklich über den Menschen Tom Ford? Wenn jemand etwas Persönliches über ihn wissen wolle, hat der Designer einmal in einem Interview gesagt, dann antworte er stets: „‚A Single Man'. Schauen Sie sich den Film an. Alles, was Sie über mich wissen müssen, steckt in diesem Film." Nun ist es ja durchaus nichts Ungewöhnliches, dass Menschen sich in einem Hollywoodfilm wiederfinden. Aber nur wenige können von sich behaupten, bei diesem Film selbst Produzent, Drehbuchautor, Regisseur und Ausstatter gewesen zu sein. Ob diese Ausstattungsorgie tiefer zu berühren vermag, muss jeder Zuseher für sich entscheiden.

KAPITEL 15

Der Straßenkünstler

15 | DER STRASSENKÜNSTLER

Sie finden sich überall rund um den Central Park in New York: Stände mit Postern, T-Shirts, Kitsch und Krimskrams. Billiger Tand zumeist, den Touristen für ein paar Dollar als Souvenir mitnehmen. Zeug, das dann zu Hause in einer Schublade landet, bis es beim nächsten oder übernächsten Ausmisten kopfschüttelnd entsorgt wird. Wie konnte man nur auf so etwas hereinfallen? Das muss an der Urlaubsstimmung gelegen haben. Zugegeben, hin und wieder findet man am Central Park auch einen Stand mit Raritäten. Begehrten Vinyl-Schallplatten zum Beispiel. Oder historischen Postkarten. Schließlich sind da noch die Stände der Hobbymaler. Diese Künstler bieten meist kleinformatige Aquarelle oder Acrylbilder an. Manches davon ist gefällig, vieles scheußlich und fast alles kostet maximal um die 20 Dollar. Wer irgendwo im Haus noch ein leeres Wandstück hat und bei Kunst nicht allzu anspruchsvoll ist, der greift hier zu.

Unter all diesen Angeboten fiel ein Stand kaum auf, den ein älterer Herr am späten Vormittag des 12. Oktober 2013 am Rande des Parks errichtet hatte. Er bestand aus einem Tisch und drei darum gruppierten Metallgittern. Es war die Art von Gitter, wie sie auch Buchhandlungen zur Präsentation großformatiger Fotokalender verwenden. Neben dem Stand war ein weißer Sonnenschirm aufgespannt. Auf dem Tisch und an den Gittern befand sich eine Reihe von Bildern. Alle waren mit schwarzer Farbe auf weiße Leinwand gesprayt und auf Keilrahmen gezogen. Das kleinste Bild war etwa 30 x 30 cm, das größte vielleicht 60 x 120 cm groß. In der Mitte des Tischs benannte ein Schild sowohl das Angebot als auch die Maltechnik: „Spray Art" war darauf zu lesen. Auch das Schild selbst war kunstvoll auf Leinwand gesprayt, ebenso wie das kleinere Preisschild daneben. „60 $" stand darauf. Ein Einheitspreis also, trotz der recht unterschiedlichen Formate. Die Bildmotive? Ein Affe, ein wütender junger Mann, der statt eines Steins einen Blumenstrauß wegschleudert, zwei Kinder mit einem herzförmigen Luftballon ... Hatte man das nicht irgendwo schon einmal gesehen? Jede Leinwand war handsigniert.

Es war kurz nach 11 Uhr am Vormittag. Ein strahlender Herbsttag in Manhattan, viele Touristen waren unterwegs. Der Verkäufer saß gelangweilt auf einem Klappstuhl neben dem Stand. Er hatte weiße, längere Haare, trug eine helle Basecap und eine Sonnenbrille. Die beige Stoffhose war ausgebeult. Über dem zu weit geschnittenen Hemd in müdem Taubenblau hatte er eine altmodische Strickweste an. Dieser ältere Herr sah nicht gerade so aus, als sei die angebotene „Spray Art" sein Werk. Cool, frech und leicht anarchisch wirkten die Bilder. Dabei streng in der Form und überaus gekonnt in der Ausführung. Achtlos liefen die Passanten an dem Stand vorbei. So ging das stundenlang. Der ältere Herr saß stoisch auf einem Klappstuhl und wartete. Zwischendurch gähnte er, ohne sich die Hand vor den Mund zu halten. Um halb zwei aß er ein in Alufolie eingepacktes Sandwich, das er sich mitgebracht hatte. Bis dahin hatte er keinerlei Verkäufe zu verzeichnen. Dann, um halb vier, nach weiteren zwei Stunden des Wartens, stoppte die erste Kundin.

Die schwarz gekleidete Frau kaufte zwei kleinere Formate für ihre Kinder. Jedoch nicht, ohne vorher den Preis um 50 Prozent auf 30 Dollar pro Bild heruntergehandelt zu haben. Der Verkäufer packte ihr die Bilder in eine blaue Plastiktüte. Ein schnelles „Bye" und die Kundin war schon wieder weg. Um vier Uhr kaufte eine junge Frau aus Neuseeland weitere zwei Bilder. Auch sie bekam eine blaue Tüte vom Verkäufer und zum Abschied ein Küsschen auf die Wange. Halb sechs. Ein Mann aus Chicago stoppte am Stand. Er richte gerade sein neues Haus ein, verriet er dem Verkäufer. „Ich brauche irgendwas für die Wände", meinte er schnoddrig. Dann kaufte er vier Bilder. Um sechs Uhr war Schluss. Der ältere Herr packte zusammen. Die Tageseinnahme betrug 420 Dollar.

Es sollte der erste und letzte Tag des Verkäufers gewesen sein. Denn es gab den Stand überhaupt nur an diesem 12. Oktober. Der ältere Herr war auch gar kein echter Straßenverkäufer, sondern ein Schauspieler. In Wirklichkeit war der Verkaufsstand eine Kunstaktion. Der Künstler der feilgebotenen „Spray Art" ließ den Stand und die Reaktionen der Menschen filmen und spielte das geschnittene Video anschließend dem „Wall Street Journal" zu. Dort staunte man nicht schlecht: Die Bilder stammten zweifelsfrei von Banksy, dem berühmtesten Street Artist der Welt. Ihr Marktwert betrug nicht 60 Dollar, sondern gut und gerne das Tausendfache. Banksy persönlich schien hinter der schelmischen Aktion zu stecken. Eines der Bilder, die an diesem 12. Oktober 2013 den Besitzer wechselten, wurde ein Dreivierteljahr später von einem Auktionshaus in London versteigert. Als echter Banksy erzielte das Werk 120.000 Pfund. Das waren nach dem damaligen Wechselkurs ziemlich genau 150.000 Euro.

DEN SPOTTPREIS FÜR EIN MEISTERWERK NOCH GEDRÜCKT

Gerne möchte ich Ihnen zu dieser kleinen Geschichte ein paar Fragen stellen und Sie einladen, diese einmal ehrlich für sich zu beantworten. Die erste lautet: Hätten Sie gerne einen echten Banksy? Die zweite: Ist Ihre Entscheidung abhängig davon, ob Ihnen Banksys Kunst überhaupt gefällt? Nächste Frage: Angenommen, Sie besäßen einen Banksy und eines Tages stellte sich heraus, dass er doch nicht echt ist – würde Ihnen das Bild ab dem Moment weniger gut gefallen? Würden Sie es vielleicht sogar von der Wand abhängen, an der es bisher hing? Letzte Frage: Angenommen, Sie wären am 12. Oktober 2013 in New York gewesen und an dem Stand mit den Banksys achtlos vorbeigegangen – würden Sie sich heute ärgern, keinen Original-Banksy für 60 Dollar ergattert zu haben?

Banksy ist der Picasso unter den Sprayern und gleichzeitig ein Phantom, das sich nie öffentlich zeigt und seine wahre Identität bis heute geheim hält. Vermutlich weiß nur eine Handvoll Menschen, wer er ist oder ob es ihn tatsächlich gibt. Dieser Banksy ist berüchtigt dafür, dem Kunstmarkt ironisch einen Spiegel vorzuhalten. Er versteht es scheinbar, dessen Mechanismen spielerisch zu entlarven. Wenn man das Video von Banksys Aktion in New York betrachtet und sieht, wie hunderte Menschen achtlos an den Werken eines international gehypten Künstlers vorbeigehen, ohne sich im Geringsten dafür zu interessieren, ja wie eine Kundin den Spottpreis für diese Meisterwerke sogar noch herunterhandelt, dann drängt sich folgende Frage auf: Ist in der zeitgenössischen Kunst der Name eines Künstlers alles und das Werk nichts?

Ganz so einfach sollten wir es uns nicht machen. Dass zeitgenössische Kunst wertlos sei und Künstler und Galeristen das Volk für dumm verkauften, ist eine Lieblingsbehauptung von Philistern und Spießbürgern. Banksys Aktion beweist durchaus nicht zwangsläufig, dass es sich bei moderner Kunst um Betrug handelt. Das Geschehen am Central Park, das auf YouTube mittlerweile hunderttausendfach angeschaut wurde, lässt sich im Gegenteil sehr vielschichtig deuten. Zunächst einmal zeigen sich hier gleich mehrere Denkfallen, wie sie Psychologie und Kognitionswissenschaft beschrieben haben. Darunter sind manipulatives Framing, fehlender Social Proof sowie der sogenannte Knappheitsirrtum.

FRAMES UND ANDERE FALLEN FÜR UNSERE WAHRNEHMUNG

Frames sind gedankliche Deutungsrahmen, die unser Gehirn benötigt, um ein konkretes Erlebnis überhaupt einordnen und bewerten zu können. Diese Deutungsrahmen machen wir uns in der Regel nicht bewusst. Sie steuern jedoch sehr stark das, was wir überhaupt wahrnehmen. Im New Yorker Museum of Modern Art oder im Guggenheim Museum erwarten wir, Kunst von Weltrang zu sehen. Der Frame passt. Zwischen Souvenirständen voller Kitsch und Scheußlichkeiten erwarten wir solche Kunst nicht. Dieser Rahmen ist, gemessen an unseren Erwartungen, falsch. Es ist deshalb sehr schwierig, dort bedeutende Kunst überhaupt wahrzunehmen. Denn was nicht zu dem Frame passt, der gerade aktiviert ist, das blendet unser Gehirn aus.

Das sogenannte Framing ist eine gängige Technik der Manipulation. Wer den Deutungsrahmen beeinflusst, der beeinflusst subtil auch das, was Menschen wahrnehmen und wie sie darüber urteilen. Erinnern Sie sich an die Geschichte von der schwarzen Perle in diesem Buch? Diese Perle galt lange als wertlos. Indem der Perlenhändler Salvador Assael in einer Werbeanzeige schwarze Perlen inmitten von Gold und Diamanten zeigte, veränderte er den Frame. Sofort beurteilten potenzielle Kundinnen schwarze Perlen anders. Und zwar allein aufgrund des anderen Frames, der nun aktiviert war. Banksy hat es genau umgekehrt gemacht: Er präsentierte seine extrem wertvollen Bilder unterschiedslos zwischen wertlosem Tand. Die Technik ist in beiden Fällen dieselbe: eine manipulative Veränderung des Frames.

Ein weiteres Phänomen, das es den Passanten in New York schwer gemacht haben könnte, die Banksys zu beachten, ist mangelnder Social Proof. Menschen orientieren sich an dem, was andere Menschen sagen und tun. Wenn viele in einer Situation auf eine bestimmte Weise reagieren, scheint der Beweis erbracht zu sein, dass dies die richtige Reaktion ist. Angenommen, ein Passant wäre vor dem Stand stehen geblieben und hätte ausgerufen: „Das ist ja Kunst! Sieht aus wie Banksy. Diese Bilder sind ein Vermögen wert!“ Dann wäre wahrscheinlich bald ein zweiter stehen geblieben und hätte gerufen: „Ja, tatsächlich, Sie haben recht! Unglaublich!“ Sofort wären ein dritter und ein vierter Passant stehen geblieben und nach kurzer Zeit hätte sich eine Traube gebildet. Gut möglich, dass am Ende die Polizei angerückt wäre, weil sich ein außer Kontrolle geratener Mob um die Banksys für 60 Dollar geprügelt hätte. Nun, es kam anders. Alle gingen vorbei – und wo alle vorbeigehen, da gibt es allem Anschein nach auch nichts zu sehen.

Doch warum hätten so viele überhaupt gerne einen Banksy? Gibt es nicht Millionen von Sprayern, die einem für ein Taschengeld etwas Vergleichbares auf die Leinwand sprühen? Diese Frage ist nicht einfach zu beantworten. Kulturelle Prägungen spielen hier eine Rolle, insbesondere unser Glaube an das künstlerische Genie. Ein Narrativ, das im Zeitalter der Romantik aufkam und vom Individualismus der Moderne verstärkt wurde. Seitdem wollen wir glauben, dass es wenige Supertalente und viele durchschnittlich begabte Menschen gibt. Außerdem spielt ohne Zweifel eine Rolle, dass die Originale großer Künstler knapp sind. Menschen halten alles, was knapp ist, für wertvoller als das, was im Übermaß vorhanden ist. Die Marktwirtschaft macht es sich täglich zunutze: „Limited Edition“, „Sonderausgabe“, „nur für kurze Zeit“ – so lauten Schlagworte, denen wir ständig begegnen und die uns einen höheren Wert suggerieren sollen. An einem Stand am Central Park eine alte Vinyl-Schallplatte zu kaufen, ist eigentlich Unsinn. So eine Platte kratzt, knackt und rauscht, während digitaler Sound kristallklar ist. Aber die Platte ist eben selten und erscheint damit wertvoller als der unbegrenzt verfügbare digitale Download derselben Musikstücke.

DER MARKT WILL WERKE VON GENIES UND KEINE CO-KREATIONEN

Berlin im Jahr 1897. Der großbürgerliche Förderverein der Gemäldegalerie kauft das Meisterwerk „Der Mann mit dem Goldhelm" von Rembrandt. So heißt es zumindest. Das Werk zeigt einen älteren Mann im Halbdunkel, der einen leuchtend goldenen, fein gearbeiteten Helm mit Federschmuck trägt. Die Hell-Dunkel-Kontraste und das realistisch dargestellte Gesicht des Porträtierten schlagen den Betrachter sofort in ihren Bann. Als Berlin nach dem Zweiten Weltkrieg geteilt ist, hängt das Gemälde in der Kunstsammlung im Westteil und gehört dort zu den Publikumsmagneten. Dann startet 1968 in Amsterdam das „Rembrandt Research Project". Eine Gruppe von Wissenschaftlern untersucht die Werke Rembrandts auf ihre Echtheit und Eigenhändigkeit. Dabei kommt ans Licht, dass sich unter den Rembrandt zugeschriebenen Werken viele befinden, die von Schülern und Angestellten in seiner Werkstatt angefertigt und unter Rembrandts Namen, ja sogar mit seiner eigenhändigen Signatur, verkauft worden sind. Das betrifft auch den „Mann mit dem Goldhelm". Seit 1986 wird er von der Berliner Gemäldegalerie nicht mehr Rembrandt zugeordnet.

Das „Rembrandt Research Project" wurde für seine Arbeit vielfach kritisiert. Man warf den Forschern Kapitalvernichtung vor. Auch dürfe man den Menschen „ihre" Rembrandts nicht einfach wegnehmen. Die Berliner Gemäldegalerie änderte die Bildbeschriftung beim „Mann mit dem Goldhelm". Sonst änderte sie nichts. Kunsthistoriker sind sich einig, dass es sich so oder so um ein Meisterwerk handelt. Es behielt seinen prominenten Platz in der Gemäldegalerie und zählt weiter zu den Publikumslieblingen. Auf die Information, dass das Werk aus dem „Umkreis von Rembrandt" stammt, mag das Museum aber nicht verzichten. Ein möglicherweise unverzichtbares Namedropping. Der Kunsthistoriker Werner Busch wies darauf hin, dass im 17. Jahrhundert, also zu Lebzeiten Rembrandts, „der Meister das Recht hatte, alles in seinem Atelier Gefertigte unter seinem Namen zu verkaufen". Das erkläre auch, warum es Werke mit Rembrandts Signatur gibt, an die er überhaupt nicht Hand angelegt hatte.

Das 17. Jahrhundert ist die Zeit vor der Romantik und damit eine Zeit, der die Vorstellung eines gottbegnadeten Individuums, das aus seiner uferlosen Innenwelt die höchsten Formen der Kunst erschafft, noch gänzlich fremd ist. Ein Mensch des Barocks hätte ganz sicher Schwierigkeiten gehabt zu verstehen, warum das Werk eines einzelnen Künstlers wertvoller sein soll als das einer Werkstatt oder eines Künstlerkollektivs. Es gibt auch Literaturwissenschaftler, die davon ausgehen, dass Shakespeare mehr Chef eines Autorenkollektivs als Autor war – ein cleverer Theatermacher, der unter seinem Markennamen auf die Bühne brachte, was andere wie am Fließband dichteten. Das ist freilich das Letzte, was der romantisch geprägte Bildungsbürger hören möchte. Wir lassen uns unseren Shakespeare nicht wegnehmen! Wo wir ihn doch im Zeitalter der Romantik in so anrührend verfälschenden Übersetzungen ins Deutsche übertragen haben!

KUNST ALS LUXUSPRODUKT MIT WERTGARANTIE

Die Kunstszene kennt da noch weniger Gnade. Sie verlangt die Künstlerpersönlichkeit, das Ausnahmetalent, das Individuum mit dem Potenzial zur globalen Marke. Ein Kollektiv oder ein Künstlerduo, doch, das geht durchaus einmal. Solange es sich genauso als Marke positioniert wie ein einzelner Künstler. Der Schriftsteller und Dramatiker Rainald Goetz hat die Entwicklung des Künstlers zum Popstar in seinem Theaterstück „Jeff Koons" bis zur Farce überzeichnet. Dafür musste Goetz gar nicht so arg übertreiben. Die Partys, die Drogen und die Exzesse gab es ja wirklich. Der Kulturjournalist Niklas Maak entdeckte in der „Frankfurter Allgemeinen Sonntagszeitung" gar eine neue Kunstform, den Kapoorismus –nach dem Künstler Anish Kapoor, dessen Skulpturen sich nicht allein durch schwindelerregende Preisschilder, sondern auch hallenfüllende Größe auszeichnen. „Es ist eine Kunst", schrieb Maak, „die wie eine schmeichelhafte Allegorie der glänzenden und glitzernden Luxusprodukte wirkt, mit denen Sammler wie der Milliardär François Pinault oder Bernard Arnault, der den Luxuskonzern Moët Hennessy Louis Vuitton führt, ihr Geld machen."

Zum romantischen Konsumismus, als den der Universalhistoriker Yuval Noah Harari unsere gegenwärtige Leitkultur bezeichnet, passt eine Kunst, die ebenso Konsumgut wie Projektionsfläche für unsere Wünsche ist. Weltweit erfolgreiche Künstler produzieren stets auch Markenprodukte, auf die sich marktwirtschaftliche Mechanismen der Wertsteigerung anwenden lassen. Und Banksy, das Phantom? Der Künstler, der seine Identität geheim hält? Auch er ist auf seine unverwechselbare Art eine globale Marke, genau wie Jeff Koons, Anish Kapoor und all die anderen Kunststars. Gäbe es nur zehn andere anonym sprayende Banksys mit ähnlicher Handschrift und vergleichbaren Aktionen, wäre er schon weniger interessant – und unvergleichlich weniger wertvoll. Der Kunstmarkt wird jedoch zu verhindern wissen, dass auch nur ein zweiter Banksy bekannt wird.

Wir können Banksy aus naheliegenden Gründen nicht persönlich fragen, ob er die Mechanismen des Kunstmarkts mit seinen Kunstaktionen entlarven oder sie im Gegenteil für die Wertsteigerung seiner Werke ausnutzen will. Am Ende tut er wahrscheinlich beides – und das stellt in der Konsumkultur nicht einmal ein Problem dar. Bei den raren Aufführungen des „Koons“ von Rainald Goetz jedenfalls erscheint meist eher ein Kunst- als ein Theaterpublikum. Durch die Farce, die da geboten wird, fühlt es sich anscheinend auch mehr geschmeichelt als provoziert. Jede Kultur sei voller innerer Widersprüche, meint Yuval Noah Harari. Das mache aber nichts, denn der Versuch, die Widersprüche zu überwinden, sei der eigentliche Motor des Fortschritts.

DIE FAKER-TECHNIK FUNKTIONIERT AUCH RÜCKWÄRTS

Vielleicht fragen Sie sich, warum ich Banksys Aktion am New Yorker Central Park überhaupt in dieses Buch mit den schönsten Faker-Geschichten aufgenommen habe. Gilt für den Faker nicht: erst Schein, dann Sein? Strebt er nicht danach, in der Wahrnehmung anderer stets mehr zu gelten, als diese ihm normalerweise zugestehen würden? Und macht es Banksy mit seiner Aktion nicht genau umgekehrt? Er löscht alle Signale, die ihn als Star der Kunstszene erkennbar machen, und wartet ab, wie Menschen dann auf seine Kunst reagieren. Anscheinend hat er so kaum noch einen Marktwert. Banksy macht diese scheinbar niederschmetternde Tatsache geradezu triumphal öffentlich. Weil er es sich leisten kann. In dem Moment, da wir Banksys Aktion durchschauen, hat der Künstler schon wieder unsere volle Aufmerksamkeit. Banksy hat eine Art Reverse-Fake vollführt, einen umgedrehten Fake. Dieser entlarvt Schein oder Sein endgültig als ein Social Game, ein gesellschaftliches Spiel. Und demonstriert einmal mehr, dass monetäre Werte nur in unseren Köpfen existieren. Letztlich aber, das ist das Paradoxe, hat Banksy damit seinen Marktwert nur weiter gesteigert. Die hunderttausendfachen Klicks auf das YouTube-Video zahlen auf sein Markenkapital ein. Und die Bilder vom Central Park erzielen noch einmal höhere Preise als andere Werke Banksys. Die Aktion macht sie ja gerade besonders; sie sind nun seltener und deshalb in unser aller Vorstellung auch wertvoller.

Fakes funktionieren vorwärts, rückwärts und im Kreis. Das wird so lange bleiben, wie unsere Gesellschaft – in den Worten von Yuval Noah Harari – auf einer erfundenen Ordnung basiert. Einer Ordnung, die „fest mit der materiellen Welt verwoben" ist, unsere Wünsche und Sehnsüchte prägt und so leicht nicht umzustürzen ist, weil sie „in der kollektiven Fantasie von Tausenden und Millionen von Menschen existiert". 30 Dollar war einer Frau ein Banksy wert, als der Künstler ihr mit seiner Aktion für kurze Zeit die Gelegenheit gab, den Preis selbst und unbeeinflusst von allen Narrativen des Kunstmarkts zu bestimmen. Würde sie ihre beiden Banksys heute für 30 Dollar pro Stück weiterverkaufen? Ich würde ihr ein solches Angebot gar nicht erst unterbreiten. Es ist nämlich anzunehmen, dass sie wieder fest auf dem Boden der erfundenen Ordnung steht und nichts dagegen einzuwenden hätte, 100.000 Dollar oder mehr pro Bild zu kassieren. Menschen sind nun einmal lieber Gläubige als Ungläubige. Und so glauben wir gerne, dass Star-Architekten bessere Häuser bauen als normale Architekten, Star-Friseure ihr Geld wert sind und Haubenköche besser kochen als wir selbst. Solange wir in solch einer Welt leben, leben wir in einem Paradies für Faker.

Der Künstler mit dem Pseudonym Banksy hat in den Neunzigerjahren angefangen, in Bristol und London Häuserwände zu besprühen. Dabei benutzte er Schablonen, die seinen Werken ein perfektes und wiedererkennbares Aussehen verliehen. Seit 1999 organisiert Banksy selbst Ausstellungen seiner Werke. Obwohl diese ja eigentlich für den öffentlichen Raum geschaffen sind. Ist er seitdem wirklich noch ein Street Artist? Oder jener Künstler, der Street Art am geschicktesten für den globalen Kunstmarkt zu inszenieren versteht? Zweifellos haben seine Tourneen durch die Metropolen der Welt zum Aufbau einer globalen Kunst-Marke beigetragen. Banksy kündigt seine Besuche jeweils an und sprayt dann unerkannt (wirklich?) in den nächtlichen Straßen. Auch die New Yorker hätten im Oktober 2013 online lesen können, dass Banksy in ihrer Stadt war.

Den Höhepunkt der Popularität des Künstlers markiert vielleicht eine Umfrage aus dem Jahr 2017. Banksys „Balloon Girl", das Bild eines Mädchens in Schwarz und Rot, das einen herzförmigen Ballon davonfliegen lässt, wurde darin zum Lieblingsbild der Briten gekürt. Im Jahr darauf sorgte eine weitere Aktion des Künstlers für Aufsehen. Banksy hatte ein Bild für eine Londoner Auktion so präpariert, dass es sich unmittelbar nach dem Zuschlag mit einem in den Rahmen eingebauten Schredder selbst zerstörte. Nun ja, zumindest ein bisschen zerstörte. Gerade so viel, dass das Motiv noch weitgehend erkennbar blieb. Sie sind ja nun gewarnt. Und auf die Frage, ob Banksy mit dieser „Zerstörungs"-Aktion den Wert seines Bildes gemindert oder im Gegenteil noch erheblich gesteigert hat, kennen Sie sicher die richtige Antwort.

KAPITEL 16

Die Sterndeuterin

16 | DIE STERNDEUTERIN

Ein Paukenschlag, fast so dramatisch wie am Beginn von „Also sprach Zarathustra", bekannt als Titelmelodie zu Stanley Kubricks Film „Odyssee im Weltraum". Dann dunkle Synthesizer-Klänge. Der Fernsehbildschirm schwarz, bis auf weiße und gräuliche Punkte. Aha, Sterne! Der Zuschauer begreift. Es ist ein stilisierter Blick ins Weltall, wie er sich in frühen Science-Fiction-Filmen findet. Langsam scheinen sich die Punkte auf den Betrachter zuzubewegen. Am Bildschirm entsteht die Illusion einer Reise durch den Weltraum - wohlbekannt aus dem Kino auch dieser bescheidene Spezialeffekt. Der Synthesizer wabert tieftönend vor sich hin, eine kristalline Melodie setzt ein. Noch geschieht weiter nichts, die Spannung steigt. Oder macht sich jetzt bereits Langeweile breit? Bei anderen Unterhaltungssendungen, die Anfang der Achtzigerjahre samstagabends ganz Deutschland und Österreich vor den Bildschirmen versammeln, fällt der Auftakt deutlich schwungvoller aus. Da lässt James Last die Trompeten schreien und das Fernsehballett tanzt sich schon mal warm. Doch an diesem 11. September 1982, pünktlich ab 20.15 Uhr, brechen ARD und ORF zu einer seltsamen Reise durchs All auf. Sphärische Klänge stimmen den Zuschauer auf das Numinose ein. Eines ist klar: Dieser Abend wird nicht im Zeichen der aufgeklärten Vernunft stehen.

Schließlich, nach für TV-Verhältnisse endlosen 16 Sekunden, erscheint das Logo der Sendung. „Astro Show" ist zu lesen, in einer Schrifttype, die Assoziationen irgendwo zwischen Plakat für einen Mittelaltermarkt und psychedelischem Rock-Album weckt. Als nächstes sehen die Zuschauer in derselben grausigen Schriftart: „Die Jungfrau". Nach weiteren 15 Sekunden Synthesizer-Klängen taucht irgendwo im Weltall per Überblendungseffekt das Gesicht der Astrologin Elizabeth Teissier auf. Die auffallend gut aussehende Co-Moderatorin der „Astro Show" ist elegant gestylt – gewiss dem Geschmack der frühen Achtzigerjahre entsprechend, doch eigentlich zeitlos chic. Sie trägt silbrig glänzende Abendgarderobe mit passenden langen Ohrringen aus Silber. Ihr Blick ist direkt in die Kamera gerichtet. Scheinbar schwebt auch diese irgendwo im All.

Mit einem Hauch französischen Akzents, so dezent wie gut dosiertes

Parfüm von Chanel, hebt Elizabeth Teissier an. Sie spricht langsam und – trotz Abwesenheit der Schwerkraft bei ihr im Weltall – überaus gravitätisch: „Es ist Ende des Sommers, die Zeit der Jungfrau. Die Früchte sind reif, es ist die Zeit der Ernte." Die Sterndeuterin schaut freundlich, während sie diese Worte spricht. Gleichzeitig ist sie bemüht, ihr Lächeln zu dosieren. Seriosität scheint angesagt. Präzise liest sie vorformulierte Sätze vom Teleprompter ab. Wie eine teure Creme umschmeicheln ihre Worte den Fernsehzuschauer. „In der Stimmung der Erntezeit", fährt Teissier fort, „entdeckt man auch die Charakterzüge der Jungfrau. Die Jungfrau muss ernten, einbringen, zählen, sortieren, ordnen und aufbewahren. Sie muss im schönen, jedoch chaotischen Haushalt der Natur mit stiller Geduld und Bescheidenheit ein bisschen Ordnung schaffen. Sie muss an morgen denken. Sie ist die Darstellung der Vernunft, und so sind die Menschen, die in dieser Zeit geboren werden: vernünftig. Obschon jedermann weiß, dass die kluge Jungfrau sich von Zeit zu Zeit in eine törichte verwandeln kann …"

DER GRÖSSTE FLOP DER DEUTSCHEN FERNSEHUNTERHALTUNG

Jede der 1982 im Monatsrhythmus ausgestrahlten Folgen der „Astro Show" begann mit einem solchen Kurzhoroskop von Elizabeth Teissier. Die Grundidee der vom Bayerischen Rundfunk produzierten Unterhaltungssendung war, jedem Tierkreiszeichen eine Folge zu widmen und mit Prominenten zu plaudern, die im Zeichen der jeweiligen Sterne geboren waren. Elizabeth Teissier servierte den Promis live ihr persönliches Horoskop. Die meisten Gäste lauschten andächtig. Bis auf Niki Lauda, der einer sichtlich genervten Teissier genüsslich in die Suppe spuckte und sich bei den meisten ihrer Aussagen standhaft weigerte, darin seine Persönlichkeit wiederzuerkennen. Im September war das Sternzeichen Jungfrau an der Reihe. Doch Folge zehn schaltete kaum noch jemand ein. Die Quote der Show war ein bei der Samstagabendunterhaltung im öffentlich-rechtlichen Fernsehen bisher unbekanntes Desaster. Sie näherte sich mit der letzten Folge den um 23.45 Uhr ausgestrahlten Kultursendungen. Dabei floppte die Show nicht einmal so sehr wegen ihres esoterischen Inhalts. Schließlich bedienen heute

Spartenkanäle wie „Astro TV“ erfolgreich dieses Zuschauerinteresse. Nein, der „Astro Show“ fehlten einfach Witz, Tempo und Esprit. Sie galt als unerträglich fad, als reines Schlafmittel.

Als Reaktion auf das Quotendesaster tauschte der Bayerische Rundfunk den ursprünglichen Moderator, Filmschauspieler Horst Buchholz, nach wenigen Folgen aus. Bei dem verträumt wirkenden, in eigenartig geschnittene weiße Anzüge gekleideten Buchholz hatte man stets befürchten müssen, dass er während seiner eigenen Sendung einnickt. Die Produzenten beim BR ersetzten ihn durch den österreichischen Kabarettisten, Schauspieler und Musiker Heinz Peter Heinzl. Die Hoffnung auf mehr Wortwitz durch diese Rochade erfüllte sich jedoch nicht. Dem stets komplett schwarz gekleideten Kabarettisten gelang es kaum einmal, zwischen die langatmigen und bedeutungsschweren Ausführungen seiner Co-Moderatorin Elizabeth Teissier eine Pointe zu setzen. Während der letzten Folgen wirkte er angezählt, ja beinahe resigniert. Das hatte einen nachvollziehbaren Grund.

Monatelang war die „Astro Show“ Zielscheibe des Spotts. In der Nachrichten-Parodie „Rudis Tagesshow“ mit Rudi Carrell gab es beispielsweise einen Sketch, in dem Passanten auf der Straße schreiend vor Häschern mit riesigen Keschern flohen. Wer Pech hatte und ins Fangnetz ging, wurde trotz heftiger Gegenwehr in den Laderaum eines Lkw mit der Aufschrift „Saalpublikum für die Astro Show“ gezwungen. Ilja Richter parodierte die „Astro Show“ in seiner Musiksendung „Disco“ und schlüpfte dabei in die Rollen von Horst Buchholz und Elizabeth Teissier. Im Fummel und mit Perücke erschien Richter als Teissier vor der mittlerweile notorischen Weltall-Kulisse und quäkte mit hoher Stimme: „Also, ich bin ja Jungfrau und gedenke es zu bleiben.“

AM ENDE ZÄHLT ALLEIN DIE BEKANNTHEIT

Der Bayerische Rundfunk hielt trotz aller Kritik an der „Astro Show“ fest. Das Sendeformat war nun einmal auf 12 Folgen zu den 12 Tierkreiszeichen angelegt. Nun mussten diese auch ausgestrahlt werden, damit alles seine Ordnung hatte. (War der verantwortliche Redakteur vielleicht Jungfrau?) Für Elizabeth Teissier war der Misserfolg der Sendung indes nicht unbedingt ein Rückschlag in ihrer Karriere. Vielleicht war er sogar das Gegenteil. Auf die Astrologin traf das Bonmot von Oscar Wilde zu: „Nur eines ist schlimmer, als wenn schlecht über einen geredet wird, und das ist, wenn gar nicht über einen geredet wird." War die 1938 in Algier als Germaine Elizabeth Hanselmann geborene Französin, die auch einen Schweizer Pass besitzt, vor der Ausstrahlung der „Astro Show" nur den Lesern von Klatschblättern als „Madame Teissier" ein Begriff, so kannte danach im deutschsprachigen Raum jeder ihren Namen. In Frankreich und der Schweiz zählte sie schon länger zu den Prominenten. Später war dann im auch deutschen Sprachraum von Elizabeth Teissier stets als der „Star-Astrologin" die Rede.

Abgesehen von seiner subtilen Doppeldeutigkeit wirft der Begriff „Star-Astrologin" sogleich die Frage auf: Wie wird man Star-Astrologe oder -Astrologin? Bei aller Fragwürdigkeit von Etiketten wie „Star-Chirurg", „Star-Architekt", „Star-Psychologe", „Star-Koch" oder „Star-Friseur" darf man bei den betreffenden Personen ja immerhin vermuten, dass sie Medizin, Architektur beziehungsweise Psychologie studiert oder eine Koch- respektive Friseurlehre absolviert haben. Doch Astrologie ist bekanntlich kein Studienfach und Astrologe (m/w) auch kein Lehrberuf. Wer trotzdem vom halbstaatlichen Fernsehen als Astrologin engagiert wird, der muss fast zwangsläufig einen respektablen Fake hingelegt haben. Denn wo es keinen seriösen Karriereweg gibt, da ist der Fake nicht nur Hilfsmittel, sondern alles. Am Ende zählt allein die Bekanntheit. Der Weg zum Ziel ist unwichtig. Ja, er kann sogar im Dunkeln bleiben.

Die biografischen Informationen über Elizabeth Teissier sind eher dürr. Nach einem abgebrochenen Medizinstudium an der Pariser Sorbonne wechselte Madame Hanselmann (wie sie damals noch hieß) an die philosophische Fakultät und erwarb schließlich Abschlüsse in französischer Literatur und in Soziologie. Anschließend arbeitete sie als Model, unter anderem für Chanel. Es folgte eine Karriere als Nebendarstellerin in Kinofilmen. Von 1966 bis 1975 war sie in 15 Filmen an der Seite von unter anderem Marcello Mastroianni, Burt Lancaster und Jean-Paul Belmondo zu sehen. Während dieser Zeit heiratete sie den Franzosen André Teissier du Cros, mit dem sie zwei Töchter hat.

Seitdem nennt sie sich Elizabeth Teissier. In den frühen Siebzigerjahren, heißt es, habe sie sich „intensiv mit Astrologie beschäftigt". Ich bin grundsätzlich amüsiert, wenn jemand von sich behauptet, sich mit etwas „intensiv beschäftigt" zu haben. Das klingt so anmaßend wie vage und ist in meinen Augen ein typischer Faker-Spruch.

Anfang der Achtzigerjahre hatte Teissier es allerdings geschafft, sich als Astrologin einen Namen zu machen. Sie war zur Sterndeuterin diverser Illustrierter avanciert. Ihre Spezialität waren Jahreshoroskope, in denen sie stets um die Weihnachtszeit voraussagte, was vom kommenden Jahr zu erwarten sei. Astrologie gehörte vorher bereits zum Repertoire des Boulevard-Journalismus, aber es gab lange keinen „Star-Astrologen". Diese Rolle hat Elizabeth Teissier besetzt. Es darf in puncto Selbstvermarktung als ihre größte Leistung gelten. Mit der „Astro Show" sowie zahlreichen weiteren Auftritten im deutschen, französischen und Schweizer Fernsehen erreichte sie den Höhepunkt ihrer Popularität. Doch was begründete diese Beliebtheit überhaupt? Sind ihre Prognosen alle eingetreten? Waren ihre Horoskope überaus genau? Ich vermute, dass dies für ihren Erfolg keine Rolle spielte.

DIE GESCHÄFTSGRUNDLAGE DER STERNDEUTER UND PROPHETEN

Lassen Sie das folgende fiktive Horoskop bitte einmal kurz auf sich wirken: „Eine Sache beschäftigt Sie in diesen Tagen mehr als sonst. Dies deutet auf anstehende Veränderungen in Ihrem Leben hin. Nutzen Sie die Chancen, die Ihnen Ihr Glücksplanet jetzt eröffnet! Sie sollten mutig sein und nicht zu lange zögern. Es ist an der Zeit, konsequenter zu entscheiden. Achten Sie jedoch darauf, kein Porzellan zu zerschlagen. Manchmal überfordern Sie Ihre Mitmenschen mit Ihrer Art. Haben Sie Geduld." Wenn es Ihnen so geht wie den meisten Menschen, dann konnten sie bei der Lektüre dieser Zeilen nur schwer verhindern, etwas von sich und ihren Lebensumständen darin wiederzufinden. Sie werden unbewusst versucht gewesen sein, nach Belegen für diese Aussagen zu suchen. Und das, obwohl dieses Horoskop fiktiv und überhaupt nicht auf Ihre Person bezogen ist. Der Grund dafür ist ein in der psychologischen Forschung beschriebenes Phänomen, der sogenannte Confirmation Bias. Sinngemäß ins Deutsche übertragen bedeutet das: „Unbewusste Neigung, nach Bestätigung zu suchen."

Rolf Dobelli bezeichnet den Confirmation Bias in seinem Buch „Die Kunst des klaren Denkens" als den „Vater aller Denkfehler" und gibt dafür folgendes Beispiel: „Der Aufsichtsrat beschließt eine neue Strategie. In der Folge werden sämtliche Anzeichen, die einen Erfolg dieser Strategie andeuten, euphorisch gefeiert. Wo man auch hinschaut, sieht man reichlich Anzeichen, dass sie funktioniert. Gegenteilige Indizien werden entweder gar nicht gesehen oder kurzerhand als Spezialfälle und unvorhersehbare Schwierigkeiten abgetan." Von Charles Darwin ist überliefert, dass er da ganz anders tickte. Beobachtungen, die seiner Theorie widersprachen, nahm er besonders ernst. Er trug sogar ein eigenes Notizbuch mit sich herum, in dem er jeden Widerspruch zu seinen bisherigen Überzeugungen innerhalb von 30 Minuten notierte. Darwin kannte also den Confirmation Bias, wenn auch noch nicht unter diesem Namen. Wenn wir uns nicht zwingen, scharf zu denken, sondern unserem Unbewussten freien Lauf lassen, dann sehen wir jede neue Information als Bestätigung für das, woran wir ohnehin schon glauben. Astrologen und Propheten machen sich den Confirmation Bias zunutze, ja er ist so etwas wie ihre Geschäftsgrundlage. Die meisten Horoskope sind so schwammig, dass fast jeder etwas von sich darin erkennen kann. Wenn dieses Projizieren nun ohnehin unsere unbewusste Neigung ist, dann – bingo! Der Astrologe kann sich fast nicht mehr irren.

Sehen wir uns das fiktive Horoskop zu Beginn dieses Abschnitts daraufhin einmal an: „Eine Sache beschäftigt Sie mehr als sonst" – das ist im Leben meistens so. Wir neigen zur selektiven Wahrnehmung und sind entweder euphorisch wegen etwas oder wälzen Probleme. So gut wie nie widmen wir allen Dingen dasselbe Maß an Aufmerksamkeit. „Dies deutet auf anstehende Veränderungen in Ihrem Leben hin" – gibt es eigentlich Lebensphasen, in denen sich gar nichts verändern würde? „Sie sollten mutig sein und nicht zu lange zögern" – ein Rat, der praktisch immer gilt. „Manchmal überfordern Sie Ihre Mitmenschen" – Horoskope enthalten oft subtile Botschaften, die den Leser als etwas Besonderes erscheinen lassen. Das streichelt das Ego und befeuert damit den Confirmation Bias umso mehr.

Wenn Sie mögen, dann lesen Sie jetzt noch einmal das eingangs zitierte Horoskop von Elizabeth Teissier aus der „Astro Show". Insbesondere dann, wenn Sie nicht im Zeichen der Jungfrau (24.8. bis 23.9.) geboren sind. In der chaotischen Natur ein wenig Ordnung schaffen: Tun wir das nicht alle und heißt dieses Unterfangen nicht schlicht „Zivilisation"? An morgen denken: Wer in einer marktwirtschaftlichen Leistungsgesellschaft könnte es sich leisten, das nicht zu tun? Im Grunde vernünftig sein, aber ab und zu auch töricht: Ist das nicht die innere Zerrissenheit so gut wie aller Individuen der Spätmoderne? Mit etwas psychologischem Wissen und ohne Sphärenmusik im Ohr wird hier das Numinose schnell zum Nonsens.

EINDEUTIG DER CHARAKTER EINES SERIENMÖRDERS

Wie sehr der Confirmation Bias bei den Lesern von Horoskopen für fragwürdige Zustimmung sorgt, konnte der französische Psychologe Michel Gauquelin bereits in den 1960er-Jahren in einem Experiment eindrucksvoll belegen. Die zufällig ausgewählten Probanden bekamen ein Horoskop zu lesen, von dem Gauquelin behauptete, es sei anhand ihres Geburtsdatums für sie persönlich erstellt worden. Tatsächlich bekam jede Versuchsperson dasselbe Horoskop – und nicht irgendeines: Gauquelin hatte einen Astrologen gebeten, das Horoskop des Serienmörders Marcel Petiot zu erstellen. Petiot konnte die Tötung von mindestens 27 Menschen nachgewiesen werden. Er wurde zum Tode verurteilt und am 25. Mai 1946 in Paris hingerichtet. Gauquelin fragte seine Testpersonen, ob sie sich in ihrem angeblich persönlichen Horoskop erkennten und darin ihre persönlichen Probleme widergespiegelt sähen. Das Horoskop behauptete zum Beispiel, die betreffende Person sei intelligent und geistreich, dynamisch und gut organisiert. Dabei sei sie ausgesprochen sozial angepasst. Doch es fand sich auch dieser wenig schmeichelhafte Satz: „Diese Person neigt dazu, in ihrer eigenen abgeschlossenen Welt zu leben, in der möglicherweise rigorose Disziplin, Unnachgiebigkeit, übertriebene Sparsamkeit und Askese regieren."

Sage und schreibe 94 Prozent der Probanden erkannten sich im Horoskop des Serienmörders zumindest in Teilen wieder. Stolze 90 Prozent bezeichneten die ihnen vorgelegte astrologische Analyse als insgesamt sehr passend. Würden sich mehr als 90 Prozent der Menschen als rigoros, unbeugsam und sparsam bis zur Askese bezeichnen, wenn man sie direkt fragte? Vermutlich nicht. Es fehlt der Frame, der gedankliche Rahmen, der den Confirmation Bias aktiviert. Wenn jemand aber glaubt, dass ein Astrologe eigens für ihn ein persönliches Horoskop erarbeitet hat, und wenn er am besten noch zumindest ein bisschen an Astrologie glaubt, dann wird es ihm mit dem Horoskop gehen wie Rolf Dobellis Aufsichtsräten mit ihrer Strategie: Was Bestätigung verspricht, wird mit großem Oh! und Ah! aufgenommen. Was nicht passt, wird überlesen und ausgeblendet.

Wenn wir genau sein wollen, dann spielt hier noch ein weiteres psychologisches Phänomen eine Rolle. Es ist eng verwandt mit dem Confirmation Bias. Ich spreche vom sogenannten Barnum-Effekt, der von dem amerikanischen Psychologieprofessor Paul Everett Meehl (1920–2003) beschrieben wurde. Der Barnum-Effekt meint, vereinfacht gesagt, die unbewusste Neigung, Informationen auf sich selbst zu beziehen und sich darin wiederzuerkennen. Man kann dies als eine Spielart des Confirmation Bias interpretieren, da es dabei um Selbstbestätigung geht. Die meisten Menschen freuen sich, wenn sie etwas über sich selbst erfahren oder im Mittelpunkt des Interesses stehen. Diese Freude ist so groß, dass wir uns manchmal auch gemeint fühlen, wenn wir gar nicht gemeint sind. Der Barnum-Effekt erklärt die überraschend ausgeprägte Neigung, vage und allgemeingültige Aussagen in Horoskopen als auf die eigene Person zutreffend zu empfinden. Paul Everett Meehl benannte das Phänomen übrigens nach dem Zirkusgründer Phineas Taylor Barnum. Dieser unterhielt ein in den USA berühmtes Kuriositätenkabinett, von dem er behauptete, darin sei „für jeden etwas dabei". So wie bei einem guten Horoskop. Man muss die erwähnten psychologischen Phänomene nicht namentlich kennen, um wie Elizabeth Teissier als Astrologin Karriere zu machen. Es genügt, dass man irgendwann merkt, wie zuverlässig sie funktionieren. Der Rest ist gekonnter Fake.

ASTROLOGISCHER RAT FÜR DEN MANN AM ROTEN KNOPF?

Erlauben Sie mir an dieser Stelle, ein wenig zu spekulieren. Nein, nicht astrologisch. Eher psychologisch: Was machte eine Karriere als Astrologin für Elizabeth Teissier so attraktiv? Versetzen wir uns in ihre Lage Mitte der Siebzigerjahre. Sie hatte als Model gearbeitet. Doch, so brutal das ist, in diesem Job erreichen die meisten zügig die Altersgrenze. Anschließend hatte sie sich – ohne Schauspielausbildung – als Nebendarstellerin beim Film versucht. Nach 15 Filmen dürfte klar gewesen sein, dass ihr der Weg zu einer Hauptrolle versperrt war. Offensichtlich liebte sie den Glamour und den großen Auftritt. Wie viele Optionen hatte sie da noch? Der Wissenschaftsbetrieb scheint sie nicht mehr gereizt zu haben. Aber als Geistes- und Sozialwissenschaftlerin hatte sie gelernt, sich große Wissensgebiete anhand von Büchern zu erschließen. Insofern könnte sie – und hier spekuliere ich bewusst – die Astrologie irgendwann als geradezu ideale Karrieremöglichkeit entdeckt haben. Für den Beruf der Astrologin ist weder eine formale Ausbildung oder Qualifikation nötig noch existiert überhaupt eine. Das Wissen über Jungfrau, Wassermann & Co. hat man sich schnell angelesen. Eine examinierte Literaturwissenschaftlerin dürfte außerdem den Jargon wolkig formulierter Horoskope schnell durchschaut und adaptiert haben. Und die nötige Grandezza einer zukünftigen „Star-Astrologin" war für eine blendend aussehende Dame, die für Chanel gemodelt und an der Seite von Belmondo gedreht hat, sicher das geringste Problem. Beste Voraussetzungen also für eine lupenreine Faker-Karriere.

Auch wenn ich nicht an Astrologie glaube, so zolle ich doch der Fakerin Elizabeth Teissier meinen Respekt. Allerdings muss die kritische Frage erlaubt sein, ob die „Star-Astrologin" nicht an einem bestimmten Punkt den Bogen überspannt hat. Nichts gegen Horoskope in Illustrierten. Das ist Unterhaltung und auch nicht aberwitziger als all die sinnlosen Diäten – von der Ananas- bis zur Eier-Diät –, die in diesen Blättern propagiert werden. Die „Astro Show" war zwar Volksverdummung, jedoch eine harmlose Form davon, zumal am Schluss kaum noch jemand eingeschaltet hat. Einen entscheidenden Schritt zu weit ging Elizabeth Teissier jedoch, als sie sich in den Achtzigerjahren zur Politikberaterin aufschwang. Ich weiß nicht, ob sie zu der Zeit langsam selbst glaubte, die Zukunft voraussagen zu können. Doch den französischen Staatspräsidenten François Mitterrand bei weltpolitischen Entscheidungen zu beraten, erscheint wie die Überschreitung einer roten Linie. Frankreich ist immerhin eine Atommacht und der Staatspräsident ist derjenige, der den Finger am Abzug hat. Hier missachtete Teissier einen wichtigen Grundsatz, der für alle Faker gilt: Maß halten. Ein Faker muss an der richtigen Stelle aufhören und darf es nicht übertreiben. Andernfalls wird aus dem Fake am Ende doch Hochstapelei.

Dass Elizabeth Teissier bei der Beschäftigung mit den Sternen irgendwann die Bodenhaftung verloren haben könnte, zeigt auch der handfeste Skandal um ihre späte Promotion, mit dem sie erst vor Kurzem in die Schlagzeilen geriet. Ihre Arbeit mit dem Titel „Kritische Studie zur Astrologie und ihrer Ambivalenz zwischen Faszination und Ablehnung in den postmodernen Gesellschaften" und das anschließend bestandene Rigorosum brachten ihr den Doktorhut in Soziologie der Universität Paris ein. Viele Professoren der Universität waren empört, könne doch von einer „kritischen Studie" keine Rede sein. In Wirklichkeit gehe es Teissier um einen wissenschaftlichen Ritterschlag für die Astrologie. Nachdem die Astrologin das öffentliche Rigorosum zu einem Spektakel für ihre johlenden Anhänger gemacht hatte, behauptete sie tatsächlich in Verkennung der Tatsachen, nun sei die Astrologie an den Pariser Universitäten wieder eingezogen, dort also, wo sie mit dem Ende des Mittelalters habe ausziehen müssen. Doch so absurd diese Behauptung auch ist: Teissier darf sich jetzt buchstäblich „promovierte Astrologin" nennen. Und das ist dann doch wieder ein cooler Fake.

KAPITEL 17

Der Unternehmer

17 | DER UNTERNEHMER

Die allererste Firma des 24-jährigen Elon Musk hatte ihr erstes Büro mitten in Palo Alto. Es befand sich an einer Parallelstraße zur California Avenue, der Haupteinkaufsstraße jener adretten Kleinstadt, die dank der berühmten Stanford University als geistiges Epizentrum des Silicon Valley gilt. In der imposanten Adresse erschöpfte sich indes bereits alles Positive, das sich über dieses Büro sagen ließ. Es lag im ersten Stock eines dreistöckigen, beige-braun gestrichenen Betonklotzes, der zu beiden Seiten von öden Parkplätzen flankiert wurde. Gerade einmal etwas mehr als 50 Quadratmeter standen Musks Start-up mit dem sperrigen Namen Global Link Information Network hier zur Verfügung. Dadurch wirkte das Headquarter der aufstrebenden Internetfirma eher wie ein Studenten-Apartment. Die Toiletten waren so oft verstopft, dass es zum Running Gag zwischen Musk, seinem jüngeren Bruder und Geschäftspartner Kimbal und den ersten Angestellten wurde, von ihrem „Scheißarbeitsplatz" zu sprechen. Von den 28.000 US-Dollar, die Errol Musk, ein südafrikanischer Maschinenbauingenieur, seinen beiden Söhnen als Startkapital geliehen hatte, war nach der Kaution für das Büro sowie der Anschaffung von Computern und einigen schäbigen Möbeln kaum noch etwas übrig.

Das Schlimmste jedoch war, dass in diesem Büro kein schnelles Internet existierte. Es gab bloß eine stinknormale Telefonleitung, über die man sich mithilfe eines Modems in Zeitlupe mit dem Internet hätte verbinden können. Zwar steckte das World Wide Web im Jahr 1995 noch in den Kinderschuhen, doch für die neuen, digitalen Start-ups im Silicon Valley war der schnelle Internetanschluss ungefähr das, was für eine Bootswerft der Zugang zum Wasser ist: eine unverzichtbare Notwendigkeit. Elon Musk, der spätere Gründer der Automarke Tesla und des Raumfahrtunternehmens SpaceX, überlegte, wie zum Henker er an einen brauchbaren Internetanschluss kommen konnte. Überflüssig zu erwähnen, dass das Internet via Mobilfunk noch nicht erfunden war. Schließlich fiel Musk ein, dass die Büroräume im Erdgeschoss einem Internetprovider gehörten. Er verabredete sich mit dem Inhaber auf einen Kaffee und handelte aus, dass er das Büro des Providers anzapfen durfte. Gegen Bezahlung versteht sich. Musk bohrte nun eigenhändig ein Loch in die Wand zwischen seinem Büro und dem Treppenhaus. Durch das Loch zwängte er ein Ethernet-Kabel und verlegte es mit Klebeband entlang der Treppenstufen bis ins Büro im Erdgeschoss. Endlich konnte die Arbeit richtig losgehen!

Musk, der sich als Student das Programmieren selbst beigebracht hatte, schrieb fortan Programmcode, bis er von Müdigkeit überwältigt wurde. Dann schlief er einige Stunden auf dem Boden des Büros. Die Mitarbeiter hatten Anweisung, ihn morgens früh durch sanfte Fußtritte zu wecken. Kimbal Musk kümmerte sich derweil um den Vertrieb. Der Optimismus der Brüder war groß. Dabei hatten die beiden jungen Männer noch im Jahr zuvor überhaupt keine greifbare Geschäftsidee gehabt. Wie so viele zu jener Zeit waren sie fasziniert von den Verheißungen des Internets gewesen und hatten unbedingt ein Start-up gründen wollen. Während der Semesterferien des Sommers 1994 – Elon Musk stand kurz vor seinem Bachelor-Abschluss in Physik und Ökonomie an der Universität von Pennsylvania – waren sie wochenlang mit einem 20 Jahre alten BMW 320i ohne Klimaanlage durch die Wüstenregionen des amerikanischen Südwestens gefahren. Dabei hatten sie über mögliche digitale Geschäftsmodelle nachgedacht. So lange, bis ihre Gehirne von der Hitze und vom Grübeln zu Brei zerkocht waren.

Ihre beste Idee war eine Online-Plattform, auf der Ärzte sich vernetzen sollten. Die Brüder schrieben einen Businessplan. Doch danach verloren sie bald die Lust. Erst als Elon Musk nach dem Examen ins Silicon Valley umgezogen war und als Praktikant für verschiedene Start-ups arbeitete, bekam er eines Tages den entscheidenden Impuls: Ein Vertreter der Gelben Seiten kam bei einem der Start-ups vorbei und wollte die Firma für eine geplante Online-Ausgabe gewinnen. Er stellte sich dabei so ungeschickt an und zeigte so wenig Verständnis für das Internet, dass die Nerds ihn auslachten und nach Hause schickten. Allein bei Elon Musk machte etwas Klick. Die Idee eines Online-Branchenbuchs für Unternehmen war an sich gut. Man müsste die Sache nur richtig angehen und einen echten Zusatznutzen gegenüber der gedruckten Ausgabe der Gelben Seiten bieten. Beispielsweise, indem mit dem Anklicken eines Eintrags automatisch der genaue Standort des Unternehmens auf einer integrierten digitalen Landkarte angezeigt würde. Bald war die Idee zu Global Link Information Network geboren. Noch in der Anfangsphase benannte sich das Start-up um und gab sich einen unvergleichlich griffigeren Namen: Zip2.

EIN SUPERCOMPUTER ALS HERZSTÜCK DER GELBEN SEITEN

Aus heutiger Sicht erscheint es geradezu wie eine Schnapsidee, die Gelben Seiten für das Internet programmieren zu wollen. Vielleicht sind Sie ja auch selbstständig und kennen noch die Werbebriefe, mit denen dubiose Geschäftemacher vor einigen Jahren kleinen Unternehmen den Eintrag in irgendwelche obskuren Online-Branchenbücher schmackhaft machen wollten. Die Kosten des für die Auffindbarkeit der Firma angeblich unverzichtbaren Eintrags lagen typischerweise bei um die 800 Euro. Heute lässt sich mit so etwas niemand mehr hinters Licht führen, denn wer nach etwas sucht, der bemüht einfach Google. Wir müssen uns in das Jahr 1995 zurückversetzen, um zu verstehen, warum Zip2 tatsächlich ein aussichtsreiches Geschäftsmodell war. Der Browser Netscape hatte das World Wide Web gerade für alle zugänglich gemacht. Google wurde allerdings erst drei Jahre später, im September 1998, überhaupt gegründet. Die erste Idee zu einer Navigationshilfe für das Internet hatten die beiden Stanford-Doktoranden Jerry Yang und David Filo 1994 gehabt. Sie gründeten das Online-Verzeichnis Yahoo.

Yahoo war jedoch in seinen Anfangsjahren kaum mehr als eine sortierte und kommentierte Liste digitaler Lesezeichen. Die Idee eines ergänzenden Suchkatalogs ausschließlich für Unternehmen machte da durchaus Sinn. Für die Suche nach dem nächstgelegenen Biomarkt oder italienischen Restaurant gab es online noch nichts. Solch eine Website mit einem Kartendienst verknüpfen zu wollen – heute eine Selbstverständlichkeit bei jeder Homepage oder App – war sogar ziemlich genial. Und dann gelang Elon Musk auch noch eines der besten Geschäfte seines Lebens: Navteq hieß eine Firma, die für hunderte Millionen Dollar digitale Karten für GPS-Navigationssysteme entwickelt hatte. Musk beschwatzte Navteq am Telefon, ihm das digitale Kartenmaterial für seine Gelben Seiten kostenlos zu überlassen – und Navteq stimmte dem tatsächlich zu.

Alles sah also gut aus, wenn – ja, wenn Musk und sein Bruder nicht mittlerweile total abgebrannt gewesen wären. Das Startkapital des Vaters war schon lange aufgebraucht. Musk fuhr immer noch den uralten 3er BMW. Eines Tages verabschiedete sich bei voller Fahrt ein

Hinterrad und die Achse schliff eine tiefe Kerbe in den Asphalt. Die Musk-Brüder und einige ihrer ersten Angestellten wohnten gemeinsam in einem 2-Zimmer-Apartment. Da kein Geld für Möbel da war, lagen dort nur einige Matratzen auf dem Boden. Während die Programmierung gute Fortschritte machte, verlief der Vertrieb äußerst schleppend. Zip2 wollte sich zunächst auf das Silicon Valley und San Francisco konzentrieren. Doch selbst in diesem Technologie-Mekka sahen die meisten Restaurants, Boutiquen, Friseure oder Arztpraxen noch überhaupt nicht ein, weshalb sie im Internet auffindbar sein sollten. Als das Vertriebsteam eines schönen Tages doch einmal mit Aufträgen über 900 Dollar zurück ins Büro kam, glaubte Elon Musk zunächst an einen Scherz.

Ein Investor musste also her, und zwar so schnell wie möglich. Nun buhlten zu dieser Zeit im Silicon Valley tausende Start-ups um die Dollarbündel der Risikokapitalgeber. Womit sollte Zip2 da punkten? Das Produkt war schließlich noch nicht fertig. Es gab so gut wie keine Kunden. Also auch keine Aufträge und keine Referenzen. Da ersann Elon Musk einen spitzbübischen Fake: Er nahm einen ganz normalen PC, auf dem der Prototyp von Zip2 lief, und baute aus alten IBM-Computergehäusen eine riesige Hülle darum. Anschließend stellte er diesen Schrank auf einen Transportroller. Immer, wenn potenzielle Investoren zu Besuch kamen, zog Musk nun eine große Show ab. Mit gespielter Ehrfurcht rollte er den vermeintlichen Supercomputer, auf dem Zip2 zu laufen schien, in den Raum.

„Die Investoren waren total beeindruckt", erinnert sich Kimbal Musk gegenüber Elon Musks Biografen Ashlee Vance. Elon Musk selbst spielte in seiner Show den Vollblutunternehmer und versorgte jeden Investor mit dem einstudierten Spruch: „Ich habe die Mentalität eines Samurai und begehe lieber Seppuku, als zu scheitern." Die Investmentfirma Mohr Davidow Venture ließ sich schließlich überzeugen und steckte 3 Millionen US-Dollar in Zip2. Musk und sein Team änderten daraufhin ihre Strategie und verkauften lieber nur die Software für digitale Branchenbücher an Regionalzeitungen, als sie selbst zu pflegen. Ein kluger Schwenk, denn die Zeitungen hatten die nötigen Kundenkontakte, brauchten aber die neue Technologie. Im Februar 1999 kaufte der Computerriese Compaq Zip2 für 307 Millionen Dollar. Musk persönlich erhielt 22 Millionen. Den Löwenanteil investierte er kurz darauf in einen neuartigen Bezahldienst namens PayPal. Es wurde das „nächste große Ding" im Internet. Im Jahr 2002 zahlte eBay 1,5 Milliarden US-Dollar für PayPal. Großaktionär Musk stieg durch diesen Deal selbst in jene Liga superreicher Investoren auf, um deren Gunst er nur sieben Jahre zuvor mit seinem Fake gebuhlt hatte.

IN KURZER ZEIT DREI BRANCHEN DAS FÜRCHTEN GELEHRT

Zeitsprung in das Jahr 2015. Zwanzig Jahre sind vergangen, seit Elon Musk in einem Büro zwischen trostlosen Parkplätzen saß und Investoren davon überzeugen wollte, dass seine hochfliegenden Pläne bald Wirklichkeit würden. Jetzt sitzt er in einem anderen Büro zwischen noch größeren und trostloseren Parkplätzen und will die ganze Welt davon überzeugen, dass seine mittlerweile noch kühneren Pläne bald Wirklichkeit werden. Das Büro befindet sich nicht mehr im Silicon Valley, sondern in einer heruntergekommenen und hochgradig kriminellen Gegend von Los Angeles, ganz in der Nähe des internationalen Flughafens. Hier hat Musk Boeing ein Firmengelände abgekauft, auf dem der Flugzeugbauer bis vor einigen Jahren Rumpfteile für den Jumbo Jet montiert hat. Das weitläufige Gelände hat er zur Firmenzentrale seines Raumfahrtunternehmens Space X umbauen lassen. Unternehmer, die der NASA, der ESA und der russischen Raumfahrtbehörde Roskosmos Konkurrenz machen wollten, hat es vor Musk schon einige gegeben. Die meisten vermochten lediglich mit ihrem Ego abzuheben. Doch SpaceX befördert 2015 längst Raumkapseln zur internationalen Raumstation ISS.

Wie aus dem Nichts ist der Unternehmer Musk innerhalb weniger Jahre zu einem Teil der Raumfahrtindustrie geworden. Einer Industrie, von der bisher galt, dass nur die mächtigsten Staaten der Erde über die nötigen Ressourcen verfügten, um hier mitzumischen. Parallel hat Musks Unternehmen Tesla Motors mit dem Model S eine ausgewachsene Limousine mit Elektroantrieb auf den Markt gebracht, die etablierte Autobauer von Audi bis Volvo das Fürchten lehrt. Zu allem Überfluss sieht dieses Auto auch noch sehr gut aus. Es ist genau jene Art Fahrzeug mit reinem Elektroantrieb, hoher Reichweite und ausgefeilten Assistenzsystemen, das all die anderen Hersteller seit Jahren ankündigen, aber nicht bauen können. Tesla revolutionierte nebenbei noch den Vertrieb und verkauft seine Autos so, wie Apple Computer verkauft: mit einem reinen Online-Vertrieb, ergänzt durch Showrooms in den besten Lagen der Metropolen. Andere Hersteller planen seit Jahren den Einstieg in den Direktvertrieb via Internet, bekommen aber angesichts einer mächtigen Händler-Lobby keinen Fuß auf den Boden.

Da Tesla schon einmal dabei war, eine Branche aufzurollen, schuf der Newcomer auch noch sein eigenes Netz von Elektro-Tankstellen. Dort konnten Tesla-Fahrer die Batterien ihrer Autos anfangs sogar kostenlos aufladen. Fehlte nur noch der nachhaltig erzeugte Strom. Den liefert jetzt SolarCity, das dritte große Unternehmen von Elon Musk. Mit der Idee, Solarstromanlagen zu konzipieren, vertreiben und installieren sowie auf Wunsch auch zu betreiben oder zumindest zu finanzieren, krempelte der Unternehmer neben Raumfahrt und Automotive auch noch die Energiebranche um. Das alles innerhalb weniger Jahre und nach dem Innovationsprinzip der Kombination vorhandener Komponenten. An einer anderen Stelle in diesem Buch habe ich Professor Günter Faltin zitiert, der behauptet, im Internetzeitalter könne jeder, der einen Computer besitzt, ein Zementwerk bauen. Genauso gut kann er Autos bauen, Stromnetze errichten oder zum Mars fliegen. Wobei der Mars es Musk besonders angetan hat. Doch dazu später.

UND NACH STEVE JOBS ERSCHIEN EIN WEITERER MESSIAS

Es hat seinen Grund, dass Elon Musk sein Büro 20 Jahre nach der Gründung von Zip2 in Los Angeles hat und nicht mehr im Silicon Valley. Obwohl sich dort im Norden Kaliforniens, in San Carlos, nur etwa 15 Kilometer von Palo Alto entfernt, die Zentrale von Tesla Motors befindet. Jenes Unternehmens also, mit dem Musk das meiste Geld verdient und das ihn als Unternehmer weltweit bekannt gemacht hat. Noch viel mehr als für Automobile schlägt das Herz des Unternehmers jedoch für die Raumfahrt. Deshalb ist er auf dem Gelände von SpaceX, dort, wo die Raketen gebaut werden, in seinem Element. Privat wohnt er schon lange in Bel Air, jenem teuersten Stadtteil von L. A., wo Hollywoods Superstars in Villen leben, die oft nicht nur vom Baustil, sondern auch von der Zimmeranzahl her an Schlösser an der Loire erinnern. Die Wohngegend erscheint durchaus passend, denn Elon Musk ist mittlerweile der Superstar unter den Tech-Unternehmern, wenn nicht den Unternehmern überhaupt. In dieser Rolle hat er den verstorbenen Steve Jobs abgelöst. Mit Jobs hat er nicht nur charakterlich, sondern auch geschäftlich und im Hinblick auf das Image die eine oder andere auffällige Gemeinsamkeit.

Ebenso wie einst Steve Jobs versteht es auch Elon Musk, auf mehreren Hochzeiten gleichzeitig zu tanzen und sogar verschiedene Branchen parallel zu revolutionieren. Steve Jobs machte Apple zum profitabelsten Computerhersteller der Welt, heimste mit seinem Trickfilm-Studio Pixar Oscars ein, mischte mit iTunes und iPod die Musikindustrie auf und gilt als Vater des Smartphones. Musk knöpfte sich die Automobilindustrie, die Raumfahrt und den Energiesektor vor und schickt sich seit 2013 mit Hyperloop an, den Personen- und Güterverkehr für Fernstrecken neu zu erfinden. Jüngst ist er noch in die Erforschung der Künstlichen Intelligenz eingestiegen, wofür er, gemeinsam mit weiteren Investoren, ein Startkapital von einer Milliarde US-Dollar zur Verfügung gestellt hat. Mit Jobs gemeinsam hat Musk auch das bereits erwähnte Innovationsprinzip. Basisinnovationen finden bei ihm keine statt. Stattdessen wird intelligent kombiniert, zusammengefügt und vernetzt.

Wie vor ihm bereits Jobs, so hat auch Musk verstanden, dass das Internet mindestens so sehr eine soziale und ökonomische Revolution ist wie eine technische. Eine weitere Parallele besteht in dem Tandem mit einem kongenialen Designer. Bei Apple hat Jony Ive praktisch alle erfolgreichen Produkte gestaltet. Steve Jobs vertraute ihm blind. An der Seite von Elon Musk findet sich der deutschstämmige Amerikaner Franz von Holzhausen. Er entwarf nicht nur sämtliche Fahrzeuge von Tesla, sondern auch die mittlerweile schon ikonischen Ladestationen. Die vielleicht größte Gemeinsamkeit aber ist, dass die Tech-Branche und ihre fortschrittstrunkenen Apologeten den Unternehmer Musk, so wie einst den Firmenlenker Jobs, verehren wie einen Messias. Nerds bewundern an Musk nicht nur dies und jenes, sondern alles. Er gilt als ein Mann mit großen Visionen, der gleichzeitig Macher ist und mit der Umsetzung neuer Ideen nicht so lange fackelt wie die Schnarchnasen der Old Economy. Musk wird von der Tech-Gemeinde schon allein deshalb gepriesen, weil er nicht bloß hilft, Katzenfotos zu teilen (wie Facebook) oder Sportergebnisse zu suchen (wie Google), sondern richtige, anfassbare neue Dinge auf den Markt wirft: Autos, Solaranlagen, Raketen. Musk ist die Sonne im digitalen Technologie-Universum.

DER MANN, DER EINES TAGES DEN MARS KOLONISIEREN WIRD

Bei Elon Musk selbst kreist indes gar nichts um die Sonne, sondern alles um den Mars. Der Mars ist der tiefere Grund, warum Musk bei SpaceX sitzt und im Silicon Valley kein Büro mehr braucht, ja dort nicht einmal eine Zweitwohnung hat. Denn der Mars ist das eigentliche Ziel von SpaceX. Und der Mars ist es deshalb, weil er Elon Musks Obsession ist. Dass es für Musk ein Kinderspiel ist, Raketen zu bauen und diese zur Raumstation ISS fliegen zu lassen, hat er früh bewiesen. Mittlerweile ist SpaceX ein bedeutender Versorger der ISS und betreibt in Texas einen eigenen Weltraumbahnhof. SpaceX hat es mit dem militärisch-industriellen Komplex aufgenommen, konkurriert heute mit Unternehmen wie Boeing und Lockheed Martin und hat sich die Regierungen Russlands und Chinas zum Feind gemacht. Doch das alles erhöht Elon Musks Adrenalinspiegel längst nicht mehr. Seine wahre Mission illustrieren zwei Poster, die hinter seinem Schreibtisch in der Zentrale von SpaceX hängen. Beide zeigen den Mars. Das eine so, wie er heute ist: staubig, wüst und für den Menschen unbewohnbar. Das andere zeigt ihn als grünen Planeten, mit einer menschenfreundlichen Atmosphäre. Hier leben Menschen in ökologisch nachhaltigen Kolonien. Es sind Aussiedler, die mithilfe von SpaceX die Erde verlassen haben. Sie haben den Mars nicht nur besiedelt, sondern auch die Atmosphäre des Planeten verändert. So, als wäre das nichts.

Elon Musk ist der Unternehmer, der den Mars kolonisieren wird. Das ist sein Narrativ, seine Meistererzählung, seine große Geschichte. Die vollständige Story lautet so: Noch versucht Musk mit den Innovationen seiner Firmen die Erde vor dem ökologischen Kollaps zu bewahren. Noch lohnt es sich, in Solarstrom zu investieren, den Ausstieg aus den fossilen Energien zu forcieren und an künstlicher Intelligenz zu forschen. Doch für den nicht ganz unwahrscheinlichen Fall, dass es für die Rettung des Planeten Erde nicht genügen wird, wenn die Reichen bei Tesla Luxusautos mit Elektroantrieb kaufen, bleibt immer noch der Mars. Musk will den von Selbstauslöschung bedrohten Menschen eine Hintertür öffnen und es ihnen ermöglichen, auf einem jungfräulichen Planeten mit einer Hightech-Öko-Zivilisation noch einmal von vorn anzufangen. Natürlich nur jenen Menschen, die es sich leisten können. Produkte fürs einfache Volk hat ja auch Tesla nicht im Angebot.

Das Clevere ist unterdessen, dass Musks heutige Produkte von der großen Erzählung enorm profitieren. Wer bei SolarCity ein Solarpanel kauft, der kauft nicht bei irgendjemandem, sondern bei dem Unternehmer, der sich anschickt, die Menschheit zu retten. Oder zumindest den wohlhabenden Teil davon. Und wer in seinem Tesla Model S mit Tempo 140 über die Autobahn schnurrt, der darf sich einreden, mehr für die Rettung des Planeten zu tun als der Dieselfahrer, den er gerade überholt. Mag der Strom für sein Gefährt auch aus der Verstromung von Braunkohle stammen. Davon bekommt man am Steuer ja nichts mit. Man sitzt in einem der ästhetischsten und komfortabelsten Autos unserer Zeit und hat dabei noch ein gutes Gefühl.

Die Verpackung stimmt eben. Und das gilt für alles, was Elon Musk auf die Beine beziehungsweise die Räder gestellt hat, seit er bei Zip2 einen Fake-Superrechner auf ein Rollbrett platzierte. Ist es Zufall, dass mit Franz von Holzhausen der Chefdesigner, und damit der oberste Verpackungskünstler in Elon Musks Imperium, der engste Vertraute des Unternehmers ist? In einem gewissen Sinn ist die Erzählung von der bevorstehenden Kolonisation des Mars das heutige Gegenstück zu der gigantischen Hülle, in die der junge Elon Musk einst einen ganz normalen PC kleidete. Bloß sollen heute nicht mehr nur Investoren beeindruckt sein, sondern die Menschheit. Wir sehen einen Unternehmer, der angetreten ist, uns wenn nötig vor dem Untergang zu retten. Einstweilen verbergen sich in dieser aufgeblähten narrativen Hülle relativ gewöhnliche Autos, Solaranlagen, Batteriefabriken und Trägerraketen. Bis jetzt scheint auch dieser Fake zu funktionieren. Ob Musk ihn eines Tages einlösen kann, ob er oder seine Erben den Mars in ein galaktisches Palm Springs verwandeln werden, bleibt abzuwarten.

KAPITEL 18

Der Verleger

18 | DER VERLEGER

Gerade haben Sie begonnen, das letzte Kapitel dieses Buchs zu lesen. Es ist in einem Verlag erschienen, dessen Verleger ein Faker ist. Jedenfalls in seiner Rolle als Verleger. Das trifft sich ausgezeichnet, denn ich, der Autor dieses Buchs, bin ebenfalls ein durchaus erfahrener Faker. Der Oriol Verlag, der dieses Buch verlegt, weckt nach außen den Anschein eines etablierten Sachbuchverlags. Selbstverständlich betreibt er seine Geschäfte legal. Der Oriol Verlag ist Mitglied im Börsenverein des Deutschen Buchhandels, so wie es für Verlage in Deutschland obligatorisch ist. Er ist bei den branchenüblichen Distributoren gelistet, wie die anderen Verlage auch. Der Verleger zahlt im Inland seine Steuern, und zwar bis auf den letzten Cent. Und doch ist der Oriol Verlag im Kern mehr ein Fake als sonst irgendetwas. Bisher ist noch kein Mensch diesem Fake auf die Schliche gekommen. Dafür ist er auch einfach zu gut. Doch damit soll nun Schluss sein.

Sie, liebe Leserin, lieber Leser, sind in diesem Moment die Ersten, die eingeweiht werden. Selbstverständlich mit dem Einverständnis des Verlegers. Letzteres ließe sich auch kaum umgehen. Viele Verleger lesen die Manuskripte ihrer Autoren, bevor sie gedruckt werden. Da unterscheidet sich ein Faker in der Rolle eines Verlegers kaum von einem traditionellen Verleger. Einem Verleger, den wir uns – sofern wir die Klischees bemühen wollen – gern in einer Villa mit Parkgrundstück in München oder Frankfurt vorstellen. Dort sitzt er an einem antiken, mit Papieren überladenen Schreibtisch. In seinem Rücken befindet sich eine imposante Bücherwand. Meist arbeitet der Verleger bis tief in die Nacht. Er raucht Zigarre und blättert in den letzten, bereits fertig gesetzten Fassungen von Manuskripten, bevor sie mit seinem Segen in den Druck gehen. Mit einem solchen Verleger hat Andreas Wimmer, der Inhaber des Oriol Verlags, nichts gemein.

Erlauben Sie mir, ein wenig auszuholen. Bevor ich Ihnen den Verleger des Oriol Verlags näher vorstelle, möchte ich Ihnen berichten, wie ich überhaupt zum Bücherschreiben gekommen bin und wie sich meine Veröffentlichungen seitdem entwickelt haben. Nicht aus Eitelkeit, sondern weil Sie so besser verstehen, warum „Art of Fake" – wie bereits sein Vorgänger zum selben Thema mit dem Titel „Make the Fake" – im Verlag eines Fake-Verlegers erschienen ist.

Alles begann mit der Weiterentwicklung meiner Selbstständigkeit. Ich wollte nicht mehr vornehmlich Trainer, sondern Strategieberater im Gesundheitswesen sein. Einst hatte ich unter anderem Betriebswirtschaft mit Schwerpunkt Gesundheitsmanagement studiert und war, nach verschiedenen Fachpositionen in Krankenhäusern, in die Riege der Manager aufgestiegen. Wie man ein Krankenhaus plant, organisiert und leitet – auch ein sehr großes Krankenhaus –, das wusste ich. Nun hatte ich mir als nächsten Karriereschritt die Rolle des Strategieberaters ausgesucht. In dieser Rolle würde ich in vielen interessanten Häusern tätig sein. Ich würde dabei sein, wenn die Weichen für die Zukunft gestellt und wichtige Entscheidungen getroffen werden. Das reizte mich enorm.

Doch ich hatte keinerlei Erfahrung als strategischer Berater, besaß keine Referenzen, nichts. Meine zukünftigen Mitbewerber trugen Namen wie Bain & Company oder McKinsey Healthcare. Trotzdem musste ich ja irgendwo anfangen. Die klassische Ausgangssituation für einen Fake! So schrieb ich ein Fachbuch über die Inhalte meiner zukünftigen Tätigkeit. Es trägt den Titel „Strategisches Führen in Gesundheits- und Pflegeunternehmen", umfasst rund 250 Seiten und ist in einem deutschen Wissenschaftsverlag erschienen. Dieses Buch war mein Akquise-Instrument. Ich investierte in PR, was dafür sorgte, dass sich das Buch unter Entscheidern im deutschsprachigen Gesundheitswesen rasch verbreitete. Als ich dann mit ersten potenziellen Beratungskunden Gespräche führte, hörte ich öfter den Satz: „Ah, Sie sind derjenige, der auch das Buch über Strategie im Gesundheitswesen geschrieben hat!" Ich nickte stets bestätigend. Obwohl das so natürlich nicht ganz richtig war. Ich war nicht derjenige, der auch das Buch über Strategie geschrieben hatte. Sondern ich war derjenige, der nur das Buch geschrieben hatte. Es war meine bis dahin einzige Referenz als Stratege.

BÜCHER SCHREIBEN IST NICHT LEICHT, MACHT ABER VIELES LEICHTER

„Schreiben Sie ein Buch" – so schlicht auf den Punkt gebracht lautet der Rat des Marketing- und Karriereberaters Jochen Mai. Der Diplom-Volkswirt und Wirtschaftsjournalist leitete lange das Ressort

„Management und Erfolg" bei der „Wirtschaftswoche", bevor er sich selbstständig machte und unter anderem das Online-Magazin „Karrierebibel" gründete. Selbstverständlich ist Mai auch selbst mehrfacher Buchautor. Neben Büchern zu Fachthemen, mit Titeln wie „Die Karriere-Bibel" (analog zum Namen seiner Website, wobei er sich etwas gedacht haben muss), veröffentlichte Mai bisher zwei populäre Sachbücher: „Ich denke, also spinn ich" und „Warum ich losging, um Milch zu kaufen, und mit einem Fahrrad nach Hause kam".

Den Rat, ein Buch zu schreiben, um die eigene Karriere zu fördern, werden Ihnen außer Jochen Mai noch Legionen von Marketingberatern und PR-Agenten, Erfolgstrainern, Karriere-Coachs und sonstigen berufsmäßigen Einflüsterern geben. Ganz abgesehen von all den Publikationsberatern, Schreib-Coachs, Literaturagenten und Verlagslektoren, die schon aus purem Eigennutz nicht müde werden, die Vorzüge des Bücherschreibens für die Karriere zu preisen. Buchautor zu sein gehört zum Standardrepertoire des „Personal Branding" – und an jener Metamorphose der eigenen Person zur Marke kommt kaum jemand vorbei, der sich heute als Experte selbstständig macht.

Das Bücherschreiben wird einem mit solchem Nachdruck empfohlen, dass man irgendwann schon misstrauisch werden kann. Wird nicht immer weniger gelesen? Ist es angesichts der Flut von Büchern, die heutzutage auf den Markt gespült werden, nicht immer schwieriger, als Autor überhaupt Aufmerksamkeit zu bekommen? Das mag so sein. Dennoch kann ich Ihnen aus eigener Erfahrung versichern: Bücher zu veröffentlichen hilft tatsächlich. Mein Strategie-Buch verschaffte mir meine ersten Aufträge als Strategieberater. Nachdem ich über Strategien im Gesundheitswesen „nur" geschrieben hatte, ließ man mich sie schließlich auch entwickeln und gemeinsam mit meinen Kunden umsetzen. Einigermaßen glaubhaften, jedenfalls nicht durch Erpressung erzwungenen Kundenfeedbacks zufolge, führte meine Strategieberatung durchaus zu den erhofften Erfolgen. So löste ich meinen Fake ein. Ich war nach einiger Zeit tatsächlich der Strategieberater im Gesundheitswesen, der auch das Buch dazu geschrieben hatte.

Da mein Strategie-Buch so gut angekommen war, legte ich noch ein Fachbuch zur Personalbedarfsplanung im Gesundheitswesen nach.

Worauf hatte ich mich da bloß eingelassen! Eine der modernen Varianten des Ruderns auf einer Galeere ist eindeutig das Schreiben über Personalbedarfsplanung. Zumindest, wenn man den Anspruch hat, dass ein solches Buch Modellrechnungen enthält und diese Berechnungen – bitteschön – bis auf die letzte Nachkommastelle korrekt zu sein haben. Ich hatte mir in den Kopf gesetzt, mich dieser schwierigen Materie gewachsen zu zeigen und somit einen weiteren Kompetenznachweis zu erbringen. Beide Bücher, aber auch mein drittes Fachbuch über den Nutzen von Tageskliniken, wurden von ihren Lesern auf Amazon hoch gelobt. Das waren echte, nicht von mir bestellte Rezensionen. Ich müsste lügen, wenn ich behauptete, auf diese positiven Besprechungen nicht auch ein wenig stolz sein. Und ein Faker lügt schließlich nicht!

DAS ZIEL: SPEAKER, STRATEGE, SACHBUCHAUTOR

Zeitgleich zu meiner Karriere als Fachbuchautor machte sich auch der Diplom-Ökonom und Marketing-Berater Andreas Wimmer an die Veröffentlichung seines ersten Buchs. Der in Köln lebende Norddeutsche berät DAX-Konzerne knapp unterhalb der Vorstandsebene beim Thema Kundenbeziehung. Insbesondere die neuen digitalen Möglichkeiten, mit denen große Unternehmen heute personalisiert mit Kunden kommunizieren können, haben es dem Betriebswirt angetan. Dabei ist sein Selbstverständnis – genau wie meines – das eines Strategen. Und erst in zweiter Linie das eines Technologie-Experten. Wimmers erstes Buch sollte das Thema „Easiness" aufgreifen, das um 2012 von Businessgurus zum Megatrend erkoren worden war. Dazu gab es noch keine Literatur. Wimmers Grundthese war, dass Kunden heute am liebsten dorthin gehen, wo Unternehmen es ihnen leicht machen. Amazon gilt als Vorreiter der „Easiness" – ein einziger Klick, und das Produkt macht sich auf den Weg zur voreingestellten Adresse. Andreas Wimmer hatte genaue Vorstellungen, wie sein erstes Buch aussehen sollte: gebunden, hochwertig, durchgängig vierfarbig, mit zahllosen Illustrationen. Das Ganze bitte im Laden nicht zu teuer, höchstens 25 Euro, um die Buchkäufer nicht zu verschrecken. Beim „Personal Branding" verdient man mit Büchern schließlich nicht direkt Geld, sondern indirekt.

Nachdem er sich mit dem Buchmarkt beschäftigt und bei Branchenexperten Rat geholt hatte, wurde Wimmer klar, dass er für ein solches Projekt niemals einen der Wirtschaftsverlage würde gewinnen können. Viel zu viel Aufwand bei zu kleiner Zielgruppe, also keine Ertragschancen für einen herkömmlichen Verlag. Hinzu kam, dass Wimmer von Insidern Horrorgeschichten darüber gehört hatte, wie sehr die etablierten Verlage den Autoren beim Schreiben hineinreden und versuchen, die Inhalte der Bücher nach eigenem Gusto und politischer Neigung zu beeinflussen. (Die meisten dieser Geschichten scheinen übrigens zu stimmen, da ich sie auch schon oft gehört habe.) Andreas Wimmer hatte keine Lust darauf, einem Verlag die Rechte an seinen Texten zu übertragen und zum Dank ständig ins Handwerk gepfuscht zu bekommen. Deshalb dachte er über eine alternative Lösung nach.

Zu diesem Zeitpunkt konnten sich unsere Wege noch nicht kreuzen. Als Fachbuchautoren lagen wir thematisch zu weit auseinander. Und ich hatte bereits die nächste Stufe auf der „Karriereleiter" als Buchautor im Blick. Dies wiederum hing damit zusammen, dass ich angefangen hatte, Vorträge zu halten. Ich meine damit keine Fachvorträge in spärlich besuchten Hörsälen von Universitäten oder an Volkshochschulen. Sondern unterhaltsame Auftritte vor größerem Publikum, sogenannte Keynote-Speeches. In den USA gibt es schon seit Jahrzehnten einen Markt für Keynote-Speaker. Sie sprechen am häufigsten zu Businessthemen und zum Thema persönlicher Erfolg. Seit gut 10 Jahren sind Vorträge auch im deutschsprachigen Raum ein lukrativer Markt. Die Szene organisierte und professionalisierte sich damals. Vorreiter wie Hermann Scherer gaben als Mentoren ihr Wissen an erfolgshungrige Nachwuchs-Sprecher weiter. Newcomer lockte die Vorstellung, mit einem einstündigen Auftritt bei Kongressen oder vor Führungskräften von Unternehmen 5.000 Euro oder mehr zu verdienen.

Da ich als Strategieberater bereits ein gutes Auskommen hatte, sah ich beim Reden mehr den Spaßfaktor und die neue Herausforderung. Sich mit seinem Wissen auf die große Bühne zu stellen und aus seinem Thema eine Infotainment-Show zu machen, faszinierte mich. Ich vernetzte mich mit erfahrenen Speakern und holte mir Rat. Von allen hörte ich, Bücher zu veröffentlichen sei Pflicht für Redner. Als ich dann stolz von meinen drei eigenen Büchern berichtete, wurde ich umgehend korrigiert: „Nein, nein, Speaker schreiben keine Fachbücher. Speaker schreiben populäre Sachbücher."

DER WINDUNGSREICHE WEG ZUM ERSTEN SACHBUCH

Ich sah mir den Buchmarkt daraufhin an, welche Art von Buch bekannte Vortragsredner veröffentlichten. Tatsächlich gab es da seit etwa 2010 die Tendenz, dass Experten, die bisher eher fachliche Titel herausgebracht hatten, sich in das Genre des Sachbuchs für breites Publikum vorwagten. Jochen Mai habe ich bereits erwähnt. Hermann Scherer veröffentlichte jahrelang Bücher zu Marketingthemen, bevor er mit „Glückskinder" und „Schatzfinder" in relativ kurzer Folge zwei Titel auf den Markt brachte, die in locker formulierter Form und nicht frei von Plattitüden um Erfolg, Glück und das Leben an sich kreisen. Anja Förster und Peter Kreuz waren einige Jahre lang so etwas wie die deutsche Ausgabe des schwedischen Businessguru-Duos Ridderstråle und Nordström gewesen, als sie sich mit ihrem Buch „Hört auf zu arbeiten" plötzlich an ein Massenpublikum wandten. Die Perspektive, Speaker zu sein und Sachbücher zu veröffentlichen, fand ich durchaus interessant. Als Ökonom wollte ich nichts wirtschaftlich Unsinniges tun, aber ich hatte bei beidem auch keinen Erfolgsdruck. Die Sache schien sowohl Sinn als auch Spaß zu machen. Ich wusste zwar noch nicht, worüber ich Sachbücher schreiben wollte – aber ich stürzte mich ins Abenteuer.

Mein übergeordnetes Thema als Speaker waren die Veränderungen in Wirtschaft und Arbeitswelt. Das stand zu dem Zeitpunkt bereits fest. Aus diesem Thema leitete ich verschiedene Thesen ab. Eine dieser Thesen lautete, dass die zunehmende Spezialisierung und Subspezialisierung in der Arbeitswelt die Kunst des Scheins zu einer unverzichtbaren Kulturtechnik für alle macht. Der Schein geht dem Sein stets voraus. Wie sonst sollte ein Chirurg je seine erste OP bewältigen? Er muss so tun, als sei er bereits ein Könner. In Anlehnung an den amerikanischen Spruch „Fake it until you make it" – der das von mir Gemeinte exakt auf den Punkt bringt – fand ich schließlich ein passendes Schlagwort: Fake. Ich war mir sicher, dass die Kunst des Fakes Stoff für mehr als ein unterhaltsames Sachbuch böte. Den Fake gedachte ich augenzwinkernd, aber durchaus mit seriösem Hintergrund zu charakterisieren. Ich wollte für diejenigen schreiben, die mit solchen Büchern etwas anfangen können, was naturgemäß einen gewissen Sinn für Humor voraussetzt. (Letzteres kann eine sehr hohe Hürde bei dem Versuch sein, Menschen über Medien zu erreichen, was mir als Lektion jedoch erst noch bevorstand.)

Da ich das, was ich tue, gerne professionell tue, wandte ich mich an ein kleines Team von Beratern für Sachbuchautoren, das seine Zentrale in Düsseldorf hat. Meine Berater waren sofort begeistert von dem Thema „Fake". Wir hatten offensichtlich einen ähnlichen Humor und lachten bereits in den ersten Gesprächen viel miteinander. Die Autorenberater unterstützten mich dabei, das Konzept für mein erstes Sachbuch zu machen. Zunächst sollte es schlicht „Fake" heißen. Da es Bücher mit diesem Titel aber bereits gab und die Verwechslungsgefahr groß war, wurde schließlich „Make the Fake" daraus. Nun sollte nur noch ein Verlag her. Als Autor dreier Fachbücher, die viel Lob erfahren und sich für Fachpublikationen sehr gut verkauft hatten, glaubte ich, die Türen zu den Sachbuchverlagen stünden mir weit offen. Doch da täuschte ich mich. Selten habe ich so viel Ignoranz, Humorlosigkeit und schlechte Manieren erlebt wie bei meinem kurzen Ausflug in den eigenwilligen Kosmos der deutschen Sachbuchlektorate.

ENDLICH EIN VERLAG, DER MICH ALS AUTOR VERSTEHT

Die meisten Lektorate, die ich mit einem Exposé und einem Probekapitel versorgt hatte, verstanden das Thema des Buchs überhaupt nicht. Beim telefonischen Nachfassen stellte sich dann heraus, woran dies hauptsächlich lag: Niemand hatte das Exposé und den Probetext überhaupt gelesen. Dennoch wurde ich meist wortreich darüber aufgeklärt, dass es für ein Buch zum Thema „Fake" (mit viel mehr als dem Titel hatte man sich nicht befasst) keinen Markt gebe. Fakes und Fake News seien eine ganz schlimme Erscheinung unserer Zeit. Da gebe es keinen Grund, sich drüber lustig zu machen! Bloß dass mein Buch von Internet-Fakes und Fake News überhaupt nicht handelt, wie man der

Lektüre des Exposés leicht hätte entnehmen können. Eine Lektorin aus Norddeutschland riet mir, ich solle das Buch „downsizen“ (so ihre Wortwahl) und einen Erfolgsratgeber für Berufseinsteiger daraus machen. Auch sie hatte offensichtlich nichts begriffen.

Haarsträubend war auch die E-Mail einer Lektorin aus Frankfurt. Sie schrieb mir, ihr Verlag plane für jenen Herbst ein ganz ähnliches Buch. Doch ich solle mir keine Sorgen machen, der Verlag gedenke nicht, mir meinen Titel zu „klauen“. Das war eine der impertinentesten Mails, die ich je erhalten habe. (In besagtem Verlag ist, nebenbei bemerkt, bis heute kein vergleichbares Buch erschienen.) Als ich dem Wahnsinn langsam näherkam, brachten meine Autorenberater Herrn Wimmer ins Spiel. Er wurde mir als langjähriger Kunde und Geschäftspartner vorgestellt. Sein Verlag sei möglicherweise eine Alternative für mich. Vielleicht könnten wir uns einmal treffen? Ich telefonierte daraufhin mit Herrn Wimmer und wir stellten fest, dass wir gerade beide viel in München zu tun hatten. Zum persönlichen Kennenlernen schlug Wimmer ein Abendessen bei Schuhbeck vor. Ich stutzte. Aha, Verleger, München, Schuhbeck – alles klar, dachte ich. Wimmer bemerkte mein Zögern und präzisierte: Er meine nicht das Haubenrestaurant von Schuhbeck, sondern Schuhbecks günstigeres Gasthaus gleich gegenüber. Wir lachten. Das Eis war gebrochen.

Als ich mich zur vereinbarten Zeit beim „günstigen“ Schuhbeck eingefunden hatte, spazierte pünktlich ein lässig gekleideter, fröhlicher Typ Mitte 30 zu meinem Tisch. Das also war der Verleger! Er war mir auf Anhieb sympathisch. Nach dem Essen zeigte er mir sein liebevoll gestaltetes Buch mit dem Titel „Easiness“. Ein wahres Prachtstück. Dazu hatte er als eine Art aufgebohrten Geschenkkarton noch die sogenannte „Easiness-Box“ kreiert. Sie hatte dasselbe Design wie das Buchcover und enthielt unter anderem ein Poster zum Buch, ein „Easiness-Manifest“ sowie eine Postkarte mit einem eingebauten Video-Player, auf dem ein Erklärfilm zu „Easiness“ lief. Das alles durfte ich als Geschenk behalten.

Mittlerweile hatte ich auch begriffen, dass Herr Wimmer gar kein „richtiger“ Verleger war. Er hatte den Oriol Verlag gegründet, weil er ein Buch ganz nach eigenen Vorstellungen gestalten, aber nach außen den Anschein erwecken wollte, als sei es in einem etablierten Verlag erschienen. Die Illusion war vollkommen. Nichts an dem Buch wirkte selbstgestrickt, nichts deutete auf Eigenverlag hin. Das Buch war in einer Druckerei gedruckt worden und nicht im heute bei Selbstverlegern üblichen Print-on-Demand-Verfahren. Die Paletten mit den Büchern lagerten jetzt in der Garage von Herrn Wimmers Eltern. Das Einzige, was den Fake hätte enttarnen können, war, dass das Buch fast schon zu perfekt war. Doch das fiel keinem auf. Sogar erfahrene Journalisten glaubten den Fake. Sie riefen Herrn Wimmer an und verlangten, zur Presseabteilung des Oriol Verlags durchgestellt zu werden.

LASSEN SIE DIE GATEKEEPER HINTER SICH!

Noch bevor der Kellner die Rechnung brachte, war ich mit Andreas Wimmer einig, dass mein erstes Sachbuch im Oriol Verlag erscheinen sollte. Im Gegensatz zu all den Verlagslektoren hatte der Strategieberater Wimmer das Thema und die Grundthese meines Buchs auf Anhieb verstanden. Die Ironie des Ganzen schien ihm nicht unsympathisch zu sein. Er hatte auch nicht das geringste Problem mit dem Begriff „Fake". Da ihm seine eigene Buchveröffentlichung offenbar viel Spaß gemacht hatte, war er bereit, den Oriol Verlag für weitere Autoren zu öffnen. Nur das übliche Prozedere mit seitenlangen Verlagsverträgen würden wir uns sparen. Schließlich war der Oriol Verlag eigentlich ein Fake. Wir einigten uns per Handschlag, dass der Verlag mein Buch setzen und drucken würde und ich die Marke Oriol nutzen durfte. Meine Rechte am Text sollte ich uneingeschränkt behalten. Eine schriftliche Vereinbarung habe ich zu alledem bis heute nicht. Herr Wimmer schrieb nicht nur über „Easiness", sondern machte es mir auch ausgesprochen easy. Seine Lässigkeit, gepaart mit Verbindlichkeit und Zuverlässigkeit, gefiel mir.

Dazu muss man wissen, wie Verlage normalerweise agieren. Als Autor übertragen Sie dem Verlag auf mehreren Seiten Vertrag sämtliche nur denkbaren Rechte an Ihrem Text. Das führt zu absurden Passagen. Ich habe zum Beispiel auch das Recht zur Aufführung meines Fachbuchs über Personalbedarfsplanung als Theaterstück an den Verlag übertragen müssen. Die Verlage lassen hier nicht mit sich reden, der sogenannte Normvertrag ist Pflicht. Haben Sie einmal unterschrieben, müssen Sie künftig beim Verlag betteln, wenn Sie auch nur eine halbe Seite aus Ihrem Buch auf der eigenen Website oder in einem Artikel verwenden wollen. Denn alle, wirklich alle Rechte gehören nun dem Verlag. Wie viel angenehmer ist das bei einem Fake-Verlag. Ich kann mit meinen Texten immer noch machen, was ich will, und habe trotzdem ein Buch.

Bis heute bin ich rundum glücklich mit dem Oriol Verlag. Mein erstes Sachbuch erschien in einer aufwendigen Ausstattung ganz nach meinen Vorstellungen, was mir ein gewöhnlicher Verlag niemals zugestanden hätte. Und der Fake ist – wie bereits erwähnt – bis heute niemandem aufgefallen. Zugegeben, ich habe den Fake noch auf die Spitze getrieben, indem ich stets erzählte, mein Buch sei im Oriol Verlag Frankfurt erschienen. (Als tatsächliche Verlagsadresse ist das Elternhaus von Herrn Wimmer in einer norddeutschen Kleinstadt angemeldet.) Oft war die Reaktion: „Ah, im Oriol Verlag! Den kenne ich."

Wie jeder gute Fake, so ist auch der Oriol Verlag ein Spiegel wirtschaftlicher und gesellschaftlicher Entwicklungen. Früher brauchte man einen Vertrag mit einem Filmstudio, um einen Film zu drehen, einen Vertrag mit einem Plattenlabel, um Popstar zu werden, und einen Vertrag mit einem Verlag, um Buchautor zu sein. Heute braucht man das alles nicht mehr. Mit dem neuesten iPhone lassen sich Filme in HD drehen, es gibt YouTube und es gibt Buchdienstleister nach dem Print-on-Demand-Prinzip. Wem Letzteres nicht genügt, der gründet einfach seinen eigenen Verlag, so wie Andreas Wimmer. Er sucht sich über das Internet all die Lektoren, Korrektoren, Grafiker, Setzer, Drucker und Logistiker zusammen, die er braucht.

Der Faker versteht sich nicht allein aufs Überleben im System, sondern er sprengt auch oft dessen Grenzen. Faker geben sich den Anschein des Alten, solange es nötig ist, um mit dem Neuen reüssieren zu können. Faker halten sich mit den Lordsiegelbewahrern und Gatekeepern in gesättigten Märkten nicht mehr auf. Sie machen ihr eigenes Ding. Sie lassen sich von Plattenfirmen nicht vorschreiben, wie ihre Musik zu klingen hat, und von Verlagslektoraten nicht diktieren, wie sie ihre Bücher zu schreiben haben. Ich kann Ihnen deshalb mit dem Titel meines ersten Sachbuchs im Oriol Verlag nur zurufen: „Make the Fake!"

EPILOG

Sie sind unter uns. Wir begegnen ihnen faktisch täglich. Doch für die meisten bleiben sie unentdeckt. Als Leserin und Leser dieses Buchs gehören Sie nun aber zum Kreis jener, denen sich der eine oder andere Fake etwas leichter erschließt. Es bleibt trotzdem keine einfache Sache. Ist es doch ein Grundgesetz der Faker, ihrer Kunstfertigkeit unerkannt nachzugehen. Sie maskieren sich, um das Vertrauen des Markts zu gewinnen. Da bedarf es schon des Blicks der Eingeweihten. Willkommen in der Welt des Fakes!

Faker geben vor etwas zu beherrschen, noch bevor sie es richtig können. Sie spielen die Experten, ohne schon welche zu sein. Sie verschaffen sich die Aura des Erfolgs und kreieren ihre eigene Markenidentität. Sie setzen stets die passende Maske auf und sorgen so für den notwendigen Nimbus. Faker machen dies niemals zu ihrem Vergnügen, sondern aus Notwendigkeit. Sie geben ein Versprechen ab, das sie keinesfalls brechen wollen. Sie haben ehrliche Absichten und oft trotzdem keine andere Wahl. Sie haben alle ihre Geschichten. Denn der Fake ist die heimliche Kernkompetenz der Erfolgreichen. Jeder Fake ist ein Brückenschlag zwischen Talent und Anerkennung, die Eintrittskarte ins Establishment. Der Markt verlangt den Fake. Wir verlangen ihn. Wir wollen mit Könnern zu tun haben, nicht mit Stümpern.

Und weil selbst ich immer wieder überrascht bin vom Einfallsreichtum der Profis, darf ich Ihnen zum Abschluss noch eine kleine Geschichte schenken. Eine Geschichte, die ich in Wien erlebt habe:

Es war in einem spanischen Restaurant. Den Namen habe ich nicht mehr parat, aber er klang so ähnlich wie „Alba Toro“ oder „Alba d'Oro“. Was auch immer. Ich wartete auf einen Geschäftsfreund und weil es etwas zu feiern gab, warf ich einen Blick in die Weinkarte. Vinos Ibericos sind nicht mein Fachgebiet, muss ich gestehen, deshalb bat ich den Ober um Hilfestellung. Eine kluge Entscheidung, wie sich bald herausstellen sollte, denn fachlich profund, unterlegt mit einem feinen Witz, referierte er zur Karte. Und der weiße Rioja, den er empfahl, war eine Sensation.

Dabei blitzten immer wieder seine makellosen Zähne auf, die sich, schneeweiß und alle Klischees bestätigend, von seinem kräftig schwarzen Oberlippenbart und dem sonnengebräunten Teint abhoben. Das einzige, was so gar nicht ins Bild passen wollte, waren Sprache und Akzent. Alles andere als spanischen Ursprungs, wie ich schnell feststellte. Sicherlich nicht westlicher als Scheibbs – eine kleine Stadt im Mostviertel. Aber sympathisch war er, dieser „Spanier". Außerordentlich sympathisch und mit Expertenwissen beschlagen bis ins kleinste Detail. Und weil es die Situation erlaubte, sprach ich ihn auf seine Herkunft an. Die Antwort war eine bisher noch nie erlebte Nebenläufigkeit eines Fakes und seiner gleichzeitigen Auflösung: „I kum aus dem andalusischen Teil von Ottakring!", so seine Auskunft.

Man muss kein Wien-Kenner sein um zu wissen, dass Ottakring jener Gemeindebezirk ist, der sich vor allem durch die Multinationalität seiner Bewohner auszeichnet. Eine kleine, aber reife Geste, ein unscheinbarer Dialog mit einem Faker, der längst angekommen ist und aus seiner Geschichte kein Geheimnis mehr zu machen braucht.

Was wieder einmal beweist: Jeder Fake ist temporär und wird beendet, wenn es an der Zeit ist.

QUELLENHINWEISE

Für dieses Buch habe ich einige der schönsten Faker-Momente zusammengetragen. Leider konnte ich bei den wenigsten dieser Begebenheiten selbst anwesend sein. Wie jeder gute Sachbuchautor stütze ich mich also auf zahlreiche Quellen. Auf den folgenden Seiten nenne ich zu jedem Kapitel die wichtigsten davon. Quellen, die bereits im Kapitel-Text ausdrücklich benannt sind, werden dabei in der Regel nicht wiederholt. Dafür gebe ich hier und da Empfehlungen zu weiterführender Lektüre.

Als ehrlicher Faker kann ich Ihnen versichern, dass sämtliche Geschichten in diesem Buch gewissenhaft recherchiert sind und der jeweils von mir behauptete Fake im Kern belegbar ist. Gleichzeitig habe ich mir die schriftstellerische Freiheit erlaubt, die eine oder andere Geschichte ein wenig auszuschmücken, um die Geschehnisse für Sie als Leserinnen und Leser lebendig werden zu lassen.

KAPITEL 1: DER UHRMACHER

Die Markenstory von Jacques Lemans und die Geschichte der Begegnung des Unternehmer-Ehepaars Riedl mit Kevin Costner in Schladming finden sich auf der Firmen-Website jacques-lemans.com. In der Tageszeitung „Die Presse“ erschien im Juli 2017 ein Artikel von Eduard Steiner über Alfred Riedl („Solche Erlebnisse vergisst man nicht“), der als Quelle gedient hat. Daneben habe ich verschiedene Artikel aus der „Kleinen Zeitung“ benutzt, die zum Teil leider nicht mehr online abrufbar sind. Ein Porträt Alfred Riedls von Adolf Winkler erschien hier im August 2017 unter der Überschrift „Burgherr Alfred Riedl sieht sich im Frondienst“. Zu den „Testimonees“ der Firma Rolex siehe deren Website rolex.com.

KAPITEL 2: DER BALLSPORTLER

Das Kapitel über John Randle stützt sich in weiten Teilen auf einen 20-minütigen US-Fernsehbeitrag mit dem Titel „John Randle: The Craziest Man in NFL History". Der Beitrag stammt aus der Reihe „A Football Life" der Film- und TV-Produktionsfirma NFL Films und war zur Zeit meiner Recherche auf YouTube abrufbar. Den Fake mit der Eisenkette schildert John Randle in diesem sehenswerten Beitrag in allen Details. Über das berüchtigte rassistische „Gentlemen's Agreement" der NFL aus dem Jahr 1933 und dessen Folgen bis heute erschien im Januar 2018 in der „Huffington Post" ein Artikel von Jamil Smith: „The Blackest Season in NFL History".

KAPITEL 3: DIE MODESCHÖPFERIN

Zu Elsa Schiaparelli erschien 2014 im „Profil" ein Porträt von Angelika Hager unter der Überschrift „Die größte Exzentrikerin der Modegeschichte". Bereits 2013 war im „Spiegel" ein Artikel von Jutta Lutteroth mit dem Titel „Die Frau, die Paris ohrfeigte" zu lesen. Die Autobiografie der Schiaparelli mit dem Titel „Shocking Life" wurde vor wenigen Jahren neu aufgelegt und ist auch in deutscher Übersetzung erhältlich. Über den Relaunch des Modelabels Schiaparelli berichtete Alfons Kaiser 2012 in der „Frankfurter Allgemeinen" unter der Überschrift „Aus der Mottenkiste auf den Laufsteg". Die Quellen zur Biografie von Elsa Schiaparelli widersprüchlich zu nennen, wäre stark untertrieben. Selbst die englischsprachige und die deutschsprachige Wikipedia unterscheiden sich in ihren Angaben deutlich. Schiaparellis Faker-Auftritt beim Diner des Chefredakteurs der „Vogue" ist immerhin verschiedentlich belegt. Es könnte also tatsächlich so oder so ähnlich gewesen sein wie im dritten Kapitel dieses Buchs recht frei nacherzählt.

KAPITEL 4: DER AUTOVERKÄUFER

Die Quellen dieser Geschichte sind meine eigene Erinnerung sowie ein angenehmes Gespräch mit Johannes Stangl über unsere erste Begegnung im Autohaus. Herr Stangl, nach wie vor Autoverkäufer in meiner Heimatstadt, hat das fertige Kapitel gelesen und ist mit der Veröffentlichung einverstanden.

KAPITEL 5: DER KOMPONIST

Ich habe die Ehre und das Vergnügen, den einzig lebenden Barockkomponisten Franz Xaver Frenzel alias Friedemann Katt zu meinen Freunden zählen zu dürfen. Das Kapitel basiert auf einem Interview, das ich mit Friedemann Katt für dieses Buch geführt habe. Der Abschnitt über die Geldsorgen berühmter Komponisten stützt sich auf diverse frei zugängliche biografische Quellen.

KAPITEL 6: DER PERLENHÄNDLER

Auf den Fake des Perlenhändlers Salvador Assael bin ich über das Buch „Warum ich losging, um Milch zu kaufen, und mit einem Fahrrad nach Hause kam“ von Jochen Mai aufmerksam geworden. Dort ist die Geschichte der schwarzen Perle enthalten. In der „New York Times“ erschien 2011 ein Nachruf auf Salvador Assael von Margalit Fox. Naturgemäß etwas idealisierter wird „The History of Assael“ auf der Firmenwebsite assael.com geschildert. Auf der Seite perlenforum.de findet sich ein Beitrag zur „Geschichte der Perlen von der Antike bis in die Gegenwart“, der als Quelle gedient hat. Wer sich näher für die Mem-Theorie interessiert, findet alles dazu in dem Buch „Die Macht der Meme“ von Susan Blackmore. Darüber, wie Wissenschaftler der amerikanischen Montclair State University der auf Plinius zurückgehenden Anekdote vom „Perlentrunk der Kleopatra“ chemisch auf den Grund gingen, berichteten unter anderem der „Spiegel“ und „Spektrum der Wissenschaft“.

KAPITEL 7: DIE REPORTERIN

Meine Darstellung des Lebens von Martha Gellhorn basiert auf dem Hörbuch „Martha Gellhorn: Desaster Girl“ von Edelgard Abenstein, erschienen im Knesebeck-Verlag und erhältlich bei Audible. Die Geschichte von Martha Gellhorns Landung in der Normandie beschreibt Paula McLain detailreich in ihrem Blogartikel „The Extraordinary Life of Martha Gellhorn, the Woman Ernest Hemingway Tried to Erase“ vom Juli 2018 auf der Seite „Town & Country“. Dabei konnte sich McLain auf verschiedene Biografien stützen, die es über Martha Gellhorn gibt, zum Beispiel von Caroline Moorhead oder Carl Rollyson. Diverse Reportagen sowie ausgewählte Briefe von Martha Gellhorn liegen auch auf Deutsch in Buchform vor.

KAPITEL 8: DIE TASCHENMACHER

Hauptquelle über die Geschichte der Marke Liebeskind Berlin ist der Artikel „Das deutsche Handtaschenwunder“ von Annemarie Ballschmiter, Brenda Strohmaier und Anne Waak, erschienen in der Tageszeitung „Die Welt“ am 28.7.2013. Aus diesem Artikel stammen auch sämtliche wörtlichen Zitate der drei Gründer. Das höchstrichterliche Urteil im Markenstreit um den Schimmelkäse Österzola (heute Österkron) vom 18.5.1993, aus dem ich zitiere, ist nachzulesen im Rechtsinformationssystem des Bundes unter www.ris.bka.bv.at und hat das Geschäftszeichen 4Ob16/93. Über die zwangsweise Umbenennung des Restaurants „Cibo Matto“ berichtete der Berliner „Tagesspiegel“ im November 2004 unter der Überschrift „Abserviert“. Die Einigung zwischen dem „Café Merci“ und dem Süßwaren-Konzern Storck nach jahrelangem Rechtsstreit vermeldete unter anderem die „Frankfurter Rundschau“ am 13.2.2015. Zum Thema Markennamen habe ich unter anderem das Fachbuch „Naming. Entwicklung von Markennamen“ von Stephanie Deissner (2015) herangezogen.

KAPITEL 9: DER SOFTWAREHÄNDLER

Diverse Bücher sowie unzählige Zeitschriften- und Blog-Artikel beschäftigen sich mit den Anfängen der Firma Microsoft und ihres Erfolgsprodukts Windows. Es gibt sogar ganze Websites dazu, etwa winhistory.de. Ich stütze meine Darstellung unter anderem auf das Buch „Computergeschichte(n): Die ersten Jahre des PC" von Bernd Leitenberger (2014). Weitere Quelle: „Bill Gates und der Deal seines Lebens" von Bernhard Gusenbauer auf der Seite motivationsgeschichten.com, veröffentlicht am 17.1.2011. Über die Kindheit und Jugend von Bill Gates schreibt Malcolm Gladwell einiges in seinem Buch „Überflieger". Zur Comdex '83 findet sich online ein zeitgenössischer Bericht der „Computerwoche" vom 18.11.1983 mit dem Titel „Comdex '83 platzt aus allen Nähten", den ich als Quelle verwendet habe. Die Kopfkissen-Story wird auch in seriösen Zeitungen wie der „Frankfurter Allgemeinen" immer wieder kolportiert. Das garantiert freilich nicht, dass sie wie dargestellt stimmt und nicht vielleicht doch stark übertrieben ist. Der „Vaporware" ist inzwischen sogar ein eigener Wikipedia-Eintrag gewidmet. Dort heißt es: „Der Begriff wurde populär, als die von der International Data Group herausgegebene Zeitschrift Infoworld im November 1985 im Alexic Hotel in Las Vegas den Golden Vaporware Award an Bill Gates für die Verzögerung von Microsoft Windows 1.0 vergab."

KAPITEL 10: DER IMPORTEUR

Wie bereits im Kapitel erwähnt, basiert die Schilderung der Ereignisse rund um die Gründung der Teekampagne auf Günter Faltins eigenen Büchern „Kopf schlägt Kapital" und „Wir sind das Kapital". In „Kopf schlägt Kapital" dient die Teekampagne als Fallgeschichte für eine Unternehmensgründung nach den Prinzipien des emeritierten Professors. Faltins Vortrag „Von der Lust, ein Entrepreneur zu sein" habe ich am 12. November 2016 in Frankfurt besucht. Wer die Werbespots für „Idee"-Kaffee mit Albert Darboven aus den Achtzigerjahren noch einmal genießen möchte, wird auf YouTube fündig.

KAPITEL 11: DIE KLEIDERMACHERIN

Wie Marina Hoermanseder die Realität vorwegnehmend behauptete, Lady Gaga trage ihre Mode, wurde mir erstmals aus dem Kreis ihrer Schüler im Fach Modedesign zugetragen. Ich habe dann diverse Artikel über Hoermanseder hinzugezogen, etwa: „Bei dieser jungen Designerin bestellt auch Lady Gaga" von Annika Schönstädt, erschienen in der „Berliner Morgenpost" im Januar 2014. Im November desselben Jahres erschien in der Tageszeitung „Der Standard" ein Artikel von Ulf Lippitz mit dem Titel „Lederkorsetts: Besuch bei Designerin Marina Hörmanseder", den ich ebenfalls als Quelle verwendet habe.

KAPITEL 12: DER VERMIETER

Die Anekdote von der Bewerbung des jugendlichen Michael Schmutzer um einen Ausbildungsplatz findet sich in dem Artikel „Kulissen für die neue Arbeit" in der „Süddeutschen Zeitung" vom 21.5.2018. Autor Uwe Ritzer porträtiert darin Michael Schmutzer und sein Unternehmen Design Offices. Die Anekdote ist in diesem Buch mit einigen hinzufantasierten Details ausgeschmückt, folgt dabei aber im Kern der auf Gesprächen mit Schmutzer basierenden Darstellung im zitierten Artikel. Weitere Quellen: „Kreativität entsteht im Zwischenraum", Interview von Sebastian Hollmann mit Michael Schmutzer aus dem April 2017, nachzulesen im Blog „The New Worker" auf der Seite medium.com. Außerdem die Firmen-Website von Design Offices, designoffices.de, dort insbesondere die Seite „Unternehmensgründer & CEO". Das Buch von Friedrich von Borries „Weltentwerfen. Eine politische Designtheorie" ist 2016 in der Edition Suhrkamp erschienen. Die Geschichte von Frederik Brantner und seinem Start-up „Friendsfactory" findet sich in dem Artikel „Die Zukunft der Arbeit" von Ralph Bollmann in „Frankfurter Allgemeine Quarterly", Ausgabe 08, Herbst 2018.

KAPITEL 13: DER GITARRIST

Das Kapitel über Bruce Springsteen basiert auf seiner Autobiografie „Born to Run", die 2016 auch in deutscher Übersetzung erschienen ist, sowie den Kritiken dazu von Julian Dörr in der „Süddeutschen Zeitung", Uwe Ebbinghaus in der „Frankfurter Allgemeinen" und Michael Pilz in der „Welt". Ein lesenswerter Artikel von Marc Dolan aus dem Juni 2014 über „Born in the U.S.A." und den US-Wahlkampf 1984 mit dem Titel „How Ronald Reagan Changed Bruce Springsteen's Politics" findet sich in der US-Zeitung „Politico" und ist abrufbar unter politico.com.

KAPITEL 14: DER AUSSTATTER

Hauptquelle zu Tom Ford ist ein TV-Beitrag der US-Produktionsfirma Oprah Winfrey Networks aus dem Jahr 2011, der zum Zeitpunkt meiner Recherche auf YouTube abrufbar war. Hier berichtet Tom Ford selbst von seinem Fake mit dem Namen Parsons. Im Juni 2012 erschien in der Wochenzeitung „Die Zeit" ein Artikel von Ingeborg Harms über Tom Ford mit dem Titel „Die Erotik des Populären". Unter dem Titel „Diskret ist nicht mehr" machte sich Alfons Kaiser im Juni 2018 in der „Frankfurter Allgemeinen" Gedanken über den Trend in der Modewelt zu demonstrativem Luxus.

KAPITEL 15: DER STRASSENKÜNSTLER

Das Video mit der Verkaufsaktion von Banksy am New Yorker Central Park war zum Zeitpunkt meiner Recherche auf dem YouTube-Kanal des „Wall Street Journal" abrufbar. Ein Artikel des Kunsthistorikers Werner Busch aus dem Jahr 2006 mit dem Titel „Wirklich Rembrandt?" findet sich auf der Website der Freien Universität Berlin unter www.fu-berlin.de. (Fast) alles zum Thema Frames erklärt das lesenswerte Buch „Politisches Framing" von Elisabeth Wehling (2016). Der zitierte Artikel von Niklas Maak in der „Frankfurter Allgemeinen Sonntagszeitung“ trägt den Titel „Was wollt ihr denn noch von der Kunst?“, ist am 8.1.2017 erschienen und über das „Frankfurter Allgemeine Archiv“ erhältlich. In der „Süddeutschen Zeitung“ vom 7.10.2018 fragten sich Alex Rühle und Laura Weissmüller unter der Überschrift „Banksys Schredder-Streich wirft Fragen auf“: „Hat der Streetartkünstler mit der Zerstörung seines Werks auf einer Auktion den Kunstmarkt vorgeführt oder ihn clever bedient?“ Die Indizien sprächen dafür, so die Autoren, dass das Auktionshaus Sotheby’s vorher eingeweiht war.

KAPITEL 16: DIE STERNDEUTERIN

Die Einstiegs-Sequenz der „Astro Show“ vom 11.September 1982 fand sich zum Zeitpunkt meiner Recherche auf YouTube. Das darin enthaltene Horoskop von Elisabeth Teissier ist leicht gekürzt, aber unverfälscht wiedergegeben. Ebenso auf YouTube fand sich ein Ausschnitt aus der Fernsehsendung „Disco“ mit Ilja Richter als Teissier. Rolf Dobellis Buch „Die Kunst des klaren Denkens“ erschien 2011 im Carl Hanser Verlag. Darin findet sich auch die Anekdote über Charles Darwin. Über das „Serienmörder-Experiment“ von Michel Gauquelin schreibt zum Beispiel der Blogger Hannes Salmutter unter der Überschrift „Psychologie, die erschrecken kann“ unter blog.salmutter.at. Unter der Überschrift „Zweifelhafte Doktorwürde für Sterndeuterin“ berichtete der „Spiegel“ im April 2001 von Teissiers Promotion, ebenso im folgenden Monat Jörg von Uthmann im „Tagesspiegel“ mit dem Titel „Wahrsagerin Elizabeth Teissier: Schmetterling der Soziologie“.

KAPITEL 17: DER UNTERNEHMER

Alles, was man über das Leben von Elon Musk wissen oder lieber verpassen möchte, findet sich in der fast 400-seitigen Biografie von Ashlee Vance mit dem Titel „Elon Musk: Tesla, Space X and the Quest for a Fantastic Future“ (2015), die im selben Jahr auch auf Deutsch mit dem nicht minder pathetischen Untertitel „Wie Elon Musk die Welt verändert“ erschienen ist. Unter der Überschrift „Die Welt von morgen“ schreibt der Kulturjournalist Niklas Maak im „Frankfurter Allgemeine Quartery“, Ausgabe 01, Winter 2016/17, über seinen Besuch in der Zentrale von Space X in Los Angeles und porträtiert Franz von Holzhausen, Elon Musks Chefdesigner.

KAPITEL 18: DER VERLEGER

„Personal Branding: Karriere per Eigenmarke“ heißt der Blogbeitrag von Jochen Mai auf der Seite karrierebibel.de, in dem es heißt: „Schreiben Sie ein Buch – oder ein eBook, das Sie auf Ihrer Webseite kostenlos zum Herunterladen anbieten. Erzählen Sie ruhig von dessen Erscheinung – via Twitter, Blog oder Pressemitteilung.“ In Kapitel 18 habe ich nicht nur von der Erscheinung dieses Buchs erzählt, sondern auch von dessen Entstehung – und dabei mehr als eines seiner Geheimnisse preisgegeben. Ob und, wenn ja, inwiefern dies meinem „Personal Branding“ dienlich ist, muss sich in der nächsten Zeit noch erweisen.